AF660564

উদ্বেগ মুক্ত জীবন কাটাবেন কিভাবে?

(ওশোর প্রবচনের ভিত্তিতে)

স্বামী আনন্দ সত্যার্থী

(পি এইচ ডি, রেকি গ্রান্ডমাস্টার)

ডায়মণ্ড বুকস

www.diamondbook.in

প্রকাশক : ডায়মণ্ড পকেট বুক্স (প্রা.) লি.
X - 30, ওখলা ইণ্ডাস্ট্রিয়াল এরিয়া, ফেজ - II,
নূতন দিল্লী - 110 020
ফোন : 011 - 40712200
ই-মেল : wecare@diamondbooks.in
ওয়েবসাইট : www.diamondbooks.in

Tanav Mukt Jeevan Kaise Jiyen (Bengali)
By : Swami Anand Satyarthi

উদ্বেগ মুক্ত জীবন কাটাবেন কিভাবে?

জীবনে উদ্বেগ তো থাকবেই, কিন্তু তার থেকে মুক্তির উপায় কী?

এই বিষয়ে বাজারে বহু রকম সাহিত্য পাওয়া যায়, কিন্তু এই পুস্তকটি ওশোর প্রবচনের উপর ভিত্তি করে লেখা হয়েছে। যার মুখ্য বিন্দু হল "ধ্যান", ওশো বলেন, আপনার জীবনে যতই প্রশ্ন আসুক না কেন, তার উত্তর কিন্তু একটাই, আর সেটা হল "ধ্যান"।

কিন্তু এর পদ্ধতি কী?

উদ্বেগ কেন আসে, এর থেকে মুক্তির উপায় কী? সেই প্রশ্নের উত্তর জানার জন্য আমাদের এই পুস্তকের মধ্যে প্রবেশ করতে হবে। একের পর এক পৃষ্ঠা উল্টাতে থাকুন, আপনি অবশ্যই এই প্রশ্নের উত্তর পেয়ে যাবেন। ওশোর এই পুস্তক আপনাকে উদ্বেগ মুক্ত জীবন যাপনের জন্য সঠিক পথ দেখাবে।

প্রস্তাবনা

জীবনে তো উদ্বেগ থাকবেই। কোনও শিশু যখন তার মায়ের পেটের ভেতরে থাকে তখন তার জীবনে কোনও রকম উদ্বেগ থাকে না। এরপর সে জন্ম নেয়, এই পৃথিবীতে প্রথম শ্বাস গ্রহণ করে, আর সেই সাথেই শুরু হয় ঝঞ্ঝাট।একটা শিশু তার পরিবারের লোকেদের সাথেই বড় হয়, তার বাবা-মা বা সংসারের অন্য লোকেদের কাছ থেকেই সে জীবন দর্শন লাভ করে। যখন কোনও দম্পতি নিজেদের মধ্যে ঝগড়া-অশান্তি করে তখন সেই বাচ্চা সেটাই শেখে, আবার তারা যদি প্রেম পূর্বক নিজেদের জীবন অতিবাহিত করে, তখন সে সেটাই শেখে। একটা সুস্থ পরিবারে এক শিশু সুস্থ ভাবেই বড় হয়ে ওঠে, কিন্তু তার এই সুস্থ জীবনকে ধ্বংস করে দেয় বিষাক্ত উচ্চাকাঙ্খা, অর্থাৎ প্রথম আসার অহংকারকে পুষ্ট করতে হবে, প্রথম আসতেই হবে।

উদ্বেগ তো আছেই, কিন্তু এর হাত থেকে মুক্তির উপায় কী?

এই বিষয়ে বাজারে বহু রকম সাহিত্য পাওয়া যায়, কিন্তু এই পুস্তকটি ওশোর প্রবচনের উপর ভিত্তি করে লেখা হয়েছে। যার মুখ্য বিন্দু হল "ধ্যান", ওশো বলেন, আপনার জীবনে যতই প্রশ্ন আসুক না কেন, তার উত্তর কিন্তু একটাই, আর সেটা হল "ধ্যান"। ধ্যান করতে থাকুন, প্রশ্নের উত্তর আপনি অবশ্যই পেয়ে যাবেন। ধ্যান করতে করতে আমাদের অন্তর্দৃষ্টি বিকশিত হয়ে উঠবে, তখন আমাদের মন নির্মল হয়ে উঠবে। অতি সহজেই সার-আসরের মধ্যে ভেদ বোঝা যাবে। তখন সে প্রশ্নটা কতখানি ব্যর্থ তা অনুভব করতে পারবে। একটা বাচ্চা তার পাড়ার রাস্তায় খেলে বড় হয়ে ওঠে। সেই খেলার জয়-পরাজয় তার জীবনের অবিচ্ছিন্ন অংশে পরিণত হয়, তার সুখ-দুঃখের কারণ হয়ে দাঁড়ায়, এইভাবেই একটা বাচ্চা ধীরে ধীরে বড় হয়ে ওঠে, পাড়ার রাস্তা ছাড়েনা, একদিন তা কোথায় যেন হারিয়ে যায়। তারপর সে হাঁটে অর্থের রাস্তায়, আর সেই পথ ধরেই আসে প্রৌঢ়তা। তখন সে অর্থের অসারতা বুঝতে পারে। তখন তার ভেতর থেকে বহু প্রশ্ন হারিয়ে যায়। প্রশ্ন যত হারাতে থাকে, অন্তরের উদ্বেগ ততই কম হতে শুরু করে। তা কী পদ্ধতিতে সম্ভব? উদ্বেগ কিভাবে আসে? তার থেকে মুক্তির উপায় কী? তা জানার জন্য এই পুস্তকের

মধ্যে প্রবেশ করতে হবে। পৃষ্ঠা গুলি একের পর এক উল্টাতে থাকুন, আপনি আবশ্যই নিজের প্রশ্নের উত্তর পেয়ে যাবেন। এমনটাই কামনা করি।

যদি এই পুস্তকের মধ্যে কোনও ত্রুটি-বিচ্যুতি খুঁজে পান তাহলে অবশ্যই পরামর্শ দেবেন। পাঠক বৃন্দ এবং বিশেষজ্ঞদের উদ্দেশে রইল আমার আন্তরিক আমন্ত্রণ।

স্বামী আনন্দ সত্যার্থী

বিষয় সূচি

১
উদ্বেগময় জীবনে ধ্যানের প্রয়োজনীয়তা

মানুষ যা করে, তা সুখের জন্য করে।কিন্তু তা সত্ত্বেও কখন সুখ লাভ করে কী? প্রকৃত সুখ সে লাভ করে না, তার অনুভূতি হয় যে সে সুখে আছে। কিছুদিন বাদে সে পুনরায় দুঃখের জীবনে ফিরে আসে। সুখ লাভের সমস্ত প্রয়াস নিরর্থক প্রমাণ হয়। একজন গরিব মানুষ মনে করে যে, সে যদি অর্থ লাভ করতে পারে, তাহলে জীবনে সমস্ত রকম সুখ লাভ করতে সক্ষম হবে। কিন্তু সুখ ও অর্থের মধ্যে সর্বদা থাকে এক কঠিন প্রাচীর। এক ব্যক্তি যেমন একটা লাঠির ডগায় ঘাস বেঁধে বসে থাকে, আর সেই ঘাস গাধার মুখ থেকে মাত্র এক ফুট দূরেই থেকে যায়। গাধা সামনের দিকে এগিয়ে যায়, সেই ঘাস খাওয়ার জন্য সারাদিন ধরে চলতে থাকে, কিন্তু তারপরেও সেই ঘাস তার কপালে জোটে না। মানুষের সাথেও এমনি ঘটনা ঘটে। প্রতিটা মানুষ খুব কাছ থেকে সুখকে প্রত্যক্ষ করে, মনে করে আগামীকাল নিশ্চয় সেই সুখ লাভ করতে সক্ষম হবে। কিন্তু সেই কাল আর আসে না, তাই সুখও জোটে না।

দুঃখ আছে, উদ্বেগ আছে, আর এটাই সবচেয়ে বড় সত্যি। কিন্তু কেন আছে? অহংকার, বাসনা, লোভ, ঈর্ষা, ক্রোধ-এর কারণই হল দুঃখ। দুঃখ যত বাড়তে থাকে, হতাশা ততই নিজের জায়গা করে নেয়, সেই সাথে মনের ভেতরে জন্ম নেয় উদ্বেগ। শরীর ও মনের ভেতরে উদ্বেগ একত্রিত হয়ে যায়। শরীরের ভেতর উদ্বেগ জন্ম নিয়েছে, তা জানবেন কিভাবে?

এক ব্যক্তি সিগারেট পান করছে, অপর জন কথা বলছে, কারণ কেউই খালি বসে থাকতে পারে না, ঠোঁট চালাতেই হবে। যে সমস্ত মহিলারা সিগারেট পান করে তারা কম কথা বলে, কিন্তু যারা সিগারেট পান করে না তারা পুরুষদের তুলনায় বেশি কথা বলে। ঠোঁট বেশি নাড়ানোর অর্থ হল মনের ভেতরটা কত অশান্ত তা প্রমাণ করা। মনের সাথে কথার এক গভীর যোগ আছে, কারণ কথার দ্বারাই মন নিজেকে ব্যক্ত করতে সক্ষম হয়। মন যখন অত্যাধিক উদ্বিগ্ন থাকে, যখন সমস্যা ভোগ করতে হয় তখন দিন-রাত ঠোঁট কাঁপতে থাকে, আসলে তা কিছু বলতে চায়, মনের ভাব প্রকট করতে চায়। মনের সমস্যা যখন বাড়তে থাকে তখন শরীরের অন্য কোনও অঙ্গও কাঁপতে

শুরু করে। এক ব্যক্তি চেয়ারে বসে খুব জোরে জোরে পা নাড়াচ্ছে, যখন তাকে কেউ জিজ্ঞাসা করে, আরে দাদা কী হয়েছে? এত জোরে জোরে পা নাড়াচ্ছেন কেন? তখন সেই ব্যক্তি পা নাড়ানো বন্ধ করে দেবে, কিন্তু তখন তার ভেতরের রাগ বাইরে প্রকাশ পাবে। মানসিক উদ্বেগের জন্য ঠোঁটের সাথে সাথে অন্য অঙ্গও নাড়তে শুরু করে।

আপনি যদি উদ্বেগ ও দুঃখ মুক্ত জীবন লাভ করতে চান, যদি আপনি শান্তির সাথে আনন্দপূর্বক জীবন অতিবাহিত করতে চান, তাহলে আপনাকে কিছু বিষয় বুঝতে হবে। প্রথমেই আমাদের দুঃখের কারণ খুঁজতে হবে, কিভাবে রেহাই পাওয়া সম্ভব তা বুঝতে হবে।

যখনই কোনও বন্ধুর সাথে দেখা হয়, তখনই সে আপনাকে জিজ্ঞাসা করে, আরে কেমন আছো? তখন আমরা বলি, এই তো চলে যাচ্ছে। কিন্তু শীঘ্রই তাদের মুখ থেকে বেরিয়ে আসে বিভিন্ন দুঃখের কথা, একে অপরের দুঃখের কথা শুনে সহানুভূতিও প্রকট করে থাকে। যদি কেউ সহানুভূতি প্রকট না করে তাহলে তাকে প্রকৃত বন্ধুও বলা যায় না। দুঃখ ছাড়া জীবন খালি খালি লাগে। দুঃখ আছে মানে, কথা বলার মতো কিছু আছে। জীবনে যদি দুঃখই না থাকে, তাহলে বলার কী আছে? একবার এক উকিল মহিলা আমার কাছে আসে, আর বলে, বিগত চার বছর ধরে সর্দি-তে ভুগছি, অনেক চিকিৎসা করিয়েছি, যত রকম টোটকা জানি সমস্ত প্রয়োগ করে দেখেছি, কিন্তু কিছুতেই কোনও লাভ হয়নি। কিভাবে সুস্থ হতে পারি? এই সর্দি তো কিছুতেই আমার পিছন ছাড়ছে না। কিন্তু কেন? আসলে যদি সর্দি না থাকে তাহলে আলোচনা করার মতো কিছুই থাকবে না। কী নিয়ে দুঃখ করবে! সেই সাথে কাজ না করার কোনও বাহানা থাকবে না। আপনার মন কিভাবে দুঃখকে আঁকড়ে ধরে রাখতে চায়, সেই চাল বুঝতে হবে, সেই বিষয়ে সচেতন হতে হবে।

সচেতন হওয়ার মানে কী?

ভগবান শ্রীকৃষ্ণ গীতাতে বলেছেন, যে জেগে থাকে সেই হল যোগী। ভগবান মহাবীর বলেছেন, অসুত্তা মুনি অর্থাৎ যে জাগ্রত অবস্থায় জীবন যাপন করছে সেই মুনি। তিনি বলেছেন, যে মুখে কাপড় বেঁধে উলঙ্গ দাঁড়িয়ে থাকে সেও মুনি।

আমরা যদি জেগে থাকি তাহলে চোর যেমন চুরি করতে পারবে না, ঠিক তেমনি যদি আমরা সজাগ থাকি তাহলে লোভ, অহংকার, বাসনা, তৃষ্ণা ইত্যাদি আমাদের স্পর্শ করতে পারবে না। এই সব কারণ গুলির জন্যই আমাদের দুঃখ ও উদ্বেগের সাথে জীবন অতিবাহিত করতে হয়।

সচেতন হওয়ার অর্থ হল, সজাগ হয়ে জীবন যাপন করা। যেখানে দুঃখ ও উদ্বেগ বলে কিছু থাকবে না। ভগবান শ্রীকৃষ্ণ গীতাতে বলেছেন কর্ম কর, ফলের চিন্তা করো না। অর্থাৎ মনের ভেতরে যেন কর্তা ভাবের জন্ম না হয়, নিজেকে সাক্ষী রেখে কাজ করে যাও। আমরা তো গীতা নিয়ে বহু আলোচনা করি, গীতায় এই বলা আছে, ওই বলা আছে, সেই নিয়ে কম কথা বলি না, কিন্তু মন থেকে কর্তা ভাবের বোধ মুছতে পেরেছি কী? আমি মরব না, আমার শরীর মরবে, এই কথা মনের মধ্যে এসেছে কী কখন? ফলের আশা না করে আজ পর্যন্ত কোনও কর্ম করেছেন কী? বিরলা বহু মন্দির গড়ে তুলেছে, কিন্তু সেই গুলিকে ভগবানের মন্দির নয়, বিরলা মন্দির বলা হয়। মাড়োয়ারি ভাষায় একটা প্রবচন আছে, যার বঙ্গানুবাদ হল 'একটা ছুঁচ দান করার পর ছাদে গিয়ে দাঁড়িয়ে দেখে স্বর্গে যাওয়ার জন্য রথ কখন আসবে?' অর্থাৎ কোনও কিছু দান করার পর সর্বদা মনে একটা ভাব থাকে, আমি এই জিনিসটা দান করেছি। অন্যদিকে আছে, সাক্ষী ভাব রেখে কাজ করা। সেক্ষেত্রে কখনও মনে দুঃখ বা উদ্বেগের জন্ম হবে না। যে পরিস্থিতির জন্য আমাদের মনে দুঃখ বা উদ্বেগের জন্ম হয়, আমরা তা কখনই বদলাতে পারব না। তাহলে এখন কী করা উচিত? মনের অবস্থা বদলাতে পারে, অর্থাৎ আমাদের দেখার দৃষ্টি ভঙ্গি বদলাতে পারে।

এখন প্রশ্ন হল, সচেতন হয়ে কিভাবে বাঁচবেন? কিভাবে সাক্ষী রেখে কর্ম করা যায়? মনের অবস্থা কিভাবে বদলানো যেতে পারে? ওশো বলেন,যদি প্রতিদিন ধৈর্যের সাথে ধ্যান করা হয়, তাহলে সব সম্ভব।

২

ওশোর গড়া ধ্যান পদ্ধতির মাধ্যমে কিভাবে উদ্বেগ হীন জীবন অতিবাহিত করা সম্ভব?

আজকের যুগের তথাকথিত সন্ত, মহাত্মা বলেন যে কলিযুগে রাম নাম জপ করলেই সমস্ত বাধা বিঘ্ন অতিক্রম করে এগিয়ে চলা যায়। ওশো বলেন, অশান্ত মন কখনও ঈশ্বরের নাম জপ করতেই পারবে না। আমার এক বন্ধু একটা খাতায় সর্বদা রাম নাম লিখত। সে নিজের ভাইয়ের সাথে ব্যবসা করত, ভাই নিজের ব্যবসা আলাদা করে নেয়, তখন থেকেই সে রাম-নাম লেখা শুরু করে। আমি যখনই যেতাম তাকে রাম-নাম লিখতে দেখতাম, কিন্তু আমাকে দেখলেই খাতাটা বন্ধ করে দিত, একদিন আমি দেখে ফেলি যে সে খাতায় রাম-নাম লেখে। তখন আমি তাকে বলি খাতায় যদি তুমি পয়সা পয়সা লেখ, তাহলে কি পয়সা পেয়ে যাবে, কখনই না। যদি অর্থ রোজগার করতে চাও তাহলে কোনও কাজ করতে হবে, ব্যবসা করতে হবে। আমার এই কথা শুনে সে মন ক্ষুণ্ন হয়। একদিন আমি তাকে বোঝাই, আর আমার কথা গুলি একটু ভাবতে বলি। তুমি যখন তোমার ভাইয়ের সাথে ব্যবসা করতে তখন কি সারাদিন বসে রাম-রাম লিখতে, লিখতে না তো! কারণ, সেই সময় তোমাকে হিসাব রাখতে হত, তার জন্য টাকা গুনতে হত। এখন রাম-রাম গুনছো, আসলে কিন্তু তুমি মন থেকে টাকা গুনতে চাও। ওর মধ্যে যথেষ্ট বিচার-বিবেচনা ছিল, যার ফলে রাম নাম লেখা বন্ধ হয়ে যায়। তারপর একদিন নিজেই আমাকে বলে, তুমি একদম ঠিক বলেছিলে, আমি রাম-নাম লিখলেও মনে মনে টাকাই গুনতে চাইতাম। এখন আবার ব্যবসা শুরু করেছি, রাম নাম লেখা নিজের থেকেই বন্ধ হয়ে গিয়েছে।

অশান্ত মন কখনও ঈশ্বরের সাধনা করতে পারে না। মন যদি অশান্ত থাকে তাহলে ধ্যানেও মন বসানো কষ্টকর। শরীর ও মনের মধ্যে যে অশান্তি ঘিরে থাকে তার মধ্যে তাল মেলানোটা খুবই কষ্টকর, সেই অশান্তিকে মন ও শরীরের বাইরে বার করাটা খুবই জরুরি, অর্থাৎ সেই গুলিকে বিসর্জন দিতে হবে। শরীর ও মনের অশান্তি কিভাবে বিসর্জন দেওয়া যায় ওশো সেই কথাই বলেছেন, ও তার বিধিও বিকশিত করেছেন।

আমরা খাবার খাই, জলপান করি, এরপর পেট পরিষ্কার হওয়াটাও ঠিক ততটাই জরুরি, শরীরের জন্য খাবার ঠিক যতটা প্রয়োজনীয়। প্রতিদিন খাবার খাওয়াটা যতটা জরুরি, পেট পরিষ্কার হওয়াটাও ঠিক ততটাই জরুরি। আমরা সারাদিন বিচার করি, জ্ঞান সংগ্রহ করার চেষ্টা করি, বহু বছর ধরে তা করছি, জন্ম থেকে করছি, কিন্তু কিভাবে? বন্ধুদের সাথে কথা বলে, সংবাদপত্র ও পত্রিকা থেকে, রেডিও এবং টিভি থেকে। এই সমস্ত মাধ্যমের থেকে বিচার সংগ্রহ করি, কিন্তু এই সমস্ত বিচারের মধ্যে দিয়ে যে ভুল চিন্তা-ভাবনা মাথায় জন্ম নেয়, আমরা সেই গুলিকে বিসর্জন দিই না, যার ফলে মন ধীরে ধীরে ভারাক্রান্ত হয়ে ওঠে। আর এই বোঝা উদ্বেগের জন্ম দেয়। কিছু বিচার যেমন ভালো হয়, কিছু তেমনি খারাপ হয়, আর সেই খারাপ বিচার গুলি মনের মধ্যে উদ্বেগ ও যন্ত্রণার সৃষ্টি করে। মনে যখন উদ্বেগ বৃদ্ধি পায়, তখন তা শরীরকেও তা দিতে থাকে, যার ফলে শরীরেও তার স্পষ্ট লক্ষণ দেখা যায়। যার ফলে ঠোঁট চলতে থাকে, কথার মধ্যে দিয়ে বা সিগারেট পানের মাধ্যমে। সমস্যা ও মানসিক চাপ বৃদ্ধির সাথে সাথে শরীরের অন্য অঙ্গ গুলিও নড়তে শুরু করে। যেমন ধরুন চেয়ারে বসে থাকা মানুষটি সমানে নিজের পা দু'টি নাড়তে থাকে। মানসিক চাপ যত বৃদ্ধি পায়, শরীরের রোগের প্রকট ততই বাড়তে থাকে।

ওশোর মতে, যে বিচার বা জ্ঞানের জন্য মানসিক শান্তি বিঘ্নিত হয়, চাপ বৃদ্ধি পায় তা বিসর্জন দেওয়াটা খুবই জরুরি। শরীর ও মনের মধ্যে যে মানসিক চাপ ও অশান্তি থাকে অর্থাৎ যে রেচন তৈরী হয় তাকে বাইরে বের করে দেওয়াটা খুবই জরুরি। ওশো ধ্যানের নতুন বিধি-বিধান বিকশিত করেছেন, যার প্রথম ধাপ হল 'রেচন'। এই 'রেচন' ধ্যান প্রয়োগের মাধ্যমে প্রতিদিন ঈশ্বরের নাম জপ করাটা অনেক বেশি সহজ হয়ে দাঁড়ায়।

ওশোর রচিত ধ্যান ও বিধি সম্পূর্ণ রূপে বৈজ্ঞানিক। তা তীব্র পরিণাম সৃষ্টিকারী। বর্তমান যুগের মানুষের জন্য তা খুবই উপযুক্ত। বৈজ্ঞানিকরা যেমন গবেষণা করেন, ঠিক তেমনি ওশো রচিত 'রেচন' বিধির প্রয়োগ করে মন ও শরীর জুড়ে যে অশান্তি ছড়িয়ে আছে তা নির্গত করে মনের স্থিতিকে সহজেই পরিবর্তন করা যেতে পারে। এই ধ্যানের প্রয়োগ করার জন্য আপনাকে নিজের ধর্ম, জাতি, সম্প্রদায় ইত্যাদি ছাড়তে হবে না।

৩

মানুষ কখন ধ্যানের গুরুত্ব বুঝতে পারে?

মনোবৈজ্ঞানিক গণ বহু অধ্যয়নের পরে বুঝতে পেরেছিলেন যে মানুষ সর্বদা সুখের সন্ধান করে। মানুষ নিজের প্রয়োজন অনুসারে সুখের সন্ধান করে, খাদ্য, ভালোবাসা বা সেক্স। এই গুলি প্রতিটা মানুষের প্রাথমিক চাহিদার মধ্যে পড়ে। এই গুলি পূরণ হলে তবেই অন্যান্য প্রয়োজনের কথা মাথায় আসে। তখন তাদের মনে হয়, এখন জীবন সুরক্ষিত, এবার একটা বাড়ি তৈরী করা উচিত। কিন্তু বাড়ি যতই বড় হোক না কেন, জীবনে সুখ বা সুরক্ষা কিছুই অনুভব করতে পারে না। তখন তারা প্রেমের মধ্যে সুখের সন্ধান করে। প্রথমত প্রেম ফ্রিতে পাওয়া যায়। মানুষ যোগ্য প্রেম খুঁজেও পায়, তারপরেও মনের ভেতরে একটা শূন্যতা থেকেই যায়। কিন্তু কেন? কোথাও যেন সুখ খুঁজে পায় না। তখন একটাই পথ অবশিষ্ট থাকে, আধ্যাত্মিকতা। তখন মানুষ সাধু-সন্তদের শরণ খুঁজে বেড়ায়। কিন্তু বেশির ভাগ সাধু-সন্ত তথাকথিত সহানুভূতি প্রদানের চেষ্টা করে। তবে যার ভেতরে প্রকৃত পিপাসা থাকবে, যে প্রকৃত অনুসন্ধানের চেষ্টা করে যাবে, সে অবশ্যই কোনও সদগুরুর সন্ধান করতে সক্ষম হবে। যে মন থেকে সন্ধান করে, সে সদগুরুকে খুঁজে পায়।

ভগবান বুদ্ধ যখন রাজকুমার গৌতম হিসাবে জীবন অতিবাহিত করতেন তখন তাঁর কাছে সব কিছু ছিল। রাজপ্রাসাদ, স্ত্রী ইত্যাদি। কিন্তু অসুখ, বার্ধক্য এবং মৃত্যু নিজের চোখে দেখার পর ওনার ভেতরে পিপাসা বৃদ্ধি পায়, আর সেই রাতেই তিনি সব কিছু ত্যাগ করেন। বহু গুরুর কাছে গিয়েছিলেন, কিন্তু ভেতরের শূন্যতা যেন কিছুতেই পূরণ হচ্ছিল না। শেষ পর্যন্ত এক রাতে কিছু জানার ইচ্ছাকেও বিসর্জন দেন তিনি, আর সেই রাতেই তিনি প্রকৃত জ্ঞান উপলব্ধি করেন।

কিছু সন্তের নামও উল্লেখ করা যায়, যেমন নানক, কবীর, দাদু, রৈদাস প্রমুখ। তাঁরা এটা দেখিয়ে দিয়েছিলেন যে, যাদের কাছে সব কিছু থাকে তাদের ভেতরেও এক বিরাট শূন্যতা বিরাজ করে। তাদের মনেও সুখ থাকে না। তারা কোনও রকম ঝঞ্ঝাট না করে সাধনার পথ খুঁজে নিয়েছে। অন্যদের কুয়োতে পড়তে দেখে এটা বুঝে গিয়েছে যে, কোথাও সুখ নেই। সুতরাং ধ্যান, তপস্যা, জপের মাধ্যমেই পাওয়া যাবে প্রকৃত জ্ঞান।

দুটি পরিস্থিতি মানুষের জীবনে লক্ষ্য করা যায়, প্রথমে আসে ভোগ। ধন, পদ, নারী, পুরুষ সমস্ত কিছু ভোগ করার পরেও যখন প্রকৃত সুখ লাভ করা সম্ভব হয় না, তখন শুরু হয় ধ্যানের যাত্রা। কিন্তু ক'জন মানুষ এই কথাটা বুঝতে পারে? মানুষ ক্রমাগত দৌড়ে চলেছে, ভাবে যতটা সম্ভব অর্থোপার্জন করতে হবে, ধনী হয়ে ওঠার চেষ্টা করতে হবে। বাড়ি ছোট, সেটা বড় করতে হবে। স্বামী বা স্ত্রী সুন্দর নয়, তাই কষ্টের শেষ নেই। সব কিছু ভোগ করার পর এর থেকে বাইরে বেরিয়ে আসা এতটা সহজ নয়, লক্ষাধিক মানুষের মধ্যে একজন এমন কাজ করতে পারে।

আপনি কোথায় আছেন, সেটা আপনাকেই বুঝতে হবে। কেন ধ্যান করতে চাইছেন? ধ্যান করলে অর্থ পাওয়া যায় না, তারপরেও কেন ধ্যান করতে চাইছেন?

৪
উদ্বেগময় জীবন শৈলী এবং সহজ যোগ পদ্ধতি

বহু প্রাচীন কাল থেকেই ঋষি-মুনি গণ সুখী ও আনন্দময় জীবন যাপনের জন্য নিজেদের মত করে বিভিন্ন পথ দেখিয়েছেন। কেউ হঠযোগের কথা বলেছে তো কেউ সহজযোগের।নিজের মনের পরিস্থিতি অনুসারে প্রত্যেক মানুষের নিজেদের পথ খুঁজে নেওয়া উচিত। কেউ হঠযোগ দ্বারা নিজের গন্তব্য খুঁজে পায় তো কেউ সহজযোগের সাহায্যে পথ খুঁজে নেয়।

হঠযোগ অর্থাৎ কিছু করতে হবে, কিছু না করে কিছু পাওয়া সম্ভব না। আমি করব, তবেই কিছু পাওয়া সম্ভব।হঠযোগীরা আসন, প্রাণায়াম তথা ধ্যান সাধনা এবং তপস্যার বিধি-বিধান বলেছেন, সেই সাথে সহযোগীরা সমপর্ণের পথ দেখিয়েছেন। আজকের ব্যস্ততম জীবনে এই দুয়েরই গুরুত্ব অপরিসীম। বহু অভিজ্ঞ সাধু-সন্তরা এই দুয়ের মধ্যে সমন্বয় সাধনের কথা বলেছেন। হঠযোগ এবং সহজযোগ দুইই একসাথে।

সহজ যোগের তাৎপর্য কী?

সহজযোগ অর্থাৎ সহজ থাকো, স্বাভাবিক থাকো। আদর্শ যেন রাস্তার কাঁটা হয়ে না ওঠে, কারণ আদর্শ পরিত্রাণ পেতে সাহায্য করে। তুমি এক, আর আরেক হওয়ার চেষ্টা কর, আর এই চেষ্টাই উদ্বেগের সৃষ্টি করে। এইভাবে বিষয়টা বুঝতে পারেন, ধরে নিন কেউ আপনার কাছে আসে, কিন্তু আপনি তাকে পছন্দ করেন না, মনে মনে বলেন এই দুষ্ট কেন এল? এর মুখ দেখলে দিন খারাপ যায়, অথচ মুখে বলেন, আরে আসুন আসুন, আপনার মুখ দেখা মাত্র আমার দিনটা ধন্য হয়ে গেল। আর একেই বলে দুই রকম জীবন যাপন করা। আমরা যাই করি না কেন, তাই আমাদের জীবনকে উদ্বেগ ময় করে তোলে। ওশো বলেন, সহজযোগের অর্থ হল, মিথ্যাবাদী হয়ে জীবন অতিবাহিত কর না। কারণ তুমি যত মিথ্যা বলবে, জীবনে দুঃখ ততই বাড়বে। মিথ্যা দুঃখের কারণ, কারণ মিথ্যাচার করার অর্থ তোমার জীবন থেকে সত্য হারিয়ে যাওয়া। যে মানুষ একবার মিথ্যা বলে, সেই মিথ্যাকে চাপার জন্য তাকে আরও একটা মিথ্যা বলতে হয়, তারপর আবার একটা মিথ্যা.........

বিষয়টি এইভাবে বোঝা যেতে পারে, একদিন রাতে ঘুমের ঘোরে এক ব্যক্তি রাম-প্যারী, ও রামপ্যারী বলে ওঠে! তার স্ত্রী তাকে ঘুমে থেকে ডেকে তুলে জানতে চায়, এই রামপ্যারী কে? সেই প্রশ্ন শুনে লোকটা একটু ঘাবড়ে যায় আর বলে, একটা ঘোড়ার নাম। পরের দিন তার স্বামী সন্ধ্যাবেলায় যখন বাড়ি ফেরে তখন তার স্ত্রী তাকে বলে, তোমার রামপ্যারীর ফোন এসেছিল, রাতে তোমাকে খাওয়ার জন্য নিমন্ত্রণ করেছে। সেই কথা শুনে লোকটা ভয়ে ঘামতে থাকে, তার মুখ খানা ফ্যাকাসে হয়ে যায়। আসলে মিথ্যার আয়ু খুবই কম। বৌদ্ধ ভিক্ষুক সরহপা বলেছিলেন, তুমি যেমন সেই রকম জীবন যাপনের চেষ্টা কর! তার পরিণাম যাই হোক না কেন। প্রতারণা কর, মিথ্যা কথা বল, কিন্তু নিজের মুখে স্বীকার কর যে 'আমি মিথ্যা বলি'।এই কথা শোনার পরেও যদি কেউ তোমাকে ভরসা করে, তাহলে সেই বিপদের আশঙ্কা তার। ওশো বলেন, একজন ব্যক্তি যিনি সর্বদা সত্যি কথা বলার প্রতিশ্রুতি দেয়, অথচ তার আড়ালে মিথ্যাচার করে। একটা কথা মাথায় রাখবেন, মিথ্যে বলার পরেও সেটাকে সত্যি বলে চালানোর চেষ্টা করতে হয়, তা না হলে মিথ্যে কে বিশ্বাস করবে? যে মিথ্যা বলে, সেই বারংবার বলে আমি সত্যি বলি, এমন ব্যক্তিদের থেকে সাবধান থাকুন, কারণ এটাই মিথ্যার সবচেয়ে বড় লক্ষণ। যে ব্যক্তি সত্যি বলবে, সে কখনই দিব্যি খাবে না। কেন দিব্যি করবে? যে মিথ্যা বলে, সে আন্দোলনের সময়তেও মিথ্যা প্রতিশ্রুতি দেয়।

ওশো বলেন, আপনি যেমন মানুষ, নিজেকে ঠিক তেমনটাই ঘোষণা করার চেষ্টা করুন, সামান্যতমও পরিবর্তনের চেষ্টা করবেন না। এমন ব্যক্তিদের জীবনে জটিলতা থাকে না। মিথ্যা জীবনের জটিলতা বৃদ্ধি করে। জীবনে কোনও দ্বন্দ্ব রাখবেন না, তাহলেই জীবন কোনও জালে জড়াবে না। আপনি যেমন নিজেকে সেইভাবে স্বীকার করতে শিখুন। ওশোর মতে, মানুষ যেমন তার নিজেকে ঠিক তেমনটাই ঘোষণা করা উচিত, সামান্যতমও ভনিতা করা উচিত না। এমন ব্যক্তিদের জীবনে কোনও জটিলতা থাকে না। মিথ্যা জটিলতার সৃষ্টি করে, ভণিতার জন্ম দেয়। সহযোগিতা হল, পরমাত্মার প্রতি অনুগ্রহের ভাব! সহযোগিতা হল সমর্পণের আর এক নাম। সহযোগিতার অর্থ হল নিজেকে স্বীকার করা। নিজস্বতার সাথে বাঁচার চেষ্টা করুন। ভগবান শ্রীকৃষ্ণ গীতায় বলেছেন, কর্ম কর ফলের আশা কর না, তা পরমাত্মার উপর ছেড়ে দাও, সেটাই সহযোগিতা। সহযোগিতার অর্থ হল, কিছু চাইবে না, চুপচাপ জীবন অতিবাহিত করবে। যা পাওয়া যায় তাতেই তৃপ্ত হবে, সন্তুষ্ট থাকবে। যা পাওয়া যায় না, তা না পাওয়াতেই আমাদের মঙ্গল, সেটা মাথায় রাখতে হবে।ফল পেলেও তা স্বীকার করে নিতে শিখতে হবে, কাঁটা পেলেও তা

স্বীকার করতে হবে। সফলতা হক, বা অসফলতা, সম্মান হক বা অপমান। কিন্তু অন্তরের প্রার্থনা বা অনুগ্রহের ভাব যেন কখনও না বদলায়, তা যেন সর্বদা সমান থাকে, এই ভাবই হল সহজযোগ।

ওশো বলেন, 'সহজযোগ অনুসারে এই পৃথিবীতে সবকিছুই প্রবাহমান, কোন কিছুই চিরন্তন নয়। সব কিছুই ক্ষণ ভঙ্গুর, কিছুই ধরে রাখার চেষ্টা করবেন না, যা চলে যাচ্ছে তাকে যেতে দাও, তবেই তো তোমার হৃদয় নতুন কিছু ধারণ করতে পারবে। যে কাল চলে গিয়েছে তার হিসাব কর না, যে কাল আসছে তার চিন্তা কর না। আজ যা আছে তারই গান গাও, সেটা নিয়ে নাচো, আর এই গানের মধ্যে দিয়েই প্রার্থনা সম্পূর্ণ হয়ে যায়। মনে রাখবেন প্রার্থনা মানে কিছু চাওয়া নয়।সহজ ভাষায় প্রার্থনা বলতে বোঝায় পরমাত্মাকে স্মরণ করা। সহজ কথার অর্থ হল যা তোমার স্বভাব, তা তুমি কারোর থেকে শিখবে না, তা তোমাকে নিজের মধ্যে সন্ধান করতে হবে। আর যখন তোমার উপর কোনও কিছু চাপিয়ে দেওয়া হয়, তখন তুমি কিছুতেই সহজ থাকতে পারবে না। তোমার ব্যক্তিত্ব কী? এই সমাজ বা বাবা-মা যা শিখিয়েছে, তুমি হিন্দু বা মুসলমান, ব্রাহ্মণ না শূদ্র! সুন্দর নাকি অসুন্দর, পাপী নাকি পুণ্যাত্মা। তুমি যা তুমি তাই, কিন্তু অন্যরা তার উপর কিছু রঙের প্রলেপ দেওয়ার চেষ্টা করেছে।

সহজযোগ বলে, তুমি যা, তুমি তাই, সেটাই পরমাত্মার দান। পরমাত্মার উপহার। সেটাকে সম্পূর্ণ রূপে স্বীকার কর, অঙ্গীকার কর।

সহজযোগ দুটি শব্দ দিয়ে তৈরী হয়: সহজ এবং যোগ, সহজের অর্থ: অক্রিয়া, অকর্ম, বিশ্রাম ও যোগের অর্থ: ক্রিয়া, কর্ম এবং শ্রম।

ওশো বলেন, যেখানে সহজ এবং যোগ মিলে মিশে একাকার হয়ে যায়, সেখানেই জীবন পরমকে লাভ করে। শ্রম থেকে বিশ্রামে পৌঁছানো যায়। শ্রম কর, কিন্তু শ্রমকে জীবনের সবটা মনে করবেন না, তাহলে যোগে আটকে যাবে। আর যদি সহজকে সবটা বলে মনে কর তাহলে যাত্রা শুরুই করতে পারবে না। অলসতার সাথে জীবন অতিবাহিত করতে হবে। শ্রম এবং বিশ্রাম এই দুই পাখার প্রয়োজন তাহলেই তো ওড়া সম্ভব হবে। এই দুই পা চাই, তবেই তো এগিয়ে চলা সম্ভব হবে।

সহজ জীবন যাপনের মধ্যেই সুখ লুকিয়ে থাকে। অন্যের কাছে কী আছে, সে কোন পদে আছে, সুন্দর নাকি কুৎসিত ইত্যাদির কথা যদি আমরা না ভাবি, যদি কারোর সাথে নিজের তুলনা না করি, কার কাছে কী আছে তা নিয়ে যদি মাথা না ঘামাই, তাহলে নিজের কাছে কী নেই বা কতটা কম আছে, তা মাথাতেই আসবে না। অন্যের বাগানের ঘাসের সাথে যদি নিজের বাগানের

ঘাসের সম্পর্কই না থাকে, তাহলে দুঃখ কিসের? এই পৃথিবীকে আমরা কোন নজরে দেখছি, তা নির্ভর করে আমাদের উপর। কাঁটা গুনে নাকি ফুলের দিকে তাকিয়ে। সহজযোগের তাৎপর্য হল, কারোর সাথে তুলনা না করা। যা আছে, যেমনটা আছে, তার সাহায্যেই নিজের অস্তিত্ব টিকিয়ে রাখা।

এখন প্রশ্ন হল, আমরা কি সহজযোগের সাহায্যে এই পৃথিবীতে বেঁচে থাকতে পারব? আমরা বাঁচতে পারি, কিন্তু আমরা বাঁচি না, সেই কারণেই দুঃখ ও উদ্বেগের মধ্যে দিয়ে জীবন কাটাতে হয়, সেই সাথে রক্তচাপ, সুগার, ক্যান্সার, অনিদ্রা, হীন ভাবনা ইত্যাদি অসুখ তো জীবনের সঙ্গী হয়ে উঠেছে। উচ্চ পদ ও ধনী হওয়ার আকাঙ্খা মানুষকে ছুটিয়ে নিয়ে বেড়াচ্ছে। জীবনে প্রতিযোগিতা থাকাটা জরুরি, কিন্তু সেই প্রতিযোগিতার ফলাফল নিয়ে মানসিক চাপের জন্ম যেন না হয়। ঈশ্বরকে ধন্যবাদ জানান, কারণ যদি তিনি কিছু না দিয়ে থাকেন, তার মানে সেই না পাওয়াতেই আমাদের মঙ্গল। ঈশ্বর যা দিয়েছেন, তা নিয়েই সন্তুষ্ট থাকা উচিত। আপনি কী করবেন, তা নির্ধারণ করবেন আপনি নিজে। সহজযোগের মধ্যে মানসিক চাপ বা দুঃখ কিছুই নেই। আপনি কী ধরনের জীবন অতিবাহিত করতে চান, তা নির্বাচন করার সম্পূর্ণ স্বাধীনতা আছে আপনার।

একটু ভাবলে বুঝবেন, ঈশ্বরই আমাদের স্রষ্টা। আমরা কী তাই নিয়েই খুশিতে জীবন অতিবাহিত করতে পারি না! করতে পারি, কিন্তু তাতে করে লোক দেখানো সম্ভব না। অন্যের তুলনায় কখনই নিজেকে বড় প্রমাণ করা সম্ভব না। আমরা যদি সহজ ভাবে জীবন কাটাতে চাই, যা পেয়েছি তাই নিয়েই সন্তুষ্ট থাকতে চাই, মনে যেন কখনও অভিযোগের ভাবনা না আসে, এমনভাবে আমরা নিজেরাই নিজেদের তৈরী করতে পারি। ওশো বলেন, ধ্যানই হল পথ। যদি প্রতিদিন নিয়ম করে ধৈর্যের সাথে ধ্যান করা যায়, তাহলে মনের অবস্থা অবশ্যই বদলাবে। ওশো আজকের যুগের মানুষের মনের অবস্থা বদলানোর জন্য বিভিন্ন রকম ধ্যানের বিধি তৈরী করেছেন। ধ্যান করতে থাকলে আমরা ধীরে ধীরে অসহজ ভাবের থেকে সহজ ভাবের দিকে এগিয়ে যাই। মিথ্যে সমাজ যে আদর্শ আমাদের উপর চালিয়ে দিয়েছে, যে মুখোশের আড়ালে জীবন অতিবাহিত করতে হচ্ছে, ধীরে ধীরে তার থেকে বাইরে আসতে হবে। ওশো বলেন সাঁতার কেট না, প্রবাহিত হও। সাঁতার কাটলে সংঘর্ষ করতে হয়, নিজের থেকে প্রবাহিত হওয়া যায়। তাই প্রবাহিত হওয়াই সহজ কাজ।

৫

মানসিক উদ্বেগ: বিচার এবং তার সমাধান

মানুষ যা করে - সুখের জন্য করে। কিন্তু পায় কী! - দুঃখ। সুখ ও দুঃখ একই মুদ্রার দু'টি দিক। দুঃখের দিন কাটার পরেই মানুষ সুখের মুখ দেখে। বাস্তবে সেই সুখ প্রকৃত সুখ নয়, তা সুখের অনুভূতি মাত্র, কিছুদিন বাদেই মানুষকে পুনরায় সেই দুঃখের জীবনে ফিরে আসতে হয়। কিন্তু এমনটা কেন হয়? ওশো বলেন, সুখ চাইলে দুঃখ পেতেই হবে, কারণ অন্যের সুখ দেখে মানুষের মনে হয় যদি এটা পেতে পারতাম তাহলে অবশ্যই সুখী হতাম, কিন্তু তা মরুভূমিতে মরীচিকার মতো, মানুষকে শুধু ছুটিয়ে বেড়ায়। আমরা যা চাই যদি তা পেয়েও যাই তাহলেও সুখ লাভ করা সম্ভব হয় না, তখন মন বলে এটার দরকার ছিল না, যদি আমাদের চেষ্টাতেই ত্রুটি থেকে যায়, যদি নির্বাচন ঠিক না হয় বা যদি সেটা ভুল হয়ে যায়, তাহলে মানুষ সারা জীবন সুখের সন্ধানই করতে থাকবে, কিন্তু পাবেনা কিছুই। একটা গাধাকে লাঠির আগায় ঘাস বেঁধে দিয়ে তা খেতে দেওয়া হলে গাধার সাথে সাথে লাঠিটা চললেও সে যেমন সেই ঘাস খেতে পায় না, তেমনি সুখও অধরাই থেকে যায়। মানুষ মনে করে আজ নয় তো কাল সে সুখের মুখ দেখবেই, কিন্তু সেই কাল আর আসে না। তখন মানুষের মনে হয়, আমি কি করতে এখনও পর্যন্ত বেঁচে আছি? কিছুই করতে পারলাম না, মনে কত বাসনা ছিল, কিন্তু কিছুই পূরণ হল না। সেই অসম্পূর্ণ বাসনার জন্য তাকে পুনরায় জন্ম নিতে হয়।

সাধু-সন্তরা বলেন, সুখ চাইলে দুঃখের হাত থেকে রেহাই পাওয়া সম্ভব না। তাই আমাদের সুখ-দুঃখের গণ্ডী অতিক্রম করে এগিয়ে যেতে হবে। কিন্তু কিভাবে? ওশো বলেন, দুঃখের হাত থেকে রেহাই পেতে চাইলে সুখ পাবে, কিন্তু তারপর দুঃখ ফিরে আসবে। যদি দুঃখকে জানতে পার, তাহলে সুখ ও দুঃখ অতিক্রম করতে পারবে। শান্তি ও আনন্দের ঠিকানায় পৌঁছাতে পারবে। দুঃখ থাকবে, এটাই সবচেয়ে বড় সত্যি, দুঃখের থেকে না পালিয়ে সেই ব্যাপারে সচেতন হতে হবে। দুঃখের কারণ কী, তা কিভাবে বুঝবে? আপনার বাসনা, তৃষ্ণা ও লোভের কারণে দুঃখ সহ্য করতে হয়। বাসনাকে চিনতে শেখ, লোভকে

বুঝতে শেখ, তৃষ্ণাকে চিনতে পারলে অবশ্যই দুঃখের কারণ কী তা জানতে পারবে। দুঃখের সময় কিভাবে জাগবে? সেই পথ কোথায়? ওশো বলেন ধ্যানই একমাত্র পথ। ধ্যানই একমাত্র পথ, যা মানুষকে শান্তি ও আনন্দ প্রদান করতে পারে। সুখ ও দুঃখের মধ্যে যে ভেদ আছে, তা মাত্রার ভেদ। যেমন বিভেদ দেখা যায় ধনী ও দরিদ্রের মধ্যে। গরিবদের কাছে হাজার টাকা থাকে, আর ধনীর কাছে থাকে কোটি টাকা, অর্থাৎ ১০০০০ গুন বেশি। একেই বলে মাত্রার ভেদ। ধনী ১০০০০ গুন বেশি ধনী আর গরিব ১০০০০ গুন বেশি গরিব। কেবল মাত্রার ভেদ, সেটাই সুখ ও দুঃখের ভেদ। সুখ পাবে, মানুষ সেই আশাতেই জীবন অতিবাহিত করে, কিন্তু দুঃখের হাত থেকে পরিত্রাণের চেষ্টা করে না। দুঃখের বীজ কী? যদি আমরা এটা জানার চেষ্টা করি, তাহলেই দুঃখের হাত থেকে রেহাই পেতে পারব।

সুখ কিভাবে অনুভব করা যায়?

আমাদের সুখ অনেকটা সেই মানুষের মত, যে বলে আমার জুতোর জন্য পায়ে ফোসকা পড়ছে, খুবই অসুবিধা হচ্ছে। তার বন্ধু সেই কথা শুনে বলে, যদি তাই হয়, তাহলে জুতোটা বদলে নিলেই হয়। তখন সেই ব্যক্তি বলে, আমি অনেক রকম সমস্যায় আছি, সারাদিন ধরে এই জুতোর সমস্যা, সন্ধ্যার সময় এই জুতো খোলার পর আমি একটু শান্তি বোধ করি। একটাই সুখ আছে আমার জীবনে, বাকি তো দুঃখই দুঃখ। আমি এই জুতো বদলাতে পারব না।

আমরা যাকে সুখ বলি, সেটা এই ফোসকা পরা জুতো বদলানোর চেয়ে বেশি কিছু নয়। আমরা যাকে সুখ বলি, তা খানিক ক্ষণের জন্য শান্তির অনুভূতি, তার চেয়ে বেশি কিছু নয়, যা একেবারেই নেতিবাচক। এক ব্যক্তি মদ্যপান করার পর মনে করে সে খুব সুখে আছে, এক ব্যক্তি একটু সময়ের জন্য গান শোনে, বন্ধুর সাথে বসে গল্প করে, হাসি-ঠাট্টা করে আর ভাবে সে খুব সুখে আছে, কিন্তু এই সবই ক্ষণিকের, জুতো খোলার মতো শান্তি, তা ছাড়া আর কিছুই না। তার সাথে সুখের কোনও সম্পর্ক নেই। সুখ একটা ইতিবাচক স্থিতি, তা একটা অনুভূতি।

উদ্বেগের কারণ

প্রতিটা মানুষের পরিস্থিতি এবং মন স্থিতির উপর তার মানসিক উদ্বেগ নির্ভর করে, তার পিছনে বহু কারণ থাকতে পারে। এখানে কিছু মৌলিক কারণ নিয়ে আলোচনা করব -

১ অহংকার তৃপ্ত না হওয়া উদ্বেগের কারণ হতে পারে:

(ক) আমি সর্বদা ঠিক বলি, আমি যেমনটা চাইব তেমনটাই হবে, সকলে আমার অনুসারে কাজ করবে। যদি তেমনটা না হয়, তাহলেই তা উদ্বেগের কারণ হয়ে দাঁড়ায়, আর তার প্রকাশ ঘটে ক্রোধের মাধ্যমে।

এমনটা সর্বদাই দেখা যায়। বাড়ি হোক বা অফিস, বা দোকান। অহংকার ছাড়া আমরা বাঁচতে পারব না, কারোর কাছে এই অহংকার বড় হয় তো কারোর কাছে ছোট। এই অহংকারের জন্যই ওশো বলেছেন, দুঃখকে আমরা নিজেরাই আহ্বান করি। মানুষ যখন সুখে থাকে, আনন্দে থাকে, তখন মানুষ অহংকারে আত্মহারা হয়ে যায়। মানুষ যখন অহংকারের মধ্যে দিয়ে জীবন অতিবাহিত করে তখন সে প্রফুল্লিত থাকে। ওশোর কাছে এক ভদ্রলোক এসে বলে, আমাকে সাহায্য করুন। আমি খুবই দুঃখের মধ্যে দিয়ে জীবন অতিবাহিত করছি, আমি চারবার মন্ত্রী হতে পারলেও এখনও মুখ্যমন্ত্রী হতে পারিনি, এটাই আমার জীবনের সবচেয়ে বড় দুঃখ। সেই কথা শুনে ওশো বলেন, একবার ভেবে দেখো তো, যে মুখ্যমন্ত্রী হয়েছে সে দুঃখ কী তা জানে? সে তো প্রধান মন্ত্রী হওয়ার স্বপ্ন দেখে। অহংকারে যত পোষণ করবে, জীবনে ততই দুঃখ ভোগ করতে হবে। এক মন্ত্রী তার যুবক পুত্রকে হারায়, যার ফলে মন্ত্রীর কাছে বহু মন্ত্রী, রাষ্ট্রপতি, উপরাষ্ট্রপতি, মুখ্যমন্ত্রী এবং বহু গণ্যমান্য ব্যক্তির চিঠি আসে, চিঠির পর চিঠি আসতে থাকে, কিন্তু ছেলের শোকের চেয়ে বড় শোক হয়ে উঠেছিল প্রধানমন্ত্রীর শোক বার্তা এসে পৌঁছায়নি।

দুঃখের থেকে আমরা লাভবানও হই। যদি আমরা দুঃখে থাকি, তাহলে রসপূর্বক সেই কথা অন্যদের জানাই, প্রয়োজনে একটু বাড়িয়েও বলি, তাতে করে অন্যদের সহানুভূতি লাভ করা সম্ভব হয়। আপনি যদি দুঃখে না থাকেন, তাহলে কে আপনাকে জিজ্ঞাসা করতে আসবে? দুঃখী মানুষের কাছে বলার জন্য বহু কিছু থাকে। আর যে মানুষ সুখে থাকে তার কাছে গিয়ে মানুষ জিজ্ঞাসা করে, কেমন আছো, সে বলে ঠিক আছি, এটুকুই যথেষ্ট।

সন্তান যত বড় হবে, ততই তার ভেতরে অহংকারের সৃষ্টি হবে, সে কোন কথাই শুনবে না, সংঘর্ষ করবে, বিরোধিতা করবে। তাতে করে আমাদের অহংকার আহত হবে।সন্তান ভাবে সে শক্তিশালী, আর আপনি অসহায়। বড়রা চায় বাচ্চারা তাদের কথা শুনুক, কিন্তু বাচ্চারা তা শোনে না। বাচ্চা কথা শুনলে আমাদের অহংকার তৃপ্তি লাভ করে, আর বাচ্চা যদি কথা না শোনে তাহলে তার অহংকার তৃপ্তি লাভ করে। কথায় বলে, নির্বল সর্বদা শক্তিশালীকে ঘৃণা করে। আর তার জন্যই একটা বাচ্চার মধ্যে ঘৃণা, হিংসা, জ্বলন, সংঘর্ষ

একত্রিত হতে শুরু করে, যদি ছেলে হয় তাহলে বাবার প্রতি আর যদি মেয়ে হয় তাহলে মায়ের প্রতি ঘৃণার জন্ম হয়। একই ভাবে বড় ভাই ও বোনের প্রতিও।

আমাদের পারিবারিক সংসার জীবনে যে বেশি রোজগার করে, যে বেশি কথা বলে সেই প্রভাবশালী হয়ে যায়। সে হ্যাঁ না করলে, সংসারে কোনও কাজ হয় না। সমাজের ক্ষেত্রেও একই চিত্র দেখা যায়, যে প্রভাবশালী হয় সেই চূড়ান্ত সিদ্ধান্ত নেয়, আর বাকিরা তার মুখের দিকে তাকিয়ে বসে থাকে। যদি কেউ তার বিরোধিতা করে, তাহলে সেই প্রভাবশালী মানুষের অহংকার আহত হয়, আর তখনই তার জীবনে উদ্বেগের জন্ম হয়। যদি সবাই মিলে মিশে সিদ্ধান্ত নেয়, তাহলে কারোর ভেতরেই অহংকার বা উদ্বেগের সৃষ্টি হবে না।

(খ) কিছু হয়ে ওঠার ইচ্ছা

আমি জীবনে কিছু হতে চাই, ডাক্তার, ইঞ্জিনিয়ার বা প্রধানমন্ত্রী। আমি বহু চেষ্টা করেছি, কিন্তু যা হতে চেয়েছিলাম তা হতে পারলাম না। আপনার ছেলে জন্ম নিল, আপনি নিজের জীবনের যে স্বপ্ন সার্থক করতে পারেননি, সেই গুলি চাপিয়ে দিলেন ছেলের উপর। কিন্তু ছেলের জীবনেও কিছু স্বপ্ন আছে, তার কিছু আকাঙ্খা ও ইচ্ছা আছে, সে সেটিকে পূরণ করতে চায়। সে নিজের স্বপ্ন পূরণ করবে নাকি আপনার অসম্পূর্ণ স্বপ্ন পূরণের চেষ্টা করবে? ছেলে যদি নিজের ইচ্ছা অনুসারে চলে তাহলে ছেলে ও বাবার মধ্যে উদ্বেগের জন্ম হবে। আপনি যদি পিছন ঘুরে দেখেন তাহলে দেখতে পাবেন, আপনি কি আপনার বাবার স্বপ্ন পূরণ করেছেন? যদি করে থাকেন, তাহলে নিজেকে প্রশ্ন করুন আপনি সুখে, আনন্দে আছেন কি? বাবার স্বপ্ন পূরণের জন্যই ছুটে গেলেন, নিজের স্বপ্ন গুলির কী হল? আপনি নিজের অসম্পূর্ণ স্বপ্ন গুলি ছেলের সাহায্যে পূরণ করার চেষ্টা করছেন না তো?

যদি তাই হয়, তাহলে, একটা বাচ্চা একদিন তার বাবাকে জিজ্ঞাসা করে দাদু তোমাকে মারত? সে বলে, হ্যাঁ। তারপর সে জিজ্ঞাসা করে দাদুকে তার বাবা মারত, তখনও উত্তর আসে হ্যাঁ। তখন সেই ছেলে জিজ্ঞাসা করে, তাহলে এই পারিবারিক গুন্ডামি কতদিন ধরে চলবে?

এর অর্থ হল, বাচ্চাকে তার ইচ্ছা মত বড় হয়ে উঠতে দিন, তাকে স্বাধীনতা দিন, সে যা করতে চায়, তাকে সেটাই করতে দিন। নিজের অসম্পূর্ণ ইচ্ছা গুলিকে সন্তানের মধ্যে দিয়ে পূরণ করার চেষ্টা করবেন না। সন্তানকে তার ইচ্ছানুসারে চলতে দিন। যদি সে ভুল পথে চালিত হয়, তাহলে তাকে সাবধান করুন, তাকে সঠিক পথ দেখানোর চেষ্টা করুন। সম্পূর্ণ বিষয়টা বোঝানোর

চেষ্টা করুন, যাতে সে নিজের বিচার বিবেচনা দিয়ে কাজ করতে পারে। আমি এমন অনেক বন্ধুকে চিনি যারা ডাক্তার বা ইঞ্জিনিয়ার হতে পারেনি, কম্পাউন্ডার বা মিস্ত্রি হয়েই জীবন অতিবাহিত করতে হয়েছে। কিন্তু তার সন্তান অভিনেতা হতে চাইত, গায়ক হতে চাইত। এই কারণে পরিবারে বহু সমস্যা দেখা গিয়েছে। এমন ঘটনা আপনার আশেপাশে বহু দেখে থাকবেন।

(গ) কিছু পাওয়ার ইচ্ছা

আমরা সেটাই পাই, যেটা পাওয়ার যোগ্যতা আমাদের মধ্যে থাকে। কিন্তু মানুষ যত তার কাছে পৌঁছে যায়, ততই তার অসন্তুষ্টি বাড়তে থাকে। আরও, আরও, এই চাওয়া থেকে মানুষ নিজেকে বিরত করতে পারে না। মনে রাখবেন, লক্ষ্য যত অসম্ভব হয়ে উঠবে, উদ্বেগ ততই বাড়তে থাকবে। মানুষের কাছে যা থাকে, তা লাভ করে সে তৃপ্ত হয়না। ছোট আছে, বড় চাই। অর্থ কম আছে, আরও বেশি অর্থের প্রয়োজন। বাড়িটা ছোট, একটা বড় বাড়ি চাই। দোকান ছোট, বড় দোকান চাই। বাবা দশ লক্ষ টাকা রেখে গিয়েছেন, কুড়ি লক্ষ টাকা রেখে যাওয়া উচিত ছিল। যে অর্থ, পদ বা যশ আমার কাছে আছে তা কম, আরও চাই। আমার যা চাই, তা আজ না হলেও কাল ঠিকই পেয়ে যাব, চেষ্টা কম করেছি, আরও চেষ্টা করতে হবে। এই চেষ্টা করতে করতেই জীবন একদিন শেষ হয়ে যাবে। কাল অবশ্যই পূরণ হবে, এই উদ্বেগই মানুষের জীবনকে সঙ্কীর্ণ করে দেয়। সমস্ত প্রকার লোভ উদ্বেগের জন্ম দেয়, তা সাংসারিক লোভ হোক বা আধ্যাত্মিক।

তুমি আর তোমার লক্ষ্যের মধ্যে দূরত্ব যত বেশি থাকবে উদ্বেগ ততই বাড়বে। দূরত্ব যত কমবে, উদ্বেগ ততই কমবে।একটা কথা শুনে হয়তো আপনার অবাক লাগতে পারে, যারা অর্থ, যশ, পদ বা মর্যাদা অর্জন করতে চায় তাদের জীবনে ততটা উদ্বেগ থাকে না, যতটা উদ্বেগ থাকে আধ্যাত্মিক ব্যক্তিদের মধ্যে। কিন্তু কেন? কারণ তাদের আদর্শ অনেকটা উঁচু, তাদের লক্ষ্য অসীম। চাহিদার কোনও সীমা হয়না, সামনে গন্তব্য চোখে পড়ে না। অজ্ঞানতার পথে যাত্রা।

যদি আমাদের মধ্যে আকাঙ্খা থাকে তাহলে তা সম্পূর্ণ করার জন্য পরিশ্রম করতে হবে। তাতে করে আমাদের উপর কাজের বোঝা চেপে বসবে, সময় কম হবে, আর তার জন্য বিভিন্ন রকম তথ্য একত্রিত করতে হবে। সময় কম হওয়া, উপযুক্ত তথ্যের অভাব, সেই গুলিকে একত্রিত করার প্রয়োজনীয়তা, এই তিন কাজের ভার, সময় কম হওয়া, তথ্য একত্রিত করার বোঝা মানসিক উদ্বেগের জন্ম দেয়।

২ অন্যের মধ্যে সুখের সন্ধান করা

এই অন্য, যা হোক হতে পারে - ধন, পদ, স্ত্রী বা পুরুষ, যত ক্ষণ না এই 'অন্য' পাওয়া যাচ্ছে তত ক্ষণ পর্যন্ত মানসিক উদ্বেগ থেকেই যায়, তা পাওয়ার জন্য একের পর এক চেষ্টা করে যেতে হয়। কিন্তু তা পাওয়ার পরেও জীবনে সুখ অর্জন করা যায় না। তখন দোষের সন্ধান করতে থাকে, অর্থাৎ অর্থ যা আছে তার চেয়ে আরও বেশি চাই। পদ ছোট হোক বা বড়, পেতে হবেই। যদি স্ত্রী বা স্বামী নিজের পছন্দে নির্বাচন করে, তারপরেও জীবনে শান্তি আসে না, কারণ মনে করে ভুল মানুষকে পছন্দ করেছে। কিন্তু অন্য কেউ যে সুখ দিতে পারবে না, সেই কথাটা কখনও ভেবে দেখে না। একটু ভেবে দেখুন, যার কাছে বড় পদ আছে, অর্থ আছে, যে স্ত্রী বা পুরুষকে কামনা করেছিল জীবনে সেও আছে- তার মনে কী, সে সুখী? তার জীবনে কোনও উদ্বেগ নেই?

একবার আমি একটা গাড়ি করে যাচ্ছিলাম, আমার পাশে কয়েক জন যুবক বসে ছিল, যারা ইঞ্জিনিয়ার হতে যাচ্ছিল, সেটাই ছিল তাদের পড়াশোনার শেষ বছর। আমি তাদের জিজ্ঞাসা করি, ডিগ্রি পাওয়ার পর তারা কী করবে? তারা জানায় চাকরির সন্ধান করবে। চাকরি পাওয়ার পর কী করবে। তারপর একটা মেয়ে খুঁজবে। আমি তখন বললাম, তার মানে বিয়ে করবে। আচ্ছা সবাই বিয়ে কেন করে? সুখের জন্য। কথাটা শুনে আমার হাসি পায়। তখন আমি তাদের বলি, আজ তোমরা বাড়ি ফিরে বাবা-মাকে জিজ্ঞাসা করবে, বিয়ে করে তারা কতটা সুখে আছে? আর তাদেরকে সততার সাথে প্রশ্নের উত্তর দিতে বলবে। আমরা বিয়ে করে কলুর বলদের মতো জীবন অতিবাহিত করি, আর সেই অভিজ্ঞতার কথা সন্তানদের সাথে ভাগ না করেই তাদেরকেও সেই জীবনের দিকেই ঠেলে দিই। সন্তানদের বিয়ে তো দিতেই হবে, কিন্তু সেই সাথে বাবা-মার তাদের অভিজ্ঞতা সন্তানদের সাথে ভাগ করে নেওয়া উচিত। যে ভুল আপনি করেছেন, যে ভুলের জন্য আপনাকে দুঃখ পেতে হচ্ছে, যার জন্য উদ্বেগের মধ্যে দিয়ে জীবন অতিবাহিত করতে হচ্ছে, সেই ব্যাপারে সন্তানদের বলতে ভুলবেন না। কিন্তু আমরা কখনই সেই নিয়ে আলোচনা করি না। কিন্তু কেন? আমরা জানি বিয়ে করে আমরা সুখ পাইনি। আপনি মিথ্যা বলবেন না, কিন্তু তার সাথে তো নিজের অভিজ্ঞতা ভাগ করে নিতেই পারেন, হয়তো সেই কথা শোনার পর আপনার সন্তান বিবাহ না করার সিদ্ধান্ত নিতে নাও পারে। এটা একদম নিশ্চিত। আর সেই কারণেই বাবা-মারা তাদের সন্তানের সাথে কখনই বৈবাহিক জীবন নিয়ে আলোচনা করে না, আর কিছু না জানিয়েই তাদের বিবাহ বন্ধনে আবদ্ধ করে দেয়।

তারপর তারা বলে, এই তো পৃথিবীর নিয়ম, যখন তোমার গলায় ঢোল ঝোলানো হবে, তখন তোমার তা বাজাতেই হবে। আমরা বাজিয়েছি, এবার তুমিও বাজাও।

ছাত্ররা প্রায়ই আমাকে জিজ্ঞেস করে, আমার কেমন মেয়ে বিয়ে করা উচিত? আমি বলতাম, বিয়ের পর কেউ সুখ পায়নি। যদি তোমার কোনও প্রেমিকা না থাকে, তাহলে তোমার বাবা-মায়ের পছন্দের মেয়েটিকেই বিয়ে করো, কারণ তুমি তোমার বাবা-মায়ের কাছে অভিযোগ করতে পারো যে তুমি আমার জন্য কেমন মেয়ে বেছে এনেছো, এর মধ্যে তোমরা কী দেখলে? আরও কত ভালো ভালো প্রস্তাব আসছিল। আমি জানি না তোমাদের সেই সময় কী হয়েছিল?

আমি একটি পরিবারে গিয়ে তাদের পুত্রবধূকে জিজ্ঞাসা করেছিলাম কে তাকে পছন্দ করেছিল, তার স্বামী, শাশুড়ি, শ্বশুর, ননদ নাকি দেওর? জানা যায় শ্বশুর। আমি বললাম, যদি আমার বাবা আমার জন্য এমন একটা ছেলে পছন্দ করতেন এবং বলতেন যে আমার ওই মেয়েটিকে পছন্দ হয়েছে, যদি তুমি হ্যাঁ কর, তাহলে আমি হ্যাঁ বলবো, তাহলে আমি বলতাম ঠিক আছে, যদি তোমার পছন্দ হয়ে থাকে তাহলে মাকে জিজ্ঞাসা করে বিয়ে কর, তুমি আমাকে কেন জিজ্ঞাসা করছো? ছেলেটির বিয়ে, কিন্তু অন্য কারো পছন্দ।

একইভাবে, পদটি ছোট হোক বা বড়, তা সুখের কারণ হতে পারে না। যারা উচ্চ পদে অধিষ্ঠিত তারা কি সুখী? আমাদের বিশ্ববিদ্যালয়ে একজন অধ্যাপক ছিলেন, যখনই তিনি কোনও বড় পদের জন্য আবেদন করতেন, ভাগ্যবান ব্যক্তি প্রতিটি পদের জন্য নির্বাচিত হতেন। অবসর গ্রহণের আগে, তিনি তার ক্ষেত্রের সর্বোচ্চ পদ, কেন্দ্রীয় সরকারের পদ থেকে অবসর গ্রহণ করেন। কিন্তু প্রথম পদে অধিষ্ঠিত থাকাকালীন তার মুখে যে অভিযোগ শোনা যেত, শেষ সর্বোচ্চ পদে অধিষ্ঠিত থাকাকালীনও তিনি একই অভিযোগ করে গিয়েছেন।

এমনকি যদি কেউ অন্য কাউকে, যেমন একজন নারী বা পুরুষ, টাকা বা পদমর্যাদা পায়, তবুও সে সুখ পায় না। যদি কোনও নারীর সুখ না থাকে, তাহলে সে সুখের জন্য স্বামী খোঁজে। পুরুষেরও সুখ নেই, সে সুখের জন্য স্ত্রী খোঁজে। যদি দুজনেরই সুখ না থাকে, তাহলে বিয়ের পর কে কাকে সুখ দেবে? মূলত, এটা মনে রাখা উচিত যে অন্য কেউ সুখ দিতে পারে না।

ওশো বলেন, যদি তুমি ভালোভাবে লক্ষ্য কর, তাহলে দেখবে পৃথিবীর সবাই সুখ এবং ভালোবাসা চাইছে। কিন্তু মানুষের জীবনে ভালোবাসা বা সুখ

কিছুই নেই। ভুলটা হচ্ছে নিজেকে জিজ্ঞাসা করার মধ্যে এবং যেহেতু তুমি বাইরে জিজ্ঞাসা করতে যাও, তাই তুমি মনেও রাখতে পারো না যে তুমি কী চাইছো। এটাই তোমার স্বভাব। ধর্ম হল এই বিপ্লবের নাম, যেদিন তুমি মনে করবে যে এখন আমার জিজ্ঞাসা করা বন্ধ করা উচিত, আমার একবার নিজের ভেতরে তাকানো উচিত, আমাকে পুরোপুরি দেখতে দাও আমি কে, এটা সম্ভব যে আমি যা বাইরে খুঁজে পাইনি, তা হয়তো সেখানে থাকতে পারে।

৩. বর্তমানে বাস না করা

আমরা হয় অতীতের স্মৃতিতে হারিয়ে যাই। অথবা ভবিষ্যতের পরিকল্পনায়। এই দুইয়ের মাঝখানে, বর্তমানের সত্যের মৃত্যু ঘটে। অতীতের স্মৃতিগুলি মাঝে মধ্যেই আমাদের কাঁপিয়ে দিয়ে যায়। অতীত, যা মৃত, চলে গিয়েছে, আর নেই। কিন্তু অতীতের কথা মনে পড়লে যেকোনও ব্যক্তিই চাপে পড়ে যায়, আমি যদি এটা করতাম, তাহলে ভালো হত, এটা করলে ক্ষতি হত। আবার ভবিষ্যের চিন্তাও মানসিক চাপের কারণ হয়ে দাঁড়ায়, যদি আমি আমার ভবিষ্যৎ পরিকল্পনা পূরণ করতে না পারি, এক মস্ত বড় প্রশ্ন চিহ্ন এনে দেয় জীবনে। তারপর সে ভাগ্যকে দোষারোপ করে এবং ঈশ্বরকে অভিশাপ দেয়। অতীত এবং ভবিষ্যতের মাঝখানে, যদি আপনি বর্তমানে বাস করেন তবে কোনও চাপ থাকবে না। বর্তমান মানে এখানে এবং এখন। বর্তমানে বেঁচে থাকার শিল্প শেখার চেষ্টা করতে হবে। তোমার বিবেককে জাগ্রত করে তুমি বর্তমানে বাঁচতে শিখতে পারো।

আমরা প্রায়শই দেখি যে, বড়রা সবসময় অতীত কতটা ভালো ছিল তা নিয়ে কথা বলতে থাকেন। অতীতে এই ছিল, ওই ছিল। আজ এটা ঘটছে। সময়টা খুব খারাপ হয়ে গিয়েছে। কেউ কাউকে সম্মান করে না। কেউ বড়দের বা ছোটদের কথা ভাবে না। তারা যা ইচ্ছা তাই করে এবং কারো কাছ থেকে পরামর্শ নেয় না। এটা সবসময়ই ঘটছে; আজ যারা এই কথা বলছেন, তাদের প্রবীণরাও একই কথা বলতেন। ওশো বলেন, বৃদ্ধদের অতীত আছে, তাদের কোনও ভবিষ্যৎ নেই। এখন সে ভবিষ্যতে মৃত্যু দেখতে পাচ্ছে, তাই সে ভবিষ্যতের কথা বলে না, তার অতীত নিয়ে আলোচনা করার আছে, সে বর্তমানে বাঁচতে শেখেনি।

যুবকের একটি ভবিষ্যৎ আছে, তার জীবনে স্বপ্ন এবং ভবিষ্যতের পরিকল্পনা আছে, তাই সে সর্বদা ভবিষ্যতের কথা বলে। আমি এটা করব, তারপর ওটা করব, ইত্যাদি। সে তার বড়দের কাছ থেকে পরামর্শ নিতে পছন্দ

করে না। কেন? পরিস্থিতি ভিন্ন, নতুন আবিষ্কার হচ্ছে, বাবা কেবল পুরনো বিষয় নিয়েই কথা বলবেন। সময় বদলে গিয়েছে, এই কথা মাথায় রেখে, তিনি কোনও পরামর্শ দেন না। বাবা অবহেলিত বোধ করেন এবং মানসিক চাপে থাকেন। যুবকটিও চাপের মধ্যে রয়েছে কারণ তাকে তার পরিকল্পনা পূরণ করতে হবে, কিন্তু বাবা তাকে সমর্থন করেন না। একে বলা হয় প্রজন্মের ব্যবধান। প্রতিটি যুবকেরই তার বাবার প্রতি একটা ঘৃণা থাকে, কিন্তু যখন সে বাবা হয়, তখন সে এটা ভুলে যায় এবং সে তার ছেলের সাথেও তার বাবার মতোই আচরণ করে।

ভবিষ্যৎ নিয়ে উদ্বিগ্ন থাকে বলেই, বেশিরভাগ যুবক-যুবতী জ্যোতিষীদের কাছে যায়। কিন্তু মনে রাখবেন, ভবিষ্যৎ আপনার হাতের রেখার উপর নয়, বরং আপনার নিজের প্রচেষ্টার উপর নির্ভর করে। একজন দৃঢ়প্রতিজ্ঞ ব্যক্তি তার ভবিষ্যৎ নিজেই তৈরি করে।

৪. মোহ

আপনি যত বেশি কোনও জিনিস বা ব্যক্তির প্রতি আসক্ত হবেন, তত বেশি দুঃখ, যন্ত্রণা এবং চাপ আপনাকে চেপে ধরবে। এভাবে ভাবুন, আপনার একটি বাড়ি আছে, তাতে আগুন লেগেছে, আপনি চিৎকার করছেন, কাঁদছেন, আপনি ধ্বংস হয়ে গেলেন বলে মনে হতেই পারে। কিন্তু যদি ঠিক সেই মুহূর্তে আপনার ছেলে এসে বলে, বাবা, আমরা এই বাড়িটি বিক্রি করে দিয়েছি, আপনি ঠিক সেই মুহূর্তে চুপ করে যাবেন। কেন? যেহেতু এই বাড়ি এখন আর আপনার নয়, তাই আপনার আর কোনও বন্ধন নেই।

একজন গৃহস্থ সন্ন্যাসীর ছোট ছেলে মারা যায়। দাহ সম্পন্ন হল। সন্ন্যাসী স্ত্রী চিন্তিত ছিলেন যে তার স্বামী হয়তো পাগল হয়ে যাবেন কারণ তিনি তার ছেলের প্রতি খুবই আসক্ত ছিলেন। কিন্তু সন্ধ্যায় যখন আমি তাকে তার দৈনন্দিন রুটিনে দেখেছিলাম, তখন আমি তাকে জিজ্ঞাসা করেছিলাম যে সে কেমন অনুভব করছে? আমাদের একটাই ছেলে ছিল, সেও মারা গিয়েছে। স্বামী বললেন, আমি এক মুহূর্তের জন্য হতবাক হয়ে গিয়েছিলাম, কিন্তু তারপর ভাবলাম বিশ বছর আগে যখন আমাদের কোনও ছেলে ছিল না, তখনও আমরা সুখী ছিলাম। আজ তিনি সে আর নেই, পরিস্থিতি বিশ বছর আগের মতোই আছে। কী দুঃখ, কী শোক? ঈশ্বরকে ধন্যবাদ যে তিনি আমাদের গত বিশ বছর ধরে বাবা-মা হওয়ার অভিজ্ঞতা দিয়েছেন। তিনিই দিয়েছিলেন আর ফিরিয়ে নিয়েছে, এই তো!

(ক) কোনও ব্যক্তি বা জিনিসের প্রতি আসক্তি কি দুঃখ বয়ে আনে?

আমি আমার ছেলের প্রতি আসক্ত, সে অসুস্থ, তাকে ওষুধ দাও। এর চেয়ে আমরা আর কী করতে পারি? চিন্তা করে কী লাভ হবে? একজন ছেলে তার মায়ের প্রতি আসক্ত থাকে, যখন সে বিয়ে করে তখন মা আর বৌয়ের মধ্যে ফুটবলের মতো হয়ে যায় তার পরিণতি। অর্থাৎ, মা বলেন, তার কথাই শেষ কথা আর স্ত্রী বলে তার কথাকে প্রাধান্য দিতে হবে।তোমাকে আমার সাথেই জীবন কাটাতে হবে, আমার কথা শোনো! দুই নারীর মধ্যে সে কী করবে তা বুঝে উঠতে পারে না। কারণ: সে উভয়ের সাথেই সংযুক্তি!

(খ) কেউ মারা গেলে আমরা কেন দুঃখ পাই?

সে যেই হোক না কেন, যখনই আমরা কারো মৃত্যুর খবর শুনি, তখনই আমাদের মনে একটা দুঃখের অনুভূতি জাগে। যদি আমরা কোনও প্রিয়জনকে হারাই এবং তার সাথে যদি কোনও গভীর আসক্তি থেকে থাকে, তাহলে আমাদের কাঁদতে ইচ্ছে করে, কেন? কারণ সেই সময় আমাদের নিজেদের মৃত্যুর কথা মনে পড়ে যায়। অন্যথায়, আমরা অচেতন জগতে বাস করি। ঠিক সেই মুহূর্তে আমার মনে পড়ে যে আমিও মারা যাব। মৃতদেহ বহন করার সময় তারা যা বলে, "বল হরি, হরি বল", তা মৃতদেহের জন্য নয়। সে ইতিমধ্যেই চলে গিয়েছে, এটা তাকে বলা বা বলার মতো কিছু নয়। যারা মৃতদেহ বহন করছেন তাদের উদ্দেশ্যে এটা বলা হচ্ছে, জেগে উঠুন! আপনার একই অবস্থা হবে। কিন্তু হরির নাম জপ করার জন্য কয়জন জেগে আছে? এই কারণেই ওশো বলেন যে, যখনই কোনও শবযাত্রা যাবে, জেনে রেখো যে এটা আমার শবযাত্রা। মৃত্যুকে ক্রমাগত স্মরণ কর, সম্ভবত তুমিও জীবিত থাকাকালীন মৃত্যুকে বোঝার চেষ্টা করতে পারো। এক বন্ধুর বাবা মারা গিয়েছেন। তার জন্য তার কোনও দুঃখ ছিল না। তার খারাপ লাগছিল এই কথা ভেবে যে, এখন কে দুধ আনবে আর কে বাচ্চাদের স্কুলে নিয়ে যাবে? সে তার নিজের কারণেই দুঃখিত, তার বাবার জন্য কাঁদছে না। সে দুঃখিত কারণ এই কাজগুলি এবার থেকে তাকেই করতে হবে। যারা সচেতন থাকে তারা এটাও বুঝতে পারে যে মৃত্যু নেই; পোশাক বদলাতে হয়, ঘর বদলাতে হয়, ঠিক যেমন শরীর বদলাতে হয়, তেমনি মৃত্যুর খবর শুনে দুঃখিত হওয়ার কী দরকার? যদি আপনি আপনার শ্বাস-প্রশ্বাস সম্পর্কে সচেতন হন, তাহলে আপনি দেখতে পাবেন যে আপনার শ্বাস বাইরে যাচ্ছে, ভেতরে আসছে না। তাহলে মৃত্যু

কীভাবে হতে পারে? একজন সচেতন ব্যক্তি অন্যের মৃত্যুতে মারা যান না এবং দুঃখও বোধ করেন না।

৫. অন্যরা কী বলবে?

আপনি কি কখনও ভেবে দেখেছেন "আমি কে?" যদি আপনি চিন্তা করেন, তাহলে আপনি জানতে পারবেন মানুষ আপনার সম্পর্কে কী ভাবছে? তারা কী বলে, এর মানে হল তারা নিজেদের ধারণাগুলির প্রতি যত্নবান হন। কোনও কিছু করার আগে আমরা ভাবি যে, আমি যদি এটা করি তাহলে অন্যরা কেন কিছু বলবে? বা তাদের প্রতিক্রিয়া কী হবে? আমি যদি এটা না করি তাহলে মানুষ কি বলবে? এই বিষয়টি নিয়ে আমরা সবসময়ই বিভ্রান্তির মধ্যে জীবনযাপন করি। অন্যরা গুরুত্বপূর্ণ।

অন্যদের প্রতিক্রিয়ার কথা চিন্তা করলে, চাপ থাকবেই। কোনও কিছু করার আগে আমরা ভয় পাই এবং সবসময় জানতে আগ্রহী হই যে মানুষ কী বলে?

ওশোর ধ্যান প্রক্রিয়াগুলি এমন যে সেইগুলি আমাদের উন্মাদনা, চাপ, দুঃখ এবং যন্ত্রণা থেকে মুক্তি পেতে সাহায্য করে। এর মধ্যে যেমন কিছু রেচন প্রক্রিয়া আছে, তেমনি আছে কিছু নৃত্য। তাঁর সন্ন্যাসী এবং প্রেমিকরা প্রায়ই বলেন যে, আমরা যদি এটা করি, তাহলে মানুষ আমাদের পাগল ভাববে। শুদ্ধিকরণ না করলে কী ধ্যান করা সম্ভব? অন্যদের প্রতিক্রিয়ার কারণে, আমরা পুরোপুরি ধ্যানও করি না। যদি আমরা এটি সম্পূর্ণ মন দিয়ে না করি, তাহলে আমাদের যে ফলাফল পাওয়া উচিত ছিল তা আমরা পাই না এবং তাই আমরা ধ্যান ত্যাগ করি।

৬. হীনমন্যতার জটিলতা

হীনমন্যতায় ভোগা লোকেরা ক্ষমতার লোভী বা অর্থের লোভী হয়ে ওঠে। পদের জন্য দৌড়, অর্থের জন্য দৌড়, হীনমন্যতা ঢাকার একটি প্রচেষ্টা মাত্র। যে নিজের ভেতরে হীনমন্যতায় ভুগছে, সে নিজেকে দেখানোর জন্য অর্থ সংগ্রহ করতে শুরু করে। "আমিও কিছু করতে পারি" সে ধনী হয়ে দেখানোর চেষ্টা করে, মানুষ আমাকে এভাবে বা ওভাবে ভাববে না। সে সবসময় উচ্চ পদের জন্য আকুল থাকে এবং আশা করে যে সে যেকোনওভাবে আরও বড় পদ পাবে। এই ধরনের ব্যক্তি যতই সম্পদ সঞ্চয় করুক না কেন বা যতই উচ্চ পদ লাভ করুক না কেন, সে সর্বদা এক হীনমন্যতায় ভোগে। তবে কিছুতেই আরামে থাকতে পারে না। উদ্বেগ দিনে দিনে বৃদ্ধি পায়।

তথাকথিত ধর্মীয় নেতারা এবং বেশিরভাগ রাজনীতিবিদ হীনমন্যতায় ভোগেন। ধর্মীয় নেতারা মানুষের দৃষ্টি আকর্ষণ করার জন্য কিছু অদ্‌ভুত কাজ করেন। কিভাবে? সংস্কৃত শ্লোক পাঠ করে, কঠিন ভাষা ব্যবহার করে এবং সর্বদা শ্রোতাদের ছোট করার চেষ্টা করে, 'তুমি একজন পাপী, তুমি নীচ, তুমি ধর্মহীন, ভয়ানক কলিযুগ এসে পড়েছো, তুমি একজন নাস্তিক, তুমি ঈশ্বরের উপাসনা করো না, তুমি দেরি করে ঘুমাও, তোমার ব্রহ্মমুহুর্তে ঘুম থেকে ওঠা উচিত, তোমার জলও ছেঁকে পান করা উচিত, তোমার খালি পায়ে হাঁটা উচিত, তোমার তথাকথিত সাধুদের সৎসঙ্গে যোগদান করা উচিত, জল ভর্তি করার সময় বা স্নান করার সময় তোমার কোনও মহিলার দিকে তাকানো উচিত নয়, একজন মহিলা নরকের দরজা, তোমার কোনও মহিলার দিকে তাকানো উচিত নয়, তোমার কেবল সাদা গরুর দুধ পান করা উচিত' ইত্যাদি, তথাকথিত সাধুরা যে ধরনের বোকামি করেন তা যথেষ্ট নয়। রাজনীতিবিদরাও এই একই কাজ করে থাকে। এই সমস্ত কাজ করা হয় দেখানোর জন্য, অন্যদের প্রভাবিত করার জন্য যে "আমিও কিছু একটা"। হীনমন্যতায় ভুগছেন এমন ব্যক্তিই কেবল এমন দুষ্ট আচরণ করতে পারে।

হীনমন্যতা কেন তৈরি হয়? যখন কোনও শিশু ছোট থাকে কোনও কাজ ঠিক মতো করতে অক্ষম হয়, তখন বড়রা তাকে নিকৃষ্ট বলে সমালোচনা করে। 'তুমি অকেজো, তুমি এই কাজটি করতে পারবে না।' বারবার এই কথা বলার মাধ্যমে, সম্মোহনের কারণে সে নিজেকে মূল্যহীন ভাবতে শুরু করে এবং ভাবতে থাকে যে সে কখনই সফল হতে পারবে না। সে এতটাই সম্মোহিত হয়ে যায় যে, সে যেকোনও কাজ শুরু তো করে, কিন্তু সম্পূর্ণ বিশ্বাস এবং আশা নিয়ে তা না করার ফলে, তার ব্যর্থতা অনিবার্য। কিছু করতে না পারার কারণে অর্থ ও ক্ষমতার অভাব দেখা দেয়।

যত্ন নিন, বাচ্চাদের উৎসাহিত করুন এবং তাদের কাজ করার সুযোগ দিন। তার আশাকে শক্তিশালী করে তুলুন, তার মধ্যে আত্মবিশ্বাস জাগিয়ে তোলো, কঠোর পরিশ্রম করান, আজ না হলে কাল সে সফল হবেই, 'হতাশ হও না, আরও কিছু গুণ আছে, সেগুলি বিকশিত করো। তোমার সর্বোচ্চ চেষ্টা করো এবং যদি তবুও সফল না হও, তাহলে আগের চেয়ে আরও উৎসাহের সাথে আবার চেষ্টা করো।' টাকা না থাকলেও হতাশ হবেন না, একজন ধনী ব্যক্তির জীবন দেখুন। প্রথমে সে টাকা এবং পদ উপার্জনে তার সময় এবং স্বাস্থ্য নষ্ট করে, তারপর সে তার টাকা এবং পদ নিরাপদ থাকার জন্য চিন্তিত থাকে। তাহলে সে কখন বাঁচল, তা ভেবে দেখেছেন? আপনার খারাপ দিকগুলির প্রতি অপ্রয়োজনীয় মনোযোগ দেবেননা। 'তোমার গুণাবলী বৃদ্ধি

করো; সম্পদ এবং পদ অর্জনের চেষ্টা করো, কিন্তু তোমার আত্মমর্যাদা এবং আত্মসম্মানের মূল্যে নয়।'

৭. শব্দ দূষণ

অন্যান্য কারণ ছাড়াও, মানসিক চাপ বৃদ্ধিতে শব্দও গুরুত্বপূর্ণ ভূমিকা পালন করছে। শব্দ কীভাবে বাড়ছে? রেল ইঞ্জিন, বিমান, যানবাহনের চলাচল এবং হর্ন, রেডিও, টিভি, ব্যান্ড ইত্যাদির কারণে সবচেয়ে বেশি শব্দ হয়। সবচেয়ে বেশি শব্দ হয় সকাল-সন্ধ্যা ধর্মীয় স্থান থেকে লাউডস্পিকার, বাজারে বাজানো স্টেরিও, আতশবাজি ইত্যাদির কারণে। লাউডস্পিকারের প্রচুর অপব্যবহার হচ্ছে এবং শব্দ দূষণ ঘটছে। সমাজের কোনও অংশই এর বিরোধিতা করে না। কীর্তন গুলিতে রাতভর লাউডস্পিকার, কোনও নেতার আগমন ঘোষণা করার জন্য লাউডস্পিকার, কোথাও কোনও গল্প বলা হলে লাউডস্পিকার।

আপনার জানা উচিত যে সকল ধরণের শব্দ উন্মাদনা, হার্ট অ্যাটাক এবং রক্তচাপের কারণ হয়ে দাঁড়াচ্ছে। আপনি এটা এভাবে বুঝতে পারেন, যখন বাচ্চারা ঘরে চিৎকার করে, আমরা প্রায়ই বলি, 'তুমি চিৎকার করছো কেন? আমার মাথাব্যথা করছে, বাইরে গিয়ে খেলো অথবা চুপচাপ বসে থাকো।' দুই মিনিটের চিৎকারে আমরা বিরক্ত হয়ে পড়ি, তাহলে ক্রমাগত যা ঘটছে তার কতটা প্রভাব পড়তে পারে, তা ভেবে দেখেছেন। আপনি হয়তো অনুমানও করতে পারবেন না?

৮. ভয়

আমরা শিশুদের ভয় দেখিয়ে তাদের নিয়ন্ত্রণে রাখি এবং আমাদের উপর নির্ভরশীল করে তুলি। বাচ্চারা যদি আমাদের কথা না মানে, তাহলে আমরা তাদের ভূতের ভয় দেখিয়ে ভয় দেখাই। 'ওখানে যেও না, বিড়াল বসে আছে, বুড়ো বাবা আসছে, ধরে নিয়ে যাবে।' এটি শিশুদের কোমল মনের উপর খারাপ প্রভাব ফেলে। একটি শিশু সরল; বড়দের কথা শুনে সে তার হৃদয়ে একটি কাল্পনিক ভূতের ছায়া তৈরি করে। যখন কেউ বড় হয়, তখন ভূতের রূপ বদলে যায়; অপমানের ভয়, ক্ষতির ভয় এবং রোগের ভয় ইত্যাদি তাকে ছেড়ে যায় না। ওশো বলেন, প্রতিটি ভয়ের পিছনে থাকে মৃত্যুর ভয়। পুরো জীবনটাই একরকম বা অন্যরকম ভয়ে ভরা। কিন্তু মনে রাখবেন যে এটি একটি শিশুর কোমল মনে যে প্রভাব ফেলে তা চিরকাল থেকে যায়। আমরা সারা জীবন কাঁদি। আমরা ভয় দেখাতে পিছপা হই না। এই কারণে, তাদের বকাবকিও করা

হয়। মনে রাখবেন, বিভ্রান্তি এবং সমস্যা বাইরের নয় বরং মনের ভয়ের কারণে গড়ে ওঠে। যখন সেই গুলি আসবে তখন ভয় পাবেন না, সাহস এবং ধৈর্যের সাথে তাদের মুখোমুখি হন। কারণ ভয় সেই গুলি আরও বাড়িয়ে দেয়। একটা উদাহরণ দিয়ে বিষয়টা পরিষ্কার করে নেওয়া যাক। আমার কাছে এক ২১ বছর বয়সী যুবককে আনা হয়েছিল। 'তিনি বললেন, স্বামীজী, ওকে আপনার আশ্রয় প্রদান করুন।' ওর দিকে তাকিয়ে আমি বললাম, 'আমরা পরে ওর কথা ভাববো, আগে ওর বাবা-মায়ের কথা ভাবতে হবে।'' তার সম্পর্কে তার বাবা-মা বলেন, ''যখন ও দশম শ্রেণীতে পড়ত, আমরা দুজনেই ওকে পড়াশোনার জন্য চাপ দিতাম। ৯৫% নম্বর না পেলে তোমার জীবন নষ্ট হয়ে যাবে। তুমি কোথাও চাকরি পাবে না।' বকাঝকা করার অভ্যাস প্রয়োজনের তুলনায় আরও বেড়ে গেল। তিরস্কারের পাশাপাশি, তাকে মারধর করাও শুরু হয়েছিল। শিশুটি এতটাই ভীত হয়ে পড়েছিল যে রাতে ঘুমানোর সময়ও সে ভয়ে জেগে উঠে বসে পড়ত। ধীরে ধীরে তার খিঁচুনি শুরু হয়। রাস্তায় হাঁটলেও সে ভয় পেতে শুরু করে। পরিস্থিতি এমন হয়ে গেল যে, সে একা বাইরে যেতে ভয় পেত। বাবা-মা এইসব করেছিলেন, সেই সন্তানের মঙ্গলের জন্য।

ছোট্ট একটা ঘটনাও জীবনকে কতটা বদলে দিতে পারে। আমরা বুঝতেও পারি না। নেপোলিয়ন বিড়ালকে ভয় পেতেন, কেন? যখন তাঁর বয়স ছয় মাস, তখন তাঁর আয়া তাকে একটি বাটি এবং চামচ দিয়ে দুধ খাওয়াচ্ছিল। কিছু কাজের কারণে তাকে ১-২ মিনিটের জন্য সেখান থেকে উঠে যেতে হয়েছিল। দুধের বাটিটি শিশুটির কাছেই ছিল, কাছাকাছি থাকা একটি বিড়াল এসে দুধ পান করতে শুরু করল। আয়া তা দেখে চিৎকার করে ওঠে এবং বিড়ালটা নেপোলিয়নের বুকে পা রেখেই সেখান থেকে পালানোর চেষ্টা করে - এই দুই ঘটনা একে অপরের সাথে সংযুক্ত হয়ে যায় এবং তারপর থেকে বিড়াল দেখলেই তিনি ভয় পেতেন। এবং চূড়ান্ত যুদ্ধের সময়তেও তাঁর সামনে অনেক বিড়াল রাখা হয়েছিল। এত বিড়াল দেখে নেপোলিয়ন ভয়ে অজ্ঞান হয়ে যান এবং গ্রেপ্তার হন। শিশুদের ভয় দেখিয়ে তাদের শোষণ করার চেষ্টা করবেন না, সেই ভয় সারা জীবন তার সাথেই থেকে যাবে।

৯. আত্ম-সম্মোহন

সম্মোহনে শক্তি আছে। আমরা সবসময় অন্যদের দ্বারা সম্মোহিত হই অথবা নিজেরাই সম্মোহিত হই। অন্যদের দ্বারা সম্মোহিত হওয়ার অর্থ হল আমরা অন্য কারো চিন্তাভাবনাকে নিজের করে নিই, অর্থাৎ আমরা সেগুলিকে নিজের করে নিই। তা অনুভব করার চেষ্টা করবেন না। অন্য

ব্যক্তির দেওয়া ধারণাগুলি তার অভিজ্ঞতা, আপনার নয়। অভিজ্ঞতা না থাকলে বিশ্বাস করবেন না। যখন আপনি সেই চিন্তাগুলিকে নিজের করে নেন এবং অন্যদের কাছে সেই সম্পর্কে কথা বলেন, তখন অন্য ব্যক্তি সেই চিন্তাগুলিকে খণ্ডন করে, আপনার অহংকার আহত হয় এবং আপনি চাপে পড়ে যান।

(ক) স্ব-সম্মোহনের মাধ্যমে আমরা কীভাবে অসুস্থতা এবং দুঃখ ধরতে পারি?

ধরুন আপনাকে খুব বেশি কাজ করতে হয়েছে অথবা সারা রাত জেগে থাকতে হয়েছে এবং অস্বস্তি বোধ করছেন, তাই আপনি নিজেকে পরীক্ষা করাতে ডাক্তারের কাছে গিয়েছেন। পরীক্ষা করে দেখা গেল আপনার রক্তচাপ ধরা পড়েছে। তা দেখে ডাক্তার আপনাকে বলবে, আপনার মাথাব্যথা হবে, একটা ইনজেকশন নিন আর এই ওষুধটা খেতে থাকুন, দুই-তিন দিনের মধ্যে আপনি ঠিক হয়ে যাবেন। বি.পি. 'হাই' শোনার সাথে সাথে আপনি বাড়িতে এসে আপনার পরিবারের সদস্যদের সেই কথা জানাবেন। পরের দিন আপনি নিজের বন্ধুদের সেই উচ্চ রক্তচাপের কথা বলবেন উচ্চ, কাল্পনিক বি.পি. উচ্চ হতে শুরু করবে। কোনও না কোনওভাবে আমরা কোনও না কোনও দুঃখ, যন্ত্রণা, চাপের মধ্যে আটকে পড়ি কারণ যদি এই রোগটি বাস্তব না হয় তবে কোনও ওষুধ দিয়ে কীভাবে এটি নিরাময় করা যাবে। মানুষ ডাক্তারের কাছে যেতে শুরু করে, ডাক্তার বদলাতে শুরু করে এবং অ্যালোপ্যাথি ও হোমিওপ্যাথির মাধ্যমে চিকিৎসা নিতে শুরু করে। সুতরাং, উভয় ধরণের সম্মোহন এড়িয়ে চলুন। এটি এড়ানোর উপায় হল সচেতন থাকা। সচেতন হওয়ার উপায় হল ধ্যান।

১০. পরিবারে দ্বন্দ্ব এবং উত্তেজনার কারন কী?

ওশো বলেন যে বৈবাহিক দ্বন্দ্ব চিরন্তন, এটি চলতেই থাকে। বিয়ের চেয়ে বড় দ্বন্দ্ব আপনি আর খুঁজে পাবেন না। প্রতিনিয়ত দ্বন্দ্ব লেগেই থাকে। স্ত্রীরা স্বামীদের ব্যস্ত রাখার চেষ্টা করে এবং স্বামীরাও স্ত্রীদের ব্যস্ত রাখার চেষ্টা করে, তাই কলহ। মালিকানা হল হিংস্রতার অনুভূতি, ভালোবাসার সাথে এর কোনও সম্পর্ক নেই। যখন আপনি ভালোবাসতে অক্ষম হন, তখনই সন্তান জন্ম নেয়। তাদের উপরও মালিকানার খেলা অব্যাহত থাকে।

পরিবারের প্রতিটি সদস্যই দুঃখিত। কেন? কারণ কী? জিজ্ঞাসা করলে স্বামী বলে-স্ত্রীর কারণে, স্ত্রী বলে-স্বামীর কারণে, শাশুড়ী-বৌমার কারণে,

পুত্রবধূ-শ্বশুর-শাশুড়ির কারণে, ছেলে-বাবার কারণে। তার মানে সবাই অন্য কারোর জন্য দুঃখিত। ওশো বলেন, যদি আপনি ভালোভাবে লক্ষ্য করেন, তাহলে দেখবেন যে আপনি নিজের কারণেই অসুখী। আপনাকে দুঃখ দেওয়ার ক্ষমতা কারোর নেই। আমরা যদি অন্যের কারণে দুঃখ পাই, তাহলে অন্য কেউও আমাদের কারণে দুঃখ পাবে। যদি আপনার পরিবারের কেউ আপনার কথা না শোনে, তাহলে আপনি আরও বেশি দুঃখিত বোধ করেন। কেন? আমরা সম্মান চেয়েছিলাম এবং অসম্মান পেয়েছি। আমি হ্যাঁ চেয়েছিলাম কিন্তু না পেলাম। আমাদের কাছের কেউ যদি আমাদের সাথে খারাপ ব্যবহার করে, তাহলে আমরা আরও বেশি দুঃখ পাই। কেন? আপনার প্রত্যাশা আলাদা ছিল, তাই আপনার খুব খারাপ লাগে। কোনও প্রত্যাশা থাকা উচিত না। সম্মানের প্রত্যাশার কারণেই অসুখটা ভেতর থেকে আসছে। যদি বাড়িতে কেউ বা প্রিয়জন মারা যায়, তাহলে কি আপনার মন খারাপ হয়? কেন? আপনি হয়তো আসক্ত ছিলেন, আসক্তি তৈরি করবেন না। যত বেশি আসক্তি, তত বেশি দুঃখ।

আমরা সবসময় অন্যদের মধ্যে আমাদের সুখ খুঁজি। অন্য ব্যক্তি বা যা কিছু হতে পারে, যেমন- সম্পদ, পদমর্যাদা, স্ত্রী, সন্তান ইত্যাদি। আমরা যে জিনিসটি সুখ অর্জনের জন্য কামনা করি, যখন তা পাই তখন আমরা সুখ পাই না। এটা আমাদের সাথে প্রতিদিন ঘটে, কিন্তু তবুও আমরা বুঝতে পারি না যে অন্যরা আমাদের সুখ দিতে পারে না।

পরিবার একটি একক। সমাজ পরিবার দিয়ে তৈরি। পরিবারে যদি ভালোবাসা না থাকে, তাহলে সমাজে ভালোবাসা কীভাবে থাকবে? যদি স্বামী-স্ত্রীর মধ্যে ভালোবাসা না থাকে, তাহলে সন্তানরাও তাদের দুজনের কাছ থেকে ভালোবাসা পায় না কারণ সন্তানরা বাবা-মায়েরই একটি অংশ। যে শিশুটি বাড়িতে ভালোবাসার পাঠ শেখেনি। যদি ভালোবাসা না পায়, তাহলে সন্তান কী করবে? পাগলামির পথে যাবে। সে বড় হয়ে অস্থির জীবনযাপন করবে। সে স্কুল-কলেজ ভাঙচুর করে, মানুষকে ছুরিকাঘাত করে, কলেজ ও বাজারে আগুন ধরিয়ে দেয়। সে বড়দের মোটেও সম্মান করতে পারে না। সে শিক্ষকদেরও মারধর করবে।

ভালোবাসা ছাড়া লালিত-পালিত হওয়া একটি শিশু বড় হওয়ার পর এসব করবে কারণ তার ভেতরে অনেক রাগ থাকবে এবং সে অবশ্যই তা প্রকাশ করবে। স্বামী-স্ত্রীর মধ্যে ঝগড়া হলে, তারা তাদের রাগ বাচ্চাদের উপর প্রকাশ করবেই এবং বাচ্চাটি তার রাগ প্রকাশ করার জন্য নোটবুক ছিঁড়ে ফেলবে অথবা কিছু ভেঙে ফেলবে। সে তার ছোট ভাই বা বোনকে মারবে।

আজকাল, একটি শিশু জন্মগ্রহণ করার সাথে সাথে তাকে ক্রেচে পাঠানো হয়। বাবা-মায়ের ভালোবাসা ছাড়াই শিশু সর্বদা অবহেলার মধ্যে বড় হয়ে ওঠে। শিশুটি পরিবারে বড় হোক বা অনাথাশ্রমে বড় হোক, তার মধ্যে পার্থক্য কী? উভয় পরিস্থিতিতেই, সে তার বাবা-মায়ের ভালোবাসা থেকে বঞ্চিত হয়েছিল।সে কি বড় হয়ে এই ধরণের বাবা-মায়ের সেবা করবে? আমি ভালোবাসার প্রথম পাঠও শিখিনি। এই কারণেই আজকাল নৈতিক শিক্ষার উপর জোর দেওয়া হচ্ছে। নৈতিক শিক্ষা প্রথমে শিশুদের বাবা-মা, শিক্ষক এবং রাজনীতিবিদদের শেখানো উচিত। বাচ্চাদের স্কুল ব্যাগ ভারী হয়ে উঠছে, পড়াশোনার বোঝা বাড়ছে, খেলার সময় নেই। ওশো বলেন, **'শৈশবে খেলা খুব জরুরি, খেলাধুলায়ও শক্তি বিনিয়োগ করা উচিত, অন্যথায় শিশুরা অল্প বয়সেই কামুক হয়ে উঠবে।'**

স্বামী-স্ত্রী উভয়েই একে অপরের উপর মালিকানা দেখানোর চেষ্টা করে। ধীরে ধীরে স্ত্রী স্বামীর উপর মালিকানা লাভ করে; এটা একটা বাস্তবতা। সে তার স্বামীকে সম্পূর্ণরূপে তার উপর নির্ভরশীল করে তোলে, তা সে এক গ্লাস জল, একটি দেশলাইয়ের বাক্স, একটি মোজা বা একটি রুমালই হোক না কেন। স্ত্রী ছোটখাটো বিষয়ে স্বামীকে সম্পূর্ণরূপে তার উপর নির্ভরশীল করে তুলে তাকে পঙ্গু করে দেয়। স্ত্রী যদি দুই দিনের জন্য তার বাবা-মায়ের বাড়িতে যায়, তাহলে স্বামী অসহায় হয়ে পড়ে। স্বামীও নিজের মতো করে স্ত্রীকে নির্ভরশীল করে তোলে। ওশো বলেন, "এই দাসত্ব ঐতিহ্যবাহী।"

আমরা বাচ্চাকে কী শেখাই? ছোট বাচ্চারা খুব সুন্দর। প্রতিটি শিশু দেখতে সুন্দর এবং স্নেহশীল। বড় হওয়ার সাথে সাথে সে তার ভালোবাসা হারাতে শুরু করবে, কেন? আমরা বাচ্চাকে শেখাই। সন্দেহ করা।

(ক) ভালোবাসা মানে: বিশ্বাস

ভালোবাসায় ভয় নেই। কিন্তু আমরা শিশুর মনে সন্দেহ ঢুকিয়ে, তাকে ভয় পেতে শেখাই। ভালোবাসা সঙ্কুচিত হয়। শিশু যখন বড় হয়, তখন সে নিরাপত্তা খোঁজে, বাড়ির যত্ন নেওয়ার জন্য এবং পরিবারের সম্মানের জন্য।

(খ) শিশু মনে উচ্চাকাঙ্ক্ষার বীজ বপন করে:

এর মানে হল সবসময় প্রথমে আসা। সে প্রথম আসবে, কিন্তু যে দ্বিতীয় হবে সে তার শত্রু হয়ে উঠবে। সব শিশু প্রথম হতে পারে না, কারণ কেবল একটি শিশুই প্রথম হতে পারে, সে হীনমন্যতায় ভোগে। এই অনুভূতি সারা জীবন আপনার সাথে থেকে যাবে।

মা-মেয়ে এবং শাশুড়ি-বৌমার মধ্যে টানাপোড়েন থাকে। এর অন্যান্য কারণও আছে। নারীর মনে খুবই দ্বেষ এবং ঈর্ষা থাকে। ওশো বলেন, "দুইজন নারীর বন্ধুত্ব হওয়া খুবই কঠিন। মিথ্যা বলা কঠিন। নারীরা মোটেও বন্ধু হয় না। এর একটাই কারণ, গভীরভাবে বিচার করলে, এর কারণ হল একজন নারী তার শরীর এবং সৌন্দর্য নিয়ে খুশি নন। অন্য নারী পুরুষদের কাছে বেশি সুন্দর, বেশি চিত্তাকর্ষক, আরও আকর্ষণীয় এবং মনোমুগ্ধকর বলে মনে করে। তাই প্রতিটি নারীই অন্য নারীকে শত্রু হিসেবে দেখে। যারা দূরে থাকে তাদের কথা আলাদা।"

মেয়ে যখন বড় হয়, তখন মা তাকে শত্রু হিসেবে দেখতে শুরু করে। মেয়েটি প্রাপ্তবয়স্ক হওয়ার সাথে সাথেই মা তাকে বাড়ি থেকে তাড়িয়ে দিতে আগ্রহী হয়ে ওঠে। সে অনেক অজুহাত দেখায় যেমন তাকে বিয়ে করতে হবে, তাকে শীঘ্রই বিয়ে করতে হবে, তাকে এটা করতে হবে, তাকে ওটা করতে হবে। কিন্তু কারণ হল, বাড়ির মহিলা তখন মেয়ে হতে শুরু করে, আর মা থাকে না, ঈর্ষা তীব্র হয়ে ওঠে।

একইভাবে, শাশুড়ি এবং পুত্রবধূর মধ্যেও উত্তেজনা থাকে। পুত্রবধূ ঘরের আকর্ষণের কেন্দ্রবিন্দুতে পরিণত হয়। এই কারণেই শাশুড়ি এবং ননদ উভয়ই চাপ অনুভব করেন। কিন্তু শাশুড়ি ভুলে যান যে তিনিও এক সময় পুত্রবধূ হয়ে এসেছিলেন। শাশুড়ির মনে হয় সে পুরনো হয়ে গিয়েছে। ওশো বলেন, "যখন একজন স্ত্রী ঘরে নতুন আসে, তখন সে তার স্বামীর সম্পূর্ণ যত্ন নেয়, তার প্রতিটি বিষয় নিয়ে চিন্তা করে, কিন্তু সন্তান হওয়ার সাথে সাথেই সে মা হয়ে যায়, এবং তারপর সে তার স্বামীর চিন্তা ছেড়ে সন্তানের চিন্তা করে। এই কারণেই কোনও বাবা তার ছেলেদের পছন্দ করে না, কারণ তারা আসার সাথে সাথেই স্ত্রী আর স্বামীর থাকে না। সন্তান জন্ম নেওয়ার সাথে সাথেই সে মা হয়ে যায়। সে ছেলের হয়ে যায়। এখন স্বামীর মর্যাদা একজন চাকরের সমান হয়ে যায়। এখন সে সন্তানের প্রতিটি চাহিদা পূরণ করতে শুরু করে। আমরা সন্তানদের লালন-পালনের ক্ষেত্রেও বৈষম্য করি। একজন বাবা একটি সন্তানকে পছন্দ করেন, একজন মা অন্যটিকে পছন্দ করেন, তারা কেবল তাদের যত্ন নেন।যদি তিনটি সন্তান থাকে, তাহলে তৃতীয় সন্তানটি অবহেলিত বোধ করে। এমন পরিবারের বাচ্চারা কি একে অপরকে ভালোবাসবে? প্রত্যেকের একে অপরের প্রতি টান থাকবে কিনা তা নিয়ে সন্দেহ আছে। ওশো বলেন, "যখন তোমার ঘরে ছেলেমেয়ে জন্মগ্রহণ করে, তখন তুমি খুব

খুশি হও। তোমার কাছে এই প্রকৃত সত্ত্বা আছে, যাদের তুমি তোমার ইচ্ছামত তৈরি করতে পারো, যেখানে খুশি পাঠাতে পারো, তুমি যে আদেশই দাও না কেন, তাদের তা মানতে হবে।"

মনোবিজ্ঞানীরা বলছেন, শতাব্দীর পর শতাব্দী ধরে শিশুদের উপর যে ধরণের নৃশংসতা সংঘটিত হচ্ছে, তা আর কারও সাথে ঘটেনি। এমনকি সবচেয়ে শক্তিশালী দাসও আপনার সন্তানদের মতো দাস হয়ে ওঠেনি, কারণ তারা অসহায় এবং আপনার উপর নির্ভরশীল। "আমি তোমাকে ছাড়া বাঁচতে পারব না।" একটা ছোট বাচ্চা আছে, যদি সে দুধ, সেবা, সুরক্ষা না পায়, তাহলে সে মারা যাবে, সে বাঁচতে পারবে না। তার জীবন ঝুঁকির মধ্যে, আপনিও এই সুযোগটি হাতছাড়া করতে পারেন না। আপনি এই সুযোগের পূর্ণ সদ্ব্যবহার করেন - আপনি যতটা সম্ভব তার চেয়ে বেশি সদ্ব্যবহার করেন। যদিও আপনি বলেন যে "আমি তোমাকে ভালোবাসি, তাই আমি এটা করছি।" কিন্তু যদি আপনি গভীরভাবে অনুসন্ধান করেন এবং একটু সচেতন হন, তাহলে দেখতে পাবেন যে, আপনি অহংকার উপভোগ করছেন এবং কেউ আপনার কথা শুনছে না, কিন্তু আপনার ছেলেকে আপনার কথা শুনতে হবে। কোন পুত্র তার বাবাকে ক্ষমা করতে পারে?

কোনও ছেলে তার বাবাকে ক্ষমা করতে পারে না। যদি সে আপনার বৃদ্ধ বয়সে সুযোগ পায়, যখন আপনি বৃদ্ধ এবং দুর্বল, অসহায় এবং শিশুর মতো হয়ে যাবেন, তখন আপনার ছেলে আপনার উপর প্রতিশোধ নেবে। তখন ছোট ছোট বিষয়েও আপনাকে তিরস্কার সহ্য করতে হবে। আর তখন আপনি যন্ত্রণায় ভুগবেন এবং বলবেন - "আমি কি পাপ করেছি? আমি তোমাকে বড় করেছি, তোমার জন্য আমার জীবন উৎসর্গ করেছি, তোমার জন্য জীবন উৎসর্গ করেছি আর তুমি আমার উপর প্রতিশোধ নিচ্ছ। এ কী অকৃতজ্ঞতা!" না, কিন্তু আপনার খুঁজে দেখা উচিত এবং মনোযোগ দেওয়া উচিত। আপনি নিশ্চয়ই নিজের অহংকারকে অনেক বেশি বড় করে তুলেছেন। এই ছেলের ক্ষত এখনও তাজা।

আমরা শিশুদের সাথে খুব অমানবিক আচরণ করি, তবুও আমরা বারবার বলি যে, আমরা তাদের অনেক ভালোবাসি।

যখনই শিশু তার মা বা বাবাকে বাইরে খেলতে যেতে বলে। সাথে সাথে সে বলে "না, না", এটা পড়ো। শিশুটি খেলার প্রতি আগ্রহী, সে পড়াশোনা করতে পারবে না। কিন্তু না বলার মাধ্যমে আমরা শিশুর উপর আমাদের মালিকানা প্রতিষ্ঠা করি, কিন্তু শিশুটি পড়াশোনা করে না এবং দুষ্টুমি শুরু করে, তারপর

আমরা তাকে বাইরে গিয়ে খেলতে বলি। এই ছেলেটা শুধু সেটাই চেয়েছিল। যখনই কোনও শিশু কিছু চাইবে, যদি আপনি বলেন, ঠিক আছে, তাহলে তাৎক্ষণিকভাবে তা মেনে নেওয়া উচিত, যদি ঠিক না হয় তাহলে যতই বলুক না কেন তা মেনে নেবেন না, ধীরে ধীরে শিশুটি ভুল কিছুর উপর জোর দেওয়া বন্ধ করে দেবে কারণ সে বুঝতে পারবে যে এই দাবি ভুল, আমি যতই জোর করি না কেন, তা পূরণ হবে না।

৬

মানসিক চাপের কারণে কী ঘটে?

অল ইন্ডিয়া ইনস্টিটিউট অফ মেডিকেল সায়েন্সেস-এ পরিচালিত একটি সমীক্ষা অনুসারে, বাবা-মায়ের ভালোবাসার অভাব, স্বামী-স্ত্রীর মধ্যে উত্তেজনা, ব্যস্ততার কারণে স্বামী-স্ত্রী সন্তানদের পূর্ণ সময় না দেওয়া ইত্যাদি বিষয় গুলি শিশুদের লালন-পালনের ক্ষেত্রে ত্রুটির জন্ম দেয়, শিশুদের মধ্যে বুড়ো আঙুল চোষা, নখ কামড়ানো, কাদা খাওয়া, ঘুমানোর সময় দাঁত কিড়মিড় করা, বিছানা ভিজিয়ে দেওয়া, তোতলামি করা, অতিরিক্ত হৈচৈ করা, খুব বেশি রেগে যাওয়া বা একগুঁয়ে হওয়া এবং পরীক্ষার সময় পেট ব্যথা বা মাথাব্যথার অভিযোগ করার মতো অভ্যাস গড়ে ওঠে। এই অভ্যাসগুলি ধীরে ধীরে পরিবর্তিত হয় এবং শিশু বড় হওয়ার সাথে সাথে তার মানসিক বিকাশে বাধা সৃষ্টি করে এবং পরে মানসিক ও শারীরিক সমস্যার জন্ম দেয়।

যখন পড়াশোনার বোঝা, হোমওয়ার্ক শেষ করতে না পারা, পরীক্ষার জন্য পুরোপুরি প্রস্তুত না হওয়ার মতো সমস্যার কারণে শিশুরা যখন অসহায় বোধ করে, তখন এই ধরনের শিশুরা অবশ্যই মাথাব্যথা বা পেট ব্যথার অজুহাত তৈরি করে কিন্তু যদি এটি বারবার ঘটে তবে শিশুরা তীব্র পেট ব্যথার শিকার হয়। শারীরিক পরীক্ষায়, পেটে ব্যথার কোনও কারণ খুঁজে পাওয়া যায় না। একইভাবে অনেক শিশু অসুস্থ হয়ে পড়ে, থার্মোমিটারও তাপমাত্রা দেখায়। কিন্তু যদি কাউকে কোনও ঔষধ না দেওয়া হয় বা তাকে তিরস্কার না করা হয়, তাহলে পরীক্ষার সময় শেষ হওয়ার সাথে সাথেই সে ঠিক হয়ে যায়, কারণ সেই অসুস্থতা আসলে মনের রোগ।

বাবা-মা হওয়া সহজ। কিন্তু বাচ্চাদের মানুষ করা কঠিন। বাবা-মা কাজ করেন অথবা ক্লাবে যান। তাদের সন্তানরা অনাথের মতো বড় হয়ে ওঠে। এমন বাবা-মারা তাদের বৃদ্ধ বয়স নষ্ট করছে, কারণ যারা এভাবে বেড়ে উঠেছে তারা তাদের বাবা-মায়ের ভালোবাসা পায়নি। তাহলে আপনাকে ভালোবাসা কিভাবে দেবে? তারা শিশুদের মানসিকভাবে অসুস্থ করে, তারা তাদের ভবিষ্যৎ

জীবনও নষ্ট করে। "যদি তুমি তোমার সন্তানের প্রতি যথাযথ মনোযোগ দিতে না পারো, তাহলে তোমার সন্তান কেন দেবে?" আজকের সময়ে, যখন বাবা-মায়েরা তাদের সন্তানদের লেখাপড়ার প্রতি পূর্ণ মনোযোগ দিতে অক্ষম, তাহলে কেন এমন স্কুলে পড়ানো হয় যেখানে পড়াশোনার বোঝার কারণে শিশুরা স্কুলে খেলতে পারে না? যখন সে বাড়ি আসে, তখন বাড়িতেও এত পড়াশোনার চাপ যে কারণে খেলতে পারে না। পড়াশোনা গুরুত্বপূর্ণ হলেও, খেলাধুলা শিশুদের জন্য ততটাই গুরুত্বপূর্ণ বা আরও বেশি গুরুত্বপূর্ণ।

যদি উপরে উল্লিখিত লক্ষণগুলি আপনার সন্তানদের মধ্যে পাওয়া যায়, তাহলে অভিভাবকদের উচিত তাদের লালন-পালনের ত্রুটিগুলি দূর করা। তোতলানো শিশুকে যদি বারবার বকাঝকা করা হয়, তাহলে সমস্যা আরও গুরুতর হয়ে ওঠে।

মনোরোগ বিশেষজ্ঞরা বলেন যে মানুষের ৯০ শতাংশ অসুস্থতা তার মনের সাথে সম্পর্কিত। মানসিক চাপের কারণে, মস্তিষ্কের সম্পূর্ণ স্বয়ংক্রিয় নিয়ন্ত্রণ প্রক্রিয়া ব্যাহত হয়। যা শ্বাসযন্ত্র, হৃদযন্ত্র এবং পাচনতন্ত্রের উপর সরাসরি প্রভাব ফেলে। এর ফলে রক্তনালীগুলি সংকুচিত হয়ে যায় এবং রক্ত সঞ্চালন প্রক্রিয়ার উপর খারাপ প্রভাব পড়ে যেমন হৃদস্পন্দন বৃদ্ধি, রক্তচাপ বৃদ্ধি, মাইগ্রেন ইত্যাদি। শ্বাসযন্ত্রের কারণে হাঁপানি, শ্বাসনালীতে জ্বালাপোড়া এবং অতিরিক্ত শ্বাসকষ্ট ইত্যাদি লক্ষণ দেখা দেয় এবং পাচনতন্ত্রে অন্ত্রে আলসার, কোষ্ঠকাঠিন্য, অ্যাসিডের আধিক্য, হৃদপিণ্ডে জ্বালাপোড়া এবং খিদে না লাগা ইত্যাদি লক্ষণ দেখা দেয়। যৌনাঙ্গ এবং মূত্রনালীর ব্যাধির মধ্যে রয়েছে মাসিকের সমস্যা, প্রস্রাব করতে অসুবিধা, লিউকোরিয়া এবং অন্তঃস্রাবজনিত ব্যাধিতে থাইরয়েড গ্রন্থির বৃদ্ধি। স্নায়ুতন্ত্রের ব্যাধিগুলির মধ্যে রয়েছে ক্লান্তি, ব্যথা, উদ্বেগ, উত্তেজনা, খিঁচুনি, স্পন্ডিলাইটিস, খিঁচুনি, আর্থ্রাইটিসের কারণে শক্তি হ্রাস। ক্যান্সার, ডায়াবেটিস, উন্মাদনা, অনিদ্রা, পক্ষাঘাত, অজানা ভয়, অস্থিরতা ইত্যাদির মতো আরও কিছু ব্যাধি দেখা দেয়।

মানসিক চাপ থেকে রেহাই মিললে এই ব্যাধিগুলি নির্মূল হয়ে যায় অথবা চাপ দূর হলে তাদের প্রভাব কমে যায়। আমার কাছে এমন দুজন এসেছিল যারা পক্ষাঘাতগ্রস্ত ছিল। পুরো বিষয়টা শোনার পর, আমি বললাম যে তোমরা ঠিক আছো, যদি চাও, তাহলে এখনই হাঁটা শুরু করতে পারো। তোমাদের ভেতরে দৃঢ় সংকল্পের অভাব আছে, একটু দৃঢ় সংকল্প রাখো। কিন্তু দুজনের মধ্যে কেউই রাজি হয়নি। একজন লোক ছিল, সে বলল, না-না, আমি এখন নিজেকে উপভোগ করছি। আমাকে কোনও কাজ করতে হচ্ছে না, আমার

শ্বশুরবাড়ির লোকেরাই সব খরচ বহন করছে। আমি বাচ্চাদেরও বিয়ে দেব। এরপর আমি একটা সিদ্ধান্ত নেব। কিন্তু আপনি কাউকে কিছু বলবেন না এবং আরেকজন মহিলা ছিলেন যার নিজস্ব কোনও কারণ ছিল, সেও বলে, আমি যেন কারোর সাথে এই নিয়ে কোনও রকম আলোচনা না করি।

যখন কোনও শিশুর বাবা-মা তাদের সন্তানদের কিছু কু-অভ্যাস সম্পর্কে আমাকে বলেন, তখন আমি তাদের তা নির্মূল করার উপায় বলে দিই। কিন্তু তারা বলে এটা সম্ভব নয়, অন্য কোনও উপায় বলুন। যদি তাদের সময় না থাকে তাহলে রোগ নির্মূল কিভাবে করা যাবে? তখন তারা তা তাদের দুর্ভাগ্য বলে বিবেচনা করে।

আজকাল বাবা-মায়েরা এটা ভুলে যান এবং তাদের সন্তানদের সময় দেওয়ার পরিবর্তে, তারা অর্থ উপার্জনকে গুরুত্ব দেন; এত টাকার কী লাভ? যদি শিশুটি বড় হয়ে টাকাকে গুরুত্ব দেয়, যদি বাবা-মা হতে না চায়, তাহলে দোষটা কার? প্রথমত, বাবা-মা তাদের সন্তানদের ভালোবাসা এবং সময় দেয়নি, দুজনেই অর্থ উপার্জনে ব্যস্ত থাকতেন, তার মানে সন্তান তার বাবা-মায়ের কাছ থেকেই সবকিছু শিখেছে। যখন সে বড় হবে, তখন সে অর্থকেই গুরুত্ব দেবে। অতএব, শিশুদের ভালোবাসা দিন, তারা ভালোবাসা দিতে শিখবে এবং ভালোবাসতে শিখবে। যে কখনও ভালোবাসার স্বাদ পায়নি, সে জানে না ভালোবাসা কী, তাহলে বড় হয়ে সে কী করবে?

মানসিক চাপে ভুগছেন এমন ব্যক্তির লক্ষণগুলি কী?

১. শ্বাস-প্রশ্বাসের ব্যাঘাত - যখন একজন চাপগ্রস্ত ব্যক্তি শ্বাস নেয়, তখন বুক প্রসারিত হয় এবং পেট সংকুচিত হয়। তারপর যখন সে নিঃশ্বাস ছাড়ে, তখন পেট প্রসারিত হয় এবং বুক সংকুচিত হয়। কেন? বাচ্চাটি ভালোভাবে শ্বাস নিতে জানে। আমরা বাচ্চাদের সন্দেহ করতে এবং উচ্চাকাঙ্ক্ষা রাখতে শেখাই। সন্দেহের কারণে শিশুটি ভয় পেতে শুরু করে। একইভাবে, তোমার সর্বদা ক্লাসে প্রথম হওয়া উচিত। সন্দেহ এবং উচ্চাকাঙ্ক্ষার কারণে শিশুটি চাপে পড়ে যায় এবং তার শ্বাস-প্রশ্বাস ব্যাহত হয়। কলেজে পৌঁছানোর সময়, সে মানসিক চাপে পড়ে যায় এবং মাঝে মাঝে আত্মহত্যা করার কথা ভাবে। কেন? কারণ যে স্বপ্নগুলি তার মনে ছিল সেগুলি মনে হয় পূরণ হচ্ছে না; অন্যদিকে কেউ কথা শোনাতেও ছাড়ে না। শ্বাস-প্রশ্বাস সম্পূর্ণরূপে পরিবর্তিত হয়। কেন? কারণ সে তার সমস্ত কাজ তাড়াহুড়ো করে করতে অভ্যস্ত হয়ে পড়ে এবং সেই অভ্যাসের কারণেই তার

শ্বাস-প্রশ্বাস এলোমেলো হয়ে যায়। যখন সে শ্বাস নেয়, তখন তার পেট প্রসারিত হওয়া উচিত। কেন তার বুক প্রসারিত হয়? কারণ দ্রুত শ্বাস-প্রশ্বাসের কারণে শ্বাস পেটে পৌঁছায় না। ঘুমন্ত শিশুর পেট এবং নাকে হাত রাখলে আপনি এই সত্যটি জানতে পারবেন। আমরা আরও আলোচনা করব কিভাবে শ্বাস-প্রশ্বাস নিয়ন্ত্রণ করা যায়।

২. পেশীতে টান - টান কোথায় জমা হয়? আমাদের পেশীগুলিতে টান জমতে শুরু করে। এভাবে বুঝুন, আমি রেগে গিয়ে আঘাত করার জন্য হাত তুললাম, কিন্তু পারলাম না; আমি লাথি মারতে চেয়েছিলাম, কিন্তু পারিনি। তাহলে কি হবে? হাতে, পায়ে যে শক্তি জাগ্রত হয়েছিল, তা বেরিয়ে আসতে পারছিল না এবং তাই হাতে, পায়ে একটি পিণ্ড তৈরি হয়েছিল। এই কারণেই ওশো ধ্যান পদ্ধতির কথা বলেছেন । তা পেশীতে আটকে থাকা শক্তি মুক্ত করে, যা নিয়ে আমরা পরে আলোচনা করব। যে গিঁট তৈরি হয়েছে তার কারণে আমাদের শরীর এবং পেশীগুলি একটি নির্দিষ্ট আকার ধারণ করে। অতএব, বিশেষজ্ঞরা আপনার শরীরের গঠন দেখে আপনার ব্যক্তিত্ব বোঝেন।

৩. অন্যান্য লক্ষণগুলির - মধ্যে রয়েছে স্নায়ুতন্ত্রে কম্পন, এবং রক্তে একটি বিষাক্ত পদার্থ যা চাপের প্রভাবে শরীরের গ্রন্থিগুলি (বিশেষ করে অ্যাড্রিনাল গ্রন্থি) দ্বারা নির্গত হয় এবং কিছু গ্রন্থি সঠিকভাবে কাজ করে না। মাথাব্যথা, পিঠে ব্যথা, কাঁধে ব্যথা এবং স্পন্ডিলাইটিসের মতো লক্ষণ দেখা দেয়। এছাড়াও ব্যক্তি খিটখিটে হয়ে ওঠে। চিন্তার কারণে কেউ ভুলে যায়। ঘুম কমে যায়। সঠিক সিদ্ধান্ত নিতে পারে না। আমার মাথা ঘুরছে বলে মনে হচ্ছে। দ্রুত ক্লান্ত হয়ে পড়ে। ভয়ঙ্কর স্বপ্ন দেখা শুরু হয়। যদি খুব বেশি চাপ থাকে, তাহলে ব্যক্তিটি রেগে যাবে এবং অন্যদের প্রতি আক্রমণাত্মক আচরণ করবে। আপনার কোনও কাজ করতে ইচ্ছা করবে না। বারবার বিড়ি, সিগারেট বা চা পান করার ইচ্ছা থাকবে। আপনি ঘন ঘন প্রস্রাব করার তাগিদ অনুভব করবেন। দৈনন্দিন জীবনযাত্রা ব্যাহত হবে। নখ কামড়ানো এক বিশেষ লক্ষণ। আলসের মতো বসে থাকতে ইচ্ছা করবে এবং পা নাড়বে। কান্নাকাটি এবং চিৎকারও করতে পারে। আপনার হাত কাঁপতে শুরু করবে। মহিলাদের ক্ষেত্রে, মাসিক অনিয়মিত হয়ে যাবে। হজম প্রক্রিয়া ধীর হয়ে যায়, রক্ত সঞ্চালন সম্পূর্ণ হয় না।

যখন একজন ব্যক্তি খুব বেশি চাপের মধ্যে পড়েন, তখন মন নিজেকে রক্ষা করার জন্য শারীরিক অসুস্থতা তৈরি করে। উদাহরণস্বরূপ, যদি কেউ বলে যে তার মাথাব্যথা বা বুকে ব্যথা হচ্ছে, তাহলে বারবার এটি বলার মাধ্যমে

সে স্ব-সম্মোহন করে এবং তার ফলে ব্যথা মিথ্যা হলেও, ব্যথার লক্ষণগুলি থেকে যায়।

আমাদের এক বন্ধু, যে প্রায়ই ব্যথায় ভুগতো, সব ধরণের পরীক্ষা করা হলেও কোনও কারণ খুঁজে পাওয়া গেল না। একবার সে এসে আমার সাথে পনেরো দিন ছিল। কয়েকদিন পর, এক সন্ধ্যায় সে বলল, এখন আমি সেই ব্যথা অনুভব করতে শুরু করেছি। আমি বললাম, তুমি এখন ব্যথা অনুভব করছো, কিন্তু তোমার ব্যথা গতকাল বিকেল থেকেই শুরু হয়েছিল। আমি বললাম, যখন আমরা কথা বলছিলাম, তুমি কোনও উত্তর ভাবতে পারছিল না। তুমি বিরক্ত ছিলে। সমস্যা এড়াতে তুমি প্রায়ই অজুহাত দেখাচ্ছিলে। কোনও ব্যথা নেই, যদি তুমি ব্যথার অজুহাত দেখাও তাহলে আমি তোমার জন্য কোনও ওষুধ আনব না এবং তোমার প্রতি কোনও বিশেষ মনোযোগও দেব না। এই অজুহাতটা তোমার স্ত্রী অথবা অন্য কাউকে দেখাও। সমস্যাটি এত গুরুত্বপূর্ণ না হলেও তুমি সমস্যাটি এড়াতে চাও। তুমি সংকল্প কর যে, এখন থেকে আমি সমস্যাগুলোর সাথে লড়াই করব এবং তা থেকে পালানোর চেষ্টা করব না। সেই রাতে কোনও ব্যথা ছিল না এবং দশ বছর ধরে তার আর কখনও মাথাব্যথা হয়নি। একবার ডাক্তারের কাছে গেলে সে তাকে তার সুগার লেভেল পরীক্ষা করাতে বলে। আমি বললাম, এখন তোমার মন নতুন অজুহাত খুঁজছে। আমি পরীক্ষা করাইনি এবং যে লক্ষণগুলি দেখা দিচ্ছিল তাও বন্ধ হয়ে যায়।

মন এবং শরীর একে অপরের উপর প্রভাব ফেলে। মানসিক চাপ থেকে নিজেকে রক্ষা করার জন্য, মন শরীরে রোগ সৃষ্টি করে। অভিজ্ঞতার মাধ্যমে প্রমাণিত হয়েছে যে, উচ্চ রক্তচাপ, ক্যান্সার, ডায়াবেটিস, পক্ষাঘাত, হাঁপানি, স্থূলতা, পেটের আলসার, অনিদ্রা, কিডনি ব্যর্থতা, মানসিক ব্যাধি, অস্থিরতা, অজানা ভয়, উন্মাদনা ইত্যাদি রোগের মূল কারণ হল মানসিক চাপ। উচ্চ রক্তচাপের কারণে হার্ট অ্যাটাক, হার্ট ফেইলিউর ইত্যাদি সমস্যা দেখা দেয়।

পুরুষদের হার্ট অ্যাটাক কেন বেশি হয়?

মহিলারা তাদের ভেতরের উত্তেজনা, উদ্বেগ, রাগ ইত্যাদি কান্নার মাধ্যমে দূর করে এবং যা অবশিষ্ট থাকে তা মাসিকের সময় বেরিয়ে আসে। একজন পুরুষের পক্ষে কাঁদা সম্ভব নয়, তাই চাপ এবং রাগ সবই জমা হয়। ফলে হার্ট অ্যাটাক হয়। অনেক মহিলাই মাসিকের সময় অনেক কষ্ট পান। কারণ? পুরো মাস জুড়ে মানসিক উত্তেজনা তৈরি হওয়া। যখনই কোনও মহিলা কাঁদতে চান, অথচ তা করতে পারেন না; তখন উত্তেজনা জমে। এর ফলে মাসিক

অনিয়মিত এবং বেশ বেদনাদায়ক হতে পারে কারণ জমে থাকা চাপ মাসিকের মাধ্যমে বেরিয়ে আসার চেষ্টা করছে।

মানসিক চাপে ভোগা একজন ব্যক্তি কী করেন?

যেসব বন্ধুরা মানসিক চাপের কারণে এত দুঃখী হয়ে পড়ে, সমস্যার সাথে লড়াই করার সাহস জোগাড় করতে পারে না এবং জীবনে কোনও আশা দেখতে পায় না, তারা তাদের জীবন শেষ করে অর্থাৎ আত্মহত্যা করে।

দ্বিতীয় ধরণের মানুষ, যাদের আত্মহত্যা করার সাহস নেই, তারা মাদক সেবন শুরু করে এবং তৃতীয় ধরণের মানুষ ডাক্তারদের প্রেসক্রিপশন অনুসারে ওষুধ খেয়ে তাদের জীবনকে কোনও মতে টেনে নিয়ে যায়।

কিন্তু এই তিনটিই ভুল সমাধান। আত্মহত্যা সমস্যার সমাধান নয়, কেন? একবার যখন এই অনুভূতি আপনার মনে গেঁথে যাবে যে যখনই সমস্যা দেখা দেয়, তখন তা থেকে মুক্তি পাওয়ার সবচেয়ে সহজ উপায় হল আত্মহত্যা, তখন প্রতিটি জন্মে যখনই পরিস্থিতি প্রতিকূল হবে তখনই সমস্যা থেকে মুক্তি পাওয়ার জন্য আপনি কোনও সমাধান খুঁজে না পেলে, অবশ্যই আত্মহত্যার কথা ভাববেন। এই জীবনে যখনই আপনার মনে আত্মহত্যার কথা আসে, তখনই বুঝতে হবে যে আপনি অবশ্যই আপনার পূর্বজন্মেও আত্মহত্যা করেছেন। এই সময়টা এড়িয়ে চলুন। একের পর এক সমস্যার সাথে মোকাবেলা করে এই প্রবণতা থেকে মুক্তি পান।

প্রাথমিকভাবে, মাদক সেবন করে কিছুটা স্বস্তি পাওয়া যেতে পারে। মনে রাখবেন যে এটি মিথ্যা স্বস্তি প্রদান করে। আসক্তি থেকে বেরিয়ে আসার সাথে সাথেই আসক্তির প্রভাব শেষ হয়ে যাবে এবং আপনি দেখতে পাবেন যে সমস্যাটি আগের চেয়েও বড় হয়ে উঠেছে। সমস্যাটি এখনও একই আছে এবং একই থাকবে, কিন্তু আসক্তি অবশ্যই আমাদের দুর্বল করে তুলবে। অতএব সমস্যাটি আগের চেয়ে আরও বড় দেখাবে। অতএব, এই ধরনের ব্যক্তি সর্বদা মাতাল থাকতে পছন্দ করে।

ডাক্তারদের ওষুধ জীবনের গাড়ি টেনে নিয়ে যায়, কিন্তু আশেপাশের সবাইকে সতর্ক থাকতে হবে। অনেক কিছুই তাকে বলা হয় না। এই ধরনের জিনিস তার হৃদয়কে আঘাত করতে পারে এবং যদি সে সময়মতো চিকিৎসার সহায়তা না পায় তবে 'বলো হরি, হরি বোল' হতে পারে।

কিছু মানসিকভাবে বিকারগ্রস্ত মানুষ ধার্মিক বা রাজনীতিবিদ হয়ে ওঠে। যারা মানুষের আবেগকে উস্কে দিতে থাকে। কখনও কখনও ধর্ম বা সম্প্রদায়ের

নামে মন্দির এবং মসজিদ ভেঙে ফেলা হয়। তারা একই সম্প্রদায়ের লোকদের সংগঠিত করে এবং অন্য সম্প্রদায়ের লোকদের সাথে লড়াই করায়। আজ পর্যন্ত, বেশিরভাগ খুন ধর্ম প্রচারের নামে এবং 'ধর্ম বিপদে (অর্থাৎ নেতৃত্ব), এটিকে বাঁচাও' ইত্যাদি স্লোগানের কারণে ঘটেছে। মানসিক চাপে ভুগছেন এমন মানুষ ভেঙে পড়তে চান। তার শুধু একটা অজুহাত দরকার। কখনও জাতি ও ধর্মের সুরক্ষার নামে, আবার কখনও দেশ ও ভূমির নামে।

ওশো বলেন, "দেশপ্রেম যুদ্ধের দিকে নিয়ে যায়। ভ্রাতৃপ্রেম আদালতের দিকে নিয়ে যায়। তোমার এ কেমন ভালোবাসা যার জন্য পৃথিবী নরকে পরিণত হয়েছে? যদি তুমি মন্দিরকে ভালোবাসো, মসজিদ পুড়ে যায় এবং আর কিছুই হয় না। যদি তুমি মসজিদকে ভালোবাসো, মন্দির ভেঙে ফেলা হয় এবং আর কিছুই হয় না।"

৭

মানসিক চাপ থেকে মুক্তি কিভাবে পাবেন?

মানসিক চাপের কারণগুলির মধ্যেই এর প্রতিকার নিহিত। কিভাবে? আমরা যদি মানসিক চাপের কারণগুলির দিকে মনোযোগ দিই, তাহলে অবশ্যই প্রকৃত চিকিৎসা সহজেই করা যেতে পারে। একটু বোঝাপড়ার দরকার। একবার আমরা ব্যাপারটা বুঝতে পারলে, আর কোনও চাপ থাকে না। কারণ আমরা কেবল অন্যদের ভুল দেখি। আমরা যদি নিজেদের দিকে আঙুল তুলি অর্থাৎ নিজেদের ভুলগুলি চিহ্নিত করি এবং মেনে নিই, তাহলে কোনও চাপ থাকতে পারে কি?

১. প্রথম কারণ -

আমরা দেখেছি যে প্রত্যেকেই মনে করে যে আমি সবসময় ঠিক, প্রত্যেকেরই আমার ইচ্ছামতো কাজ করা উচিত। মনোযোগ দিন, এরকম চিন্তা করা কি মৌলিকভাবে ভুল নয়, এটা কি আমাদের মিথ্যা দৃষ্টিভঙ্গি নয়? যখন প্রত্যেক ব্যক্তি মনে করে যে আমি ঠিক, তখন যার কাছ থেকে সে নিজের ইচ্ছানুযায়ী কাজ আশা করছে, সেও নিজেকে ঠিক মনে করতে পারে। যদি আমরা এই কথাটি মনে রাখি, তাহলে আমাদের ইচ্ছা চাপিয়ে দেওয়ার চেষ্টা করব না, প্রভাবশালী হওয়ার চেষ্টা করব না, অন্যদের পরামর্শকে সম্মান করার চেষ্টা করব; একসাথে সিদ্ধান্ত নিন, প্রতিটি দিক বোঝার এবং ব্যাখ্যা করার চেষ্টা করুন, তাহলে আপনার অহংকারে আঘাত লাগবে না এবং আপনি কোনও ধরণের চাপ অনুভব করবেন না। সন্তানকেও সম্মান করুন। একটি শিশু খুবই বুদ্ধিমান, যদি তাকে কোনও কিছুর প্রতিটি দিক ভালোবাসার সাথে ব্যাখ্যা করা হয়, তাহলে সে বুঝতে পারে, কিন্তু আমরা তা করি না, আমরা বোঝাতে চাই আমরা বড়, তাই তাকে আমাদের কথা শুনতে হবে, এটাই আমাদের প্রচেষ্টা। উভয়ের অহংকারের ফলে সংঘর্ষ শুরু হয় এবং সময়ের সাথে সাথে এই দ্বন্দ্ব কেবল বৃদ্ধি পায়। যদি আমরা সময়মতো সতর্ক হই, তাহলে ভবিষ্যতে, সংঘাতের চেয়ে বোঝাপড়া বেশি উপকারী প্রমাণিত হবে।

কিছু হওয়ার ইচ্ছা - শিশুটিকে বোঝার চেষ্টা করুন, তার ইচ্ছা কী। সঠিক সিদ্ধান্ত নেওয়ার মতো যথেষ্ট বোধগম্যতা তার নেই। তবুও, আমাদের কি তাকে স্বাধীনতা দেওয়া উচিত এবং সে কী করতে চায় তা জানার চেষ্টা করা উচিত? তারপর, একজন বন্ধুর মতো, আমাদের উচিত তাকে এর সমস্ত দিক ব্যাখ্যা করা এবং তাকে সিদ্ধান্ত নিতে দেওয়া। আমরা ডাক্তার বা ইঞ্জিনিয়ার হতে চেয়েছিলাম, কিন্তু পারিনি। যদি আপনি আপনার বিশ্বাস চাপিয়ে দেওয়ার চেষ্টা না করেন, তাহলে চাপ কীভাবে থাকবে? আগামীকাল যদি শিশুটি তার প্রচেষ্টায় সফল না হয়, তাহলে তাকে ঠাট্টা-বিদ্রূপ না করে বরং তাকে সাহায্য করুন। এটি করলে আপনিও দুঃখিত বা চাপগ্রস্ত হবেন না।

কিছু অর্জনের আকাঙ্ক্ষা - শ্রীকৃষ্ণ গীতায় বলেছেন যে, কর্তব্য করো, ফলের আকাঙ্ক্ষা করো না। কেন এমন বলা হচ্ছে? এর মানে কি? কৃষ্ণের শিক্ষার অর্থ হল আমরা যতটুকু প্রাপ্য ততটুকুই পাই। আমরা আমাদের কর্তব্য পালন করব এবং অবশ্যই ফল পাব, কেবল তখনই যখন আমরা এর যোগ্য হব। অনেক সময় আমরা ভাবি যে আমরা এত কাজ করি কিন্তু কাঙ্ক্ষিত ফলাফল পাই না। আমদের ইটা বোঝা উচিত যে, আমাদের মানদণ্ডে পার্থক্য থাকতে পারে, ঈশ্বরের ফল প্রদানের ক্ষেত্রে নয়। লক্ষ্য সীমিত হলে, চাপও সীমিত হবে। বলা হয়, "সন্তুষ্ট ব্যক্তি সর্বদা সুখী"। তৃপ্তি দুই প্রকার। একটি শিয়াল গাছের আঙ্গুরের কাছে পৌঁছাতে না পেরে বলতে লাগল যে আঙ্গুরগুলো টক। এটা সন্তুষ্টি নয়। আমাদের ঈশ্বরের উপর বিশ্বাস রাখা উচিত যে, আমাদের যা কিছু প্রয়োজন, ঈশ্বর তা অবশ্যই দেবেন। আমরা কী চাইব জানি না, কিন্তু এর কোনও প্রয়োজন নেই। যখন আমাদের ইচ্ছা পূরণ হয় না, তখন মানসিক চাপ তৈরি হয়। মানুষ কাতর আবেদন করে বলে, যদি তুমি সেখানে থাকো তাহলে আমাদের দাবি পূরণ করো, যদি দাবি পূরণ না হয় তাহলে তারা বলে, তুমি সেখানে নেই। যদি আপনি নিজের আকাঙ্ক্ষা সীমিত রাখেন, তাহলে আপনার শরীর ও মনকে খুব বেশি কাজের বোঝা বহন করতে হয় না। বোঝা যত বেশি, চাপ তত বেশি। যা কিছু পেয়েছেন তাতে সন্তুষ্টি থাকার চেষ্টা করুন, মনে কোনও অভিযোগ না থাকলে, কেবল ঈশ্বরের প্রতি পূর্ণ বিশ্বাসই ইতিবাচক তৃপ্তি প্রদান করে থাকে।

ইচ্ছা পূরণ - আমরা চাই ঈশ্বর আমাদের ইচ্ছা সাথে সাথেই তা পূরণ করুন। হতে পারে। মাঝে মাঝে এটা হয়, কিন্তু সবসময় নয়। যদি তা পূরণ না হয়, তাহলে পূর্ণ বিশ্বাসী ব্যক্তি বুঝতে পারেন যে, এই ইচ্ছা পূরণ না হয়েই হয়তো ভালো হয়েছে। একটা গল্প বলা যাক, হয়তো আপনি বুঝতে পারবেন কেন ঈশ্বর সবার ইচ্ছা তাৎক্ষণিকভাবে পূরণ করেন না?

একজন লোক বনে যাচ্ছিল। সে ক্লান্ত হয়ে পড়ে। একটা গাছের নিচে বিশ্রাম নেওয়ার সিদ্ধান্ত নেয়। খানিকটা জল পান করে। আর তার মনে হয় কিছু সুস্বাদু খাবার খেলে ভালো হয়, তার খিদে পেয়েছে। খাবার এসে যায়। খেয়েও নেয়। মনে মনে ভাবে, "বেশ সন্তুষ্ট বোধ করছি। আমি অলসতা বোধ করছি এবং একটু বিশ্রাম নেওয়ার জন্য একটা বিছানা পেলে ভালো হত।" তার সামনে বিছানাও এসে যায় এবং সে শুয়ে পড়ে। হঠাৎ তার মনে হয়, কী এমন বিশেষ ব্যাপার আছে এই জঙ্গলে! আমার জন্য খাবার আছে, বিছানাও আছে! এখানে কি কোনও ভূত বা আত্মা আছে যে এসে আমাকে খেয়ে ফেলতে পারে? আসলে ভুল করে সে কল্পবৃক্ষের নিচে বসে ছিল, যার ফলে তার সমস্ত ইচ্ছা পূরণ হয়েছিল, তাই শেষ পর্যন্ত 'ভূত-প্রেতরা এসে তাকে খেয়ে ফেলে।'

যদি ভুল করে আপনার সাথে এমনটি ঘটে, তাহলে মনে রাখবেন যে আপনার সাথেও একই ঘটনা ঘটতে চলেছে।

ওশো আরেকটি গল্প বলেছেন:

"একজন সাধু এক ব্যক্তিকে বলেন যে, যদি সে এই মন্ত্রটি তিন মাস ধরে একটানা জপ করে, তাহলে ভগবান আবির্ভূত হবেন এবং তাকে বর দেবেন। তিনি বিশ্বাস করেননি, তবুও তিনি মন্ত্রটি জপ শুরু করেন। তিন মাস একটানা জপের পর, ভগবান মন্ত্রের প্রভাবে আবির্ভূত হয়ে বললেন, তিনটি বর প্রার্থনা করো। যদি তার বিশ্বাস থাকত, তাহলে সে আগে থেকেই ভেবে নিত কী চাইবে। ভগবান এই কথা বলার পর, সে বাড়িতে ছুটে গেল এবং তার স্ত্রীকে বলল যে, আজ ভগবান নিজেই বলছেন, যা চাইবে তাই পাবে। স্ত্রী বলল, কোনও পান নেই, তাই চাও। পান তাৎক্ষণিকভাবে উপস্থিত হল। ব্যক্তিটি তার স্ত্রীর উপর খুব রেগে গেল, মাথায় আঘাত করে বলল, বোকা মহিলা, তুমি কী চেয়েছিলে, তুমি মারা গেলেই ভালো হত এবং স্ত্রী তাৎক্ষণিকভাবে মারা যায়। ভগবান বললেন, তৃতীয় বর প্রার্থনা করো। তিনি বললেন, আমার স্ত্রীকে জীবিত করো।" সে পান ও মৃত্যু দুই পেয়ে গিয়েছিল।

যদি আমরা বুঝতে পারি যে কিভাবে আমরা সবসময় সঠিক হতে পারি, তাহলে হয়তো অন্য ব্যক্তিও সঠিক হবে। আমরা যদি একসাথে সিদ্ধান্ত নিই, তাহলে আমাদের অহংকার আহত হবে না। দ্বিতীয়ত, যদি আমরা কিছু হতে চাই, তাহলে আমাদের যথাসাধ্য চেষ্টা করা উচিত এবং যদি আমরা কিছু হতে না পারি, তাহলে আমাদের তা অন্যভাবে নেওয়া উচিত নয় এবং আমাদের বিশ্বাস নিজেদের সন্তানদের উপর চাপিয়ে দেওয়া উচিত নয় এবং ঈশ্বরের প্রতি বিশ্বাস রাখা উচিত যে আমার যা কিছু চাহিদা আছে তা তিনি অবশ্যই

পূরণ করবেন, এই অনুভূতিই আমাদের সন্তুষ্ট করতে পারে। এর মানে হল, যারা আপনার অহংকারকে পুষ্ট করে, তাদের কথা যদি আপনি মনে রাখেন, তাহলে কোনও চাপ থাকবে না।

দুঃখ থেকে মুক্তি লাভের জন্য, আমাদের অবশ্যই নিজেদের আকাঙ্ক্ষাগুলিকে চিনতে হবে। আকাঙ্ক্ষা যত কম হবে, কষ্ট তত কম হবে। আপনার ইচ্ছাগুলি বুঝুন এবং সেগুলি সীমাবদ্ধ করার চেষ্টা করুন।অহংকারকে স্বীকৃতি দিতে হবে। যারা আপনার অহংকারকে তোষামোদ করার চেষ্টা করে তাদের এড়িয়ে চলুন। একজন সুখী এবং আনন্দিত মানুষের অহংকারকে দমন করা খুবই কঠিন, কারণ সে কেবল তার অহংকার হারিয়ে যাওয়ার কারণেই সুখী এবং আনন্দিত। যখন আমরা আন্তরিকভাবে, সমস্ত হৃদয় দিয়ে হাসি, তখন আমাদের অহংকার এবং মানসিক চাপ দূর হয়ে যায়। যে কোনও মানুষ অহংকার ছাড়াই বাঁচতে পারে; শুধু একটু চেষ্টা করতে হবে এবং সতর্ক থাকতে হবে।

আনন্দ এবং হাসিতে আমরা আমাদের অহংকার ভুলে যাই, এই কারণেই ওশো বলেন "নাচো, গান করো, উপভোগ করো", এটাই হয়ে উঠুক তোমার ধ্যান জ্ঞান।

২. দ্বিতীয় কারণ:

অন্যদের মধ্যে সুখ খোঁজা - যখন প্রতিটি মানুষ অন্যদের মধ্যে সুখ খোঁজে, তার মানে হল তার নিজের ভেতরে সুখ নেই। এটাকে এভাবে বুঝুন, আপনার স্ত্রী আপনাকে তাকে সুখ দিতে বলছে এবং আপনি তার কাছ থেকে সেটাই চাইছেন। কে দেবে সুখ? দুজনেই ভিক্ষুক, দেওয়ার কেউ নেই, দাতাও নেই, দুজনেই ভিক্ষুক। তার মানে আপনার ব্যাগও খালি, তাই আপনি রেগে যান। মনে হয় আপনি প্রতারিত হয়েছেন। কিন্তু কেউ আপনাকে ঠকায়নি। যদি দুজন অসুখী মানুষ একসাথে থাকতে শুরু করে, তাহলে তাদের অসুখ দ্বিগুণ হয়ে যায়, তাই অন্যজনের কাছ থেকে তারা সুখ পাবে এমন আশা করা বৃথা। এমনকি পছন্দটি ভুল হয়েছে তা ভাবাও ঠিক নয়; কারণ আপনি যদি অন্য কাউকে বেছে নিতেন, তবুও এটাই ঘটত। মূলত, আপনার বুঝতে হবে যে আপনি অন্য কারও মধ্যে সুখ পাবেন না, যেমন স্বামী-স্ত্রী, সম্পদ বা পদমর্যাদা।

অন্যদের কাছ থেকে কিছু পাওয়ার আশা করা ছেড়ে দিন - অন্যরা আমাদের কিছু দেবে বলে আশা করবেন না। এমনকি আমরা ঈশ্বরের কাছ থেকে কিছু পাওয়ার প্রত্যাশা নিয়ে মন্দির, মসজিদ, গুরুদ্বার বা গির্জায় যাই।

যেখানেই কারো ইচ্ছা পূরণ সম্ভব বলে মনে হয়, সে বিনা দ্বিধায় সেই সব জায়গায় যায়। হিন্দু ও শিখ ইত্যাদি ধর্মাবলম্বীরা সাধু-সন্তদের পরিদর্শন করতে দ্বিধা করেন না। যদি এক জায়গায় ইচ্ছা পূরণ না হয় তবে আমরা অন্য জায়গায় চলে যাই। আর যতক্ষণ আমাদের ইচ্ছা পূরণ হয়, আমরা সেই জায়গাতেই থাকি। বলা হয় যে, সেখানে আমার বিশ্বাস আরও দৃঢ় হয়েছিল। কিন্তু যখন আপনার ইচ্ছাগুলি পূরণ হওয়া বন্ধ হয়ে যায় তখন কী হয়? কিন্তু আমরা কি কখনও ভেবে দেখেছি বা বোঝার চেষ্টা করেছি যে আমাদের ইচ্ছা পূরণ হলে আমরা মানসিক চাপ থেকে মুক্তি পাই? বা পেলেও এটা কতদিন ধরে পেয়েছেন?

৩. তৃতীয় কারণ -

বর্তমানে বেঁচে না থাকা উত্তেজনা নিয়ে আসে: মানুষ অতীত অর্থাৎ পশুত্ব এবং ভবিষ্যতে অর্থাৎ ঈশ্বরের মাঝখানে থাকে, তাই সে দ্বন্দ্বের মধ্যে বাস করে। পশুত্ব মানে কামনা, কাম, ক্রোধ, লোভ, আসক্তি এবং অহংকার, এটাই আমাদের অতীত। অতীত মানে নিচে নেমে যাওয়া এবং মানুষ এটাই করে কিন্তু তবুও ঈশ্বর হতে চায়। আমরা পথ খুঁজে পাচ্ছি না। অতীত ভুলে যান, ভবিষ্যৎ নিয়ে কল্পনা করবেন না, বর্তমান নিয়ে বাঁচুন, তাহলে মানসিক চাপ কমে যাবে। উদ্বেগ এবং চাপ দূর করার একমাত্র উপায় আমরা দেখতে পাই যৌনতার মধ্যে। নিচে নামা পুরনো অভ্যাস আর ৯৯ শতাংশ মানুষ এটাই করছে, আমরা উপরে ওঠার কথা ভাবিও না।

আমরা আগে থেকেই ঠিক করে নিই যে যখন কোনও পরিস্থিতির উদ্ভব হয় তখন আমাদের কী করা উচিত, অর্থাৎ আমরা ধর্মগ্রন্থ থেকে ধার করি, কিন্তু তবুও আমরা অতীতে বাস করি। এক রাজাকে এক গ্রামে যেতে হয়েছিল। তাই তার সাথে কথা বলার জন্য একজন ব্যক্তিকে আনা হয়েছিল যিনি একটু বুদ্ধিমান ছিলেন। রাজা তোমার নাম, তোমার বয়স জিজ্ঞাসা করবেন এবং তারপর তোমার কাজ সম্পর্কে জিজ্ঞাসা করবেন। আমি সবকিছু ভালো করে মুখস্থ করে ফেলেছি। কিন্তু রাজা এসে জিজ্ঞাসা করলেন, তুমি কী কাজ করো? মুখস্থ উত্তরগুলি অকেজো হয়ে যায়। পরিস্থিতি অনুযায়ী সিদ্ধান্ত নেওয়া উচিত। কিভাবে? এক চোরের ছেলে বড় হয়ে তার বাবাকে বলল - আমাকেও কাজ শেখাও। সে বলল- আমি চুরি করি। সে বলল- ঠিক আছে আমাকে এটা শেখাও। তারা রাতে একটা বাড়িতে গিয়ে ঢুকে পড়ে। তারা যখন একটা ঘরে ঢোকে, তখন তার বাবা কিছু জিনিসপত্র ফেলে দেয় এবং দরজা বন্ধ করে

পালিয়ে যায়; ছেলেটি সেখানে আটকে ছিল; প্রায় এক ঘন্টা পর, ছেলেটি বাড়ি ফিরে আসে এবং আসার সাথে সাথেই সে তার বাবার উপর রাগ দেখায়। বাবা তাকে জিজ্ঞাসা করে সেখানে কী হয়েছিল, "একজন মহিলা মোমবাতি নিয়ে আসার সাথে সাথেই আমি দরজার আড়ালে লুকিয়ে পড়লাম। মহিলাটি দরজা খুলে ভেতরে আসার সাথে সাথেই আমি বাতি নিভিয়ে দিয়ে দৌড়ে বাড়ি চলে এলাম।" বাবা বললেন এটাই ছিল প্রথম পাঠ, এখন ঘুমাতে যাও। বর্তমান পরিস্থিতি অনুসারে সিদ্ধান্ত নেওয়া মানে বর্তমানে বেঁচে থাকা। ওশো বলেন, একজন মানুষের সর্বোচ্চ চারটি ধাপ দেখা উচিত এবং এর সাহায্যে আমরা অসীম মাইল হাঁটতে পারি।

পরিস্থিতি নতুন, নতুন উত্তর খুঁজে বের করতে হবে। শাস্ত্রে প্রদত্ত উত্তরগুলি সেই সময়ের জন্য ছিল; আজ না সেই পরিস্থিতি আছে, না সেই ব্যক্তি। মানুষের চেতনা অনেক বিকশিত হয়েছে। প্রাচীনকালের উত্তরগুলি এখন কাজ করবে না। যত ইচ্ছা ধর্মগ্রন্থ বহন করুন, কিছুই লাভ হবে না। গীতা! কৃষ্ণ অর্জুনের উদ্দেশ্যে এই কথাটি বলেছিলেন। আজ অর্জুন নেই, যুদ্ধক্ষেত্রও নেই। বর্তমান, অর্থাৎ এই সময়, কেবলমাত্র সদগুরুই সঠিক পথ দেখাতে পারেন।

চতুর্থ কারণ:

আমরা দেখেছি যে আসক্তি যত বেশি হবে, দুঃখ, চাপ এবং বেদনা তত বেশি হবে, অর্থাৎ একই অনুপাতে বাড়তে থাকবে। এভাবে বুঝুন, ধরুন আপনার দুটি ছেলে আছে, আপনি একজনের প্রতি বেশি আসক্ত। আপনি তার দেখাশোনা করবেন, তাকে ভালোভাবে পড়াশোনা করবেন, চাইবেন সে যেন বড় অফিসার হয়, উচ্চ পদে পৌঁছায় অথবা প্রচুর টাকা রোজগার করে। আপনি তার যত্ন নিয়েছেন। কিন্তু ছেলে কবি হতে চায়, চিত্রশিল্পী হতে চায়। আপনার টেনশন বেড়ে যায়, আপনি ভাবেন সে আপনার নাম কলঙ্কিত করবে। যদি অন্য ছেলেটি পড়াশোনা করে, তাহলে আপনি তাকে নিয়ে এত চিন্তা করবেন না। আপনি যার সাথে যুক্ত তার যত্ন নেবেন এবং তাকে নিয়ে মানসিক চাপও থাকবে। আপনি হয়তো আপনার জীবনে, অথবা আপনার পাড়ায় বা পরিবারে এমটা ঘটতে দেখে থাকবেন।

পরিবারে স্বামী, স্ত্রী এবং সন্তান থাকে, তারা একসাথে থাকে, এক অপরের সাথে থাকে, একে অপরের যত্ন নেয়, কিন্তু যদি আমাদের মধ্যে কোনও সংযুক্তি না থাকে তবে কোনও উত্তেজনা থাকবে না।

পঞ্চম কারণ:

আমরা দেখি অন্য ব্যক্তিরা আমাদের সম্পর্কে কী ভাবে। আমার সম্পর্কে তার কী ধরণের মতামত? আমি যদি এটা করি তাহলে মানুষ কি বলবে? আমি কি মন্দিরে যাব, দোকানে যাব নাকি জপমালা জপ করতে থাকব যাতে লোকেরা আমাকে ধার্মিক মনে করে? যতক্ষণ আমরা অন্যদের প্রতিক্রিয়ার উপর নজর রাখি, ততক্ষণ যদি আমরা কোনও সুখী বা দুঃখী মানুষের চিন্তাভাবনার উপর নির্ভরশীল থাকি, তাহলে জেনে রাখুন যে আপনি দুঃখেই থাকবেন। কেউ কখনও সুখী হতে পারে না। আপনি নিশ্চয়ই শিব-পার্বতী এবং নন্দী ষাঁড়ের একটি পুরনো গল্প শুনেছেন। মানুষের প্রতিক্রিয়ার কারণে তাকে কী ধরণের ভান করতে হয়েছিল? অবশেষে নন্দীর উপর হাল ছেড়ে দিতে হল। মিথ্যা এবং ধার করা ব্যক্তিত্ব ত্যাগ করার সাহসই হবে চাপমুক্ত হওয়ার প্রথম প্রচেষ্টা। যদি আপনি অন্যদের মতামত নিয়ে চিন্তা না করে বাঁচতে শিখে যান, তাহলে কোনও চাপ থাকতে পারে না। আপনি কেন অন্যদের মতামত নিয়ন্ত্রণ করবেন? নিজেকে জানার এবং বোঝার চেষ্টা করুন। যা আছে, যেমন আছে তেমন ভাবেই গ্রহণ করার চেষ্টা করুন। অন্যের মতামতকে দূরে রাখলে, আপনি দুঃখ থেকে মুক্ত থাকতে পারেন।

ষষ্ঠ কারণ:

আমরা দেখেছি যে যার মনে হীনমন্যতা থাকে সে সর্বদা চাপের মধ্যে থাকবে। কেন? নিজেকে শ্রেষ্ঠ প্রমাণ করার জন্য সে যেকোনও কিছু করবে। তার কাছে সবসময় সব কিছুই কম বলে মনে হবে। আর সে নিজেকে মহান প্রমাণ করার চেষ্টা করবে, সেটাও কম মনে হবে। আমাদের নিজেদের বোঝা উচিত এবং অন্যদের আমাদের শ্রেষ্ঠ মনে করা উচিত; এই নিয়ে চিন্তা করবেন না। আপনি যেমন তেমন ভাবেই নিজেকে গ্রহণ করুন, চাপের কোনও প্রশ্নই আসে না।

হীনমন্যতার ঊর্ধ্বে উঠতে হলে আত্মবিশ্বাস গড়ে তুলতে হবে। আত্মবিশ্বাস তৈরির জন্য ধ্যান প্রয়োজন।

হীনমন্যতায় ভুগছেন এমন ব্যক্তি ক্ষমতা এবং অর্থের লোভী হয়ে ওঠেন। আমরা ছোটবেলা থেকেই শিশুদের মধ্যে হীনমন্যতা তৈরি করি। কিভাবে? তুমি পড়তে পারো না। তোমাকে দেখতে এমন যে, জীবনে তুমি কখননিস্ফল হতে পারবে না। তুমি একটা গাধা, আমি জানি না তুমি কখন পড়াশোনা করে বড় হবে। সেই সাথে কোনও বুদ্ধিমান এবং বাধ্য বাচ্চার সাথে তুলনা। তুমি

নিষ্কর্মা, তুমি গবাদি পশুও চরাতে পারবে না। আমি জানি না কী ধরণের অপদার্থ শিশু জন্মেছে। প্রথম স্থান অর্জনের কথা ভুলে যাও, তুমি সবেমাত্র পাশ করেছো, এটা না করলেই ভালো হতো। তোমার অন্য ভাইদের দিকে তাকাও, তাদের দেখো! এই ধরনের কথা বলে আমরা শিশুটিকে একেবারেই দুর্দশাগ্রস্ত করে তুলি। শিশুটি অসহায় বোধ করে। সে বশীভূত হয়ে যায়। ধীরে ধীরে সে বুঝতে শুরু করে যে সে কিছুই করতে পারবে না। সুযোগ এলে সে চেষ্টা করে। যাদেরকে নিয়ে তাকে উপহাস করা হয়েছিল, তাদের সকলের চেয়ে উচ্চতর এবং মহান হওয়ার। কিন্তু তবুও মনে হয় কিছু একটা বাদ পড়ে গিয়েছে।

শিশুকে কখনও তিরস্কার করবেন না, তাকে কথা শোনাবেন না। তার প্রতিভা হয়তো একটু দেরিতে প্রকাশ পাবে, তাকে একটা সুযোগ দিন। সন্তানকে বুঝুন, প্রতিটি শিশুই পড়াশোনায় ভালো হবে এমনটা জরুরি নয়। অন্যান্য কাজে দক্ষ হতে পারে। শিশুকে বুঝুন এবং তার নিজস্ব উপায়ে বেড়ে উঠতে সাহায্য করুন। তার মধ্যে হীনমন্যতা তৈরি হতে দেবেন না। আমরা যদি তথাকথিত সাধু-সন্ত এবং ধর্মীয় নেতাদের বোকামিপূর্ণ কথাবার্তা সম্পর্কে সচেতন হই, তাহলে আমরা এই ধরনের অর্থহীন কথা বলা বন্ধ করব।

সপ্তম ধারণা:

আমরা জেনেছি যে শব্দ দূষণ মানসিক চাপ বৃদ্ধিতে উল্লেখযোগ্য অবদান রাখছে। কিছু শব্দ আছে যা আমরা নিয়ন্ত্রণ করতে পারি না। যেমন বিমানের শব্দ, ট্রেনের ইঞ্জিন, যানবাহনের চলাচল এবং ব্যান্ডের সঙ্গীত। কিন্তু কিছু শব্দ উৎপন্নকারী যন্ত্র যেমন রেডিও, টিভি। অতিরিক্ত শব্দ না করে ভলিউম কম রাখুন, যাতে শুনতে মনোরম লাগে। শব্দ এমন জোরে করুন যেন প্রতিবেশী এবং রাস্তার ধারের লোকেরা তা শুনতে না পারে এবং লাউডস্পিকারের জন্য দশ থেকে পনের মিনিটের সময়সীমা নির্ধারণ করুন। কীর্তনের সময়সীমা বেঁধে দেওয়া উচিত এবং গভীর রাতে লাউডস্পিকার ব্যবহার করা উচিত নয়। কীর্তনের শব্দ নিজের বাড়ির মধ্যে রাখুন, আপনার প্রতিবেশীদের বা পুরো শহরকে জেগে থাকতে বাধ্য করবেন না।

উচ্চাকাঙ্ক্ষার রোগ: এটা কী পাগলামি! প্রতিটি শিশুকে দুধের সাথে বিষ মিশিয়ে খাওয়ানো হচ্ছে। উচ্চাকাঙ্ক্ষা মানে - ইংরেজিতে এম্বিশন। এভাবে মরবেন না। "এমন একটা কিছু করে আমাকে দেখাও, যাতে তোমার নামটি ইতিহাসে অমর থাকুক।" এমন কিছু বলার আগে মনে রাখা উচিত যে আপনিও সেখানে ছিলেন।

আর যখন আপনি সর্বোচ্চ পদে পৌঁছান, প্রচুর সম্পদ জমা করতে সক্ষম হন, উঁচু প্রাসাদে বসবাস করেন, তখন সমস্যা শুরু হয় - এই সব অর্জনের জন্য সারা জীবন দৌড়াদৌড়ি করা? যারা এটা পেতে পারেনি, তারাও কষ্ট পাচ্ছে; যারা এটা পেয়েছে, তারাও কষ্ট পাচ্ছে। যারা এটি অর্জন করতে পারেনি তারা কষ্ট পাচ্ছে কারণ জীবন পরাজয়ে পরিণত হয়েছে। অহংকার তৈরিই হতে পারল না এবং ভেঙে গেল। আর যারা এটা পেয়েছে তারা অস্থির বোধ করছে যে, তারা যা কিছু পেয়েছে, তারা বৃথাই পরিশ্রম করেছে। এইটুকু পেতে আমার জীবন নষ্ট হয়ে গিয়েছে। শান্তির এক মুহূর্তও নেই। এক ফোঁটাও ভালোবাসা নেই। সঙ্গীতের একটিও স্বর নেই। ভেতরে আছে শুধু শূন্যতা এবং অর্থহীনতা।

সমগ্র মানবজাতির মধ্যে একটি রোগ আছে। আর সেই রোগটি হল উচ্চাকাঙ্ক্ষার রোগ - এর সাথে লড়াই চালিয়ে যান। আপনি যে উপায়গুলি দিয়ে লড়াই করছেন সেগুলি কি সঠিক না ভুল, তা নিয়েও চিন্তা করা বন্ধ করুন? কার সময় আছে? সময় খুব কম এবং জীবনের কোনও নিশ্চয়তা নেই। তাই উপায়গুলি সঠিক হোক বা ভুল, আপনাকে প্রমাণ করতে হবে যে আপনি কিছু একটা করছেন এবং মজার ব্যাপার হল উভয় পক্ষেই পরাজয়কে আলিঙ্গন করতে হবে। যদি আমরা হেরে যাই, তাহলে আমরা হেরে যাব; যদি আমরা জিতি, তাহলে আরও খারাপভাবে হারার মুখ দেখতে হবে।

তাই স্বাভাবিকভাবেই প্রতিটি মানুষকে অসুস্থ বলে মনে হয়। প্রতিটি মানুষই যেন অস্থির। প্রতিটি মানুষের ভেতরে কেবল আগুন, ঈর্ষা, হিংসা থাকে; শান্তি নেই, আনন্দ নেই। কোনও কবিতার জন্ম হয় না, কোনও নৃত্য সৃষ্টি হয় না এবং মৃত্যু দরজায় এসে দাঁড়ায়। মৃত্যুর কাছে অশ্রু আর পরাজিত জীবন ছাড়া আপনার আর কিছুই নেই।

উচ্চাকাঙ্ক্ষার এই দীর্ঘ যাত্রা তার শেষ মুহূর্তে পৌঁছেছে। এখন আর তা ধীর গতিতে জ্বলছে না, হালকা গরমের অনুভূতি হয়না... এখন তা বিশাল অগ্নিশিখার মতো জ্বলছে। পুরো পৃথিবী অত্যন্ত অস্থির। এর একটাই সমাধান: মানুষকে উচ্চাকাঙ্ক্ষা থেকে মুক্ত করা। উচ্চাকাঙ্ক্ষা বাইরে ছুটে যায় এবং আমাদের কোথাও নিয়ে যায় না। এই পথগুলি যেগুলি বাইরের দিকে চলে গিয়েছে বলে মনে হয়, সেগুলি শেষ পর্যন্ত আমাদের কোথাও নিয়ে যায় না। চালিয়ে যান, চালিয়ে যান - এর কোনও শেষ নেই। আপনার শেষ এসে যাবে। এই রাস্তাগুলি এভাবেই পড়ে আছে। এই পথের শেষ হয় না, আপনি শেষ হয়ে যান।

উচ্চাকাঙ্ক্ষার পরিবর্তে আত্ম-আকাঙ্ক্ষা - শান্তিকে জানার, নিজেকে জানার, নিজের মধ্যে ডুবে থাকার আকাঙ্ক্ষা। এর একটাই চিকিৎসা আছে। এটি একই রোগ। নামগুলি ভিন্ন, রূপ ভিন্ন। চিকিৎসাও একই রকম।

সমস্ত শিক্ষাই অকেজো, সমস্ত উপদেশ অকেজো - যদি তা আপনাকে নিজের মধ্যে ডুব থাকার শিল্প না শেখায় তাহলে সেখানেই অশ্রুর স্রোত বইতে থাকে। আপনি ভিক্ষুকের মতো বাইরে ঘুরে বেড়াচ্ছেন, অথচ আপনার ভেতরে লুকিয়ে আছে সম্রাট হওয়ার অনুভূতি। এই পৃথিবীতে, যারা নিজেদের ভেতরটা দেখতে সক্ষম, কেবল সেই অল্প কিছু মানুষই সুস্থ রয়েছে; বাকিরা অস্বাস্থ্যকর, অসুস্থ এবং উন্মাদ।

হীনমন্যতা এবং ক্ষমতার আকাঙ্ক্ষা: এই শতাব্দীর একজন মহান মনোবিজ্ঞানী আলফ্রেড অ্যাডলার মানব জীবনের সমস্ত সমস্যার মূল কারণ হীনমন্যতার মধ্যেই খুঁজে পেয়েছেন। ইনফিরিওরিটি কমপ্লেক্স বলতে বোঝায়, জীবনে আপনি যেখানেই থাকুন না কেন, যেমনই থাকুন না কেন, আপনার মনে সবসময় একটা বেদনা থাকে যে কেউ আপনার থেকে এগিয়ে আছে, কেউ আপনার থেকে বড়, কেউ আপনার উপরে। আর তাতে করে আপনি বারবার আঘাত পাচ্ছেন। এই আঘাত ভেতরের আত্মাকে ক্ষতবিক্ষত করে। আর তাতে করে আপনি জীবনের স্বাদ উপভোগ করতে পারেন না, তারপর আপনি কেবল কষ্ট পান, অসুখী হন এবং জীবন নিয়ে অস্থির হয়ে ওঠেন।

যদি মনে কেবল একটিই হীনমন্যতা থাকত, তাহলে ঠিকই ছিল। তাহলে হয়তো আমরা একটা উপায় খুঁজে পেতাম। আলফ্রেড অ্যাডলার "ইনফিরিওরিটি কমপ্লেক্স" শব্দটি ব্যবহার করেছিলেন, কিন্তু আমি বহুবচন ব্যবহার করতে পছন্দ করি: "ইনফিরিওরিটি কমপ্লেক্সেস"- কারণ কেউ আপনার চেয়েও সুন্দর। কারো গলায় কোকিলের সুর, আপনার কণ্ঠে তা নেই। কেউ আপনার চেয়ে লম্বা, কেউ আপনার চেয়ে সুস্থ। কারোর সম্পদ বেশি, কারোর জ্ঞান বেশি, কারোর ত্যাগ বেশি।কেউ গান গাইতে পারে, কেউ সঙ্গীতজ্ঞ, কেউ দৃঢ় প্রতিজ্ঞ, কেউ চিত্রশিল্পী, কেউ ভাস্কর। আপনার চারপাশে লক্ষ লক্ষ মানুষ আছে, আর প্রত্যেকেরই কোনও না কোনও গুণ আছে। ঈশ্বর কাউকে কোনও গুণ ছাড়া সৃষ্টি করেন না এবং যার মধ্যে হীনমন্যতা থাকে, তার মনোযোগ সরাসরি অন্য ব্যক্তির গুণের দিকেই যায় কারণ জেনে হোক বা না জেনে হোক, সে সর্বদা বিবেচনা করে যে সে কারো থেকে পিছিয়ে আছে, তার কী নেই সেই চিন্তা করে। তাই, যত বেশি লোক থাকবে, তত বেশি হীনমন্যতার বোঝা আপনার উপর পড়বে। আপনি হীনমন্যতার গন্ডি দিয়ে

ঘেরা। চারদিক থেকে একটা ভিড় আপনাকে চাপ দিচ্ছে। আপনি এর ভেতরে কষ্ট পাচ্ছেন এবং এর থেকে বের হওয়ার কোনও উপায় নেই। আপনি আর কী করবেন?

একজন লোক আমাকে বলল যে সে খুব সমস্যায় পড়েছে। সে জানায় "দুই বছর আগে আমি আমার বান্ধবীর সাথে সমুদ্রের তীরে বসে ছিলাম। একজন লোক এসে পা দিয়ে আমার মুখে বালি ছুঁড়ে মারে এবং তা নিয়ে আমার বান্ধবীর সাথে মজা করতে শুরু করে।" তাকে আমি জিজ্ঞাসা করি "তুমি কি কিছু করেছিলে?" সে বলল, "আমি কী করতে পারি, আমার ওজন ছিল একশ পাউন্ড, তার ছিল একশ পঞ্চাশ পাউন্ড।" "কিন্তু তুমি নিশ্চয়ই কিছু করেছো?" তখন সে বলে, "আমি যা করেছি তা হল, সেই দিন থেকে আমি নারীদের নিয়ে চিন্তা করা বন্ধ করে দিয়েছি। হনুমান আখড়ায় ভর্তি হয়েছি। আমি হনুমান চালিশা পাঠ করি এবং উঠে বসি। তারপর দুই বছরের মধ্যে আমার ওজনও একশ পঞ্চাশ পাউন্ড হয়ে গেল। এর পর আমি একজন মহিলাকে খুঁজে পেলাম। আমি তার সাথে সমুদ্র সৈকতে গিয়েছিলাম। আমি যখন ওখানে বসেছিলাম তখনও একজন লোক এসে বালিতে লাথি মারল, আমার চোখ ধুলোয় ভরে গেল এবং তারপর আমার বান্ধবীর সাথে মজা করতে লাগল।"

সে বলল,"আমি কী করতে পারতাম? আমার ছিল একশ পঞ্চাশ পাউন্ড, তার ছিল দুশো পাউন্ড।" "তাহলে তুমি এখন কী করবে?"

সে বলল," এখন আমি হনুমান চালিশা পড়ি, তারপর হনুমান আখড়ায় ব্যায়াম করি। কিন্তু এখন আমার আশা ভেঙে গেছে, কারণ আমার ওজন দুশো পাউন্ড হবে ঠিকই, কিন্তু আমি কীভাবে নিশ্চিত হব যে আড়াইশ পাউন্ড ওজনের একজন মানুষ আসবে না?"

ঠিক এইভাবেই কখনই হীনমন্যতার বাইরে থাকা সম্ভব না। কত লোক আছে? কত ভিন্ন রূপ আছে? কত রকমের দক্ষতা, ক্ষমতা আছে? আপনি তার মধ্যে সমাহিত হয়ে মারা যাবেন। আলফ্রেড অ্যাডলার মানুষের সকল দুঃখকষ্ট এবং উদ্বেগের ভিত্তি খুঁজে পেয়েছিলেন নিজেকে অন্যদের সাথে তুলনা করার মধ্যে।

অ্যাডলার যত গভীরে যেতে লাগলেন, তিনি বুঝতে পারলেন কেন মানুষ নিজেকে অন্যদের সাথে তুলনা করে। প্রয়োজনটা কী? আপনি আপনার মতো, অন্য ব্যক্তিটি অন্য ব্যক্তির মতো। কেন আপনি এই বাধার সম্মুখীন হচ্ছেন? গাছপালারা কখনও এমন কথা ভাবে না। সবচেয়ে বড় গাছের নিচে

একটা ছোট ঝোপ এখনও পড়ে আছে, গাছটি কত বড় তা কখনও ভাবে না। একটি ছোট পাখি গান গায়; যদি একটা বড় পাখিও সেখানে বসে থাকে, তবুও তার গানে কোনও বাধার সৃষ্টি হয়না, কারণ তার মনে হয়না, আমি এত ছোট, আমি কী গান গাইতে পারি? তোমাকে আগে বড় হতে হবে। ছোট ঘাসেও ফুল ফোটে; এত বড় গাছের সামনে তুমি ফুল ফোটানোর চেষ্টা করছো, তুমি কী পাগল হয়ে গিয়েছো! এই কথায় তার কিছু যায় আসে না। আগে বড় হও, তারপর ফুল ফুটিও। না, প্রকৃতিতে কোনও তুলনা নেই, তুলনা কেবল মানুষের মনেই আছে।

কেন এই তুলনা? অ্যাডলার বললেন যে তুলনা বিদ্যমান কারণ আপনি এবং সমগ্র মানবতা একটি তীব্র জাতিতে পরিপূর্ণ। অ্যাডলার সেই জাতিকে বলেছেন: ক্ষমতার ইচ্ছা, ক্ষমতার আকাঙ্ক্ষা। আমি কীভাবে আরও শক্তিশালী হব? সেটা সম্পদ, পদ, প্রতিপত্তি, খ্যাতি, দক্ষতা, যেকোনও কিছু হোক। আমি কিভাবে শক্তিশালী হতে পারি, এটাই সমগ্র মানব জাতির ভিত্তি। আর যখন আপনি শক্তিশালী হতে চান, তখন আপনি দেখতে পাবেন যে আপনি কতটা শক্তিহীন। আপনি যত বেশি শক্তিশালী হতে চাইবেন, তত বেশি আপনি নিজের শক্তিহীনতা উপলব্ধি করবেন, কারণ আপনার ক্ষমতা অনেক ক্ষেত্রেই সীমিত থাকে যাবে। এমনকি আলেকজান্ডার, নেপোলিয়ন এবং হিটলারও বাদ যাননি। তাদের ক্ষমতারও একটা সীমা নির্ধারিত ছিল। আজ পর্যন্ত কোনও ব্যক্তি এমন জায়গায় পৌঁছাতে পারেনি যেখানে সে বলতে পারবে যে তার ক্ষমতার আকাঙ্ক্ষা পূরণ হয়েছে। যা কখনও ঘটেনি তা কখনও ঘটবে না এবং আপনার নিজেকে ব্যতিক্রম মনে করার চেষ্টা করা উচিত নয়।

ওশো বলেন যে, যদি একজন মানুষ নির্দিষ্ট কিছু শব্দ শুনে পাগল হয়ে যেতে পারে, তাহলে এটা কি বিশ্বাস করা এত কঠিন যে, নির্দিষ্ট কিছু শব্দ শুনে একজন মানুষ শান্তও হতে পারে? যদি কিছু শব্দ শুনে মানুষের মন পাগল, উন্মাদ এবং অস্থির হয়ে ওঠে, তাহলে এটা বিশ্বাস করা কি বড় সমস্যা হবে যে অন্যান্য শব্দ থেকে ভিন্ন শব্দ (সঙ্গীত) শুনে মানুষ শান্ত হয়ে ধ্যানমগ্ন অবস্থা অর্জন করতে পারে? ওশোর নির্দেশনায় এমনি কিছু গানের ক্যাসেট প্রস্তুত করা হয়েছে।

অষ্টম কারণ

ভয় - বাচ্চাদের ভয় দেখাবেন না, সহজ পদ্ধতিতে জিনিসগুলি ব্যাখ্যা করে তাদের নিয়ন্ত্রণ করুন। যারা শিশুদের অকারণে ভয় দেখায়; ভীত শিশুটি

সারা জীবন ভয় থেকে মুক্তি পেতে পারে না। কাল্পনিক ভূতগুলি কাল্পনিক উদ্বেগে পরিণত হয়। ভয় শিশুদের কোমল মনে গভীর প্রভাব ফেলে। ছোটবেলায় নেপোলিয়ন বিড়াল ভয় পেতেন। আর যখন যুদ্ধক্ষেত্রে তার সামনে বিড়াল হাজির হল, তখন তিনি ঘাবড়ে যান এবং পরাজিত হন। বাচ্চাদের কোনওভাবেই ভয় দেখাবেন না।

নবম কারণ

স্ব-সম্মোহন - অন্যদের সম্মোহিত করার সূক্ষ্ম উপায়গুলি বুঝুন এবং উভয় ধরণের সম্মোহন এড়িয়ে চলুন। ধ্যানই একমাত্র উপায় যা আমাদের সচেতন করে তোলে এবং সচেতন জীবনযাপনকারী ব্যক্তিকে কেউ সম্মোহিত করতে পারে না। আমরা কীর্তন করি। আমরা জানি না দেবতাগণ সেই অনুষ্ঠানে যোগ দেন কিনা, তবে আমরা অবশ্যই পুরো পাড়াকে জেগে থাকতে বাধ্য করি। দেবীকে জাগ্রত করার চেষ্টা না করে, নিজেকে জাগ্রত করার চেষ্টা করুন। সচেতনভাবে এবং সম্মোহন ছাড়াই বেঁচে থাকার মধ্যে এক আলাদা আনন্দ আছে; কোনও দুঃখ নেই এবং কোনও চাপ নেই।

পরিবারে দ্বন্দ্ব থাকে - কোন পরিবারই দ্বন্দ্ব থেকে মুক্ত নয়। তাহলে পরিবারে যাতে কোনও দ্বন্দ্ব না থাকে তার সমাধান কী? ওশো বলেন যে, পরিবারের ভিত্তির মধ্যে কিছু ভুল আছে। কিভাবে? একটি ছোট ছেলে এবং একটি মেয়েকে বিয়ে দেওয়ার সময়, আমরা তাদের মধ্যে প্রেম আছে কিনা তা নিয়ে আলোচনা করি না। মেয়েটি কতটা শিক্ষিত? যদি মেয়ের পরিবার ধনী হয়, তাহলে তারা যৌতুক দেবে কি দেবে না, তারা পরিবারের সমৃদ্ধির দিকেই নজর দেয়। বলা হয় টাকা থাকলে ছেলে ও মেয়ের গুণাবলী এবং দোষ লুকিয়ে থাকে, তার মানে কেউ তাদের গুণাবলী এবং দোষ সম্পর্কে চিন্তা করে না? যদি ভিতটাই ফাঁপা হয়, তাহলে আমরা কল্পনা করতে পারি যে এর উপরে কী ধরণের ভবন নির্মিত হবে। ওশো বলেন, যদি স্বামী-স্ত্রীর মধ্যে ভালোবাসা না থাকে, তাহলে তারা কিভাবে তাদের সন্তানদের ভালোবাসবে? তাদের সন্তানদের মধ্যে, স্বামী-স্ত্রী তাদের নিজস্ব প্রতিচ্ছবি খুঁজে পায়। এই কারণেই তারা তাদের ভালোবাসতে পারে না। যেসব শিশু ভালোবাসাহীন পরিবেশে বেড়ে ওঠে এবং যেখানে স্বামী-স্ত্রীর মধ্যে ক্রমাগত দ্বন্দ্ব থাকে, তারাও মানসিক চাপের মধ্যে থাকবে। ভবিষ্যতে তাদের ভিত্তিও ফাঁকা থাকবে।

বাবা-মায়েরা তাদের সন্তানদের বিয়ে দিয়ে এবং তাদের পারিবারিক জীবনে ঠেলে দিয়ে তাদের দায়িত্ব থেকে মুক্ত হন। কিন্তু সে কখনই তার অভিজ্ঞতা শেয়ার করে না। কেন? তারা ভয় পায় যে যদি তারা তাদের

অভিজ্ঞতা শেয়ার করে, তাহলে তাদের সন্তানদের বিয়ে নাও হতে পারে। যখন আমাকে বিয়ে করতে বলা হয়েছিল, আমি তাদের স্পষ্ট করে বলেছিলাম যে, তোমাদের দুজনের ক্রমাগত ঝগড়া দেখে আমি বিয়ে করব না বলে ঠিক করেছি। যদি তোমরা আমাকে নরকে পাঠাতে চাও, যদি তোমরা চাও আমি তোমাদের মতো অসুখী থাকি, তাহলে আমি বিয়ে করব। আমাকে আর কিছু বলার সাহস তাদের ছিল না। কারণ এমন একটি দিনও যায়নি যেদিন তারা ঝগড়া করেনি। এটা শুধু আমার বাড়িতেই ঘটত, তা না, পুরো এলাকার রূপটা এমনই ছিল কারণ যখন এলাকার দু'জন মহিলা বসে থাকতেন, তখন তারা আগের দিন বাড়িতে ঘটে যাওয়া মহাভারত বর্ণনা করতেন।

অনেক বন্ধু তাদের সমস্যা নিয়ে আসে এবং তাদের সমস্যা আগের মতোই আছে, হয়তো সামান্য পার্থক্য লক্ষ্য করা যায়। এটাই আমাকে অবাক করে। ওশো তাঁর বক্তৃতায় এই সমস্যাগুলোই ব্যাখ্যা করেছেন। ওশো বলেন, "বিবাহও একটা স্কুল, যা তোমাকে একটা খুব বড় শিক্ষা দেয়, শেখায় যে তুমি অন্যের (স্বামী-স্ত্রী) সাথে সন্তুষ্ট থাকতে পারো না, তুমি সুখ পেতে পারো না। যদি ছেলে এবং মেয়েরা সুখে থাকতো, তাহলে তারা কেন বিয়ে করতো? ছেলেটির মনে সুখ নেই এবং সে মেয়েটির মধ্যে সুখ খোঁজে না, আর মেয়েটিরও সুখ নেই, সে ছেলেটির সাথে থেকে সুখ খোঁজার চেষ্টা করে। যদি দুজনেই অসুখী হয়, তাহলে বড় দুঃখ আছে, সুখ নয়। যখন কারোরই সুখ ছিল না, তখন সে অন্যকে কীভাবে তা দেবে? আর এটি একটি খুব বড় শিক্ষা, কারণ সুখ কেবল নিজের থেকেই পাওয়া যায়, কেবল নিজের মধ্যেই খুঁজে পাওয়া যায়।"

৮

পরিবারে দ্বন্দ্ব এবং উত্তেজনা আছে! সমাধান কী?

আজকাল ছেলে-মেয়েরা শিক্ষিত হচ্ছে। স্কুল-কলেজে না হলেও, আশেপাশের পরিবেশ, সিনেমা এবং টিভিতে সম্প্রচারিত অনুষ্ঠান গুলি তাকে নতুন উপায়ে শিক্ষিত করছে। এখন বাড়ির কাজের মেয়েকেও ইংরেজিতে কথা বলতে দেখা যায়। এমনকি যদি সে একদিনের জন্যও স্কুলে না যায়। পরিবেশটা একেবারেই আলাদা। অতএব, বাবা-মায়ের উচিত তাদের সন্তানদের এত বুদ্ধিমান করে তোলা বা চেষ্টা করা যাতে তারা নিজেরাই সিদ্ধান্ত নিতে পারে। তাদের সিদ্ধান্ত নিতে সাহায্য করুন, আপনার স্বার্থপরতা এবং অহংকার চরিতার্থ করার জন্য তাদের উপর আপনার সিদ্ধান্ত চাপিয়ে দেওয়ার চেষ্টা করবেন না।

তাদের যেভাবে ইচ্ছা সেভাবে বাঁচতে দিন। যদি আপনার মনে হয় এই পথটি ভুল, তাহলে বাচ্চাদের সেই সিদ্ধান্তের ভালো-মন্দ দিকগুলি ব্যাখ্যা করুন এবং তাদেরই সিদ্ধান্ত নিতে দিন।

আজকাল, যখন কোনও ছেলে বিয়ের জন্য কোনও মেয়ের সাথে দেখা করতে যায়, তখন সে কী দেখে? ছেলেটি দেখে যে সে সুন্দরী কিনা। বাবা-মা দেখেন বাড়িটি সমৃদ্ধ কিনা, যদি সমৃদ্ধ হয় তবে তারা যৌতুকে কী দেবেন? যখন কোনও ছেলে কোনও মেয়েকে দেখে, সে হ্যাঁ বলে। মেয়েটি যেমনই হোক না কেন। কেন? ছেলেটি ছোট এবং তার মন কামে পূর্ণ, তাই সে যে মেয়েকেই দেখুক না কেন, তাকে সুন্দর দেখায় এবং সে হ্যাঁ বলে। একমাত্র সেই পরিস্থিতিতেই সে না বলবে, যদি সে ইতিমধ্যেই অন্য কারো প্রেমে পড়ে এবং বাবা-মা এর বিরোধিতা করে। অন্যথায় না বলার প্রশ্নই ওঠে না।

যদি কোনও ছেলে কোনও মেয়েকে দেখতে যায়, তাহলে সে কী দেখবে? তার রঙ, চেহারা, কিন্তু তার ত্বকের রঙ তার অন্যান্য আচরণ এবং চিন্তাভাবনা নির্ধারণ করতে পারে না।

বাবা-মায়ের উচিত তাদের সন্তানদের সৎভাবে বলা যে তারা কোথায় কষ্টের সম্মুখীন হয়েছেন। যৌতুকের দিকে না তাকিয়ে আপনার সন্তানদের সতর্ক করুন এবং জীবনসঙ্গী খুঁজে পেতে আবেগের সাথে সাহায্য করুন। এতে আপনার সন্তানের প্রতি আপনার ভালোবাসা এবং শ্রদ্ধা বৃদ্ধি পাবে।

ছোটবেলা থেকেই ছেলেরা তার মায়ের খুব কাছাকাছি থাকে। মা তাদের খুবই ভালোবাসেন। যখনই সে কোনও মেয়েকে তার জীবনসঙ্গী হিসেবে দেখতে যায়, তখনই সে তার মায়ের প্রতিচ্ছবি দেখতে চায়। এই কারণেই প্রায়শই বলা হয় যে, একজন ছেলে সবসময় একজন সরল মেয়েকে তার স্ত্রী বানাতে চায়। এর কারণ হল মায়ের ভাবমূর্তি, অন্যদিকে মেয়েটি বাড়িতে তার বাবা অথবা দাদার সাথে জীবন কাটায়, তারা তাকে খুবই স্নেহ করে। ছেলেটির মধ্যে বাবা বা দাদার প্রতিচ্ছবি খুঁজে পেয়ে জীবনসঙ্গী হিসেবেও হ্যাঁ করে দেয়। একজন মেয়ে একজন ছেলের মা হতে পারে না এবং একজন ছেলে একজন মেয়ের বাবা বা দাদা হতে পারে না। এটা সম্ভব নয়, তাই যখন বিয়ের পর উভয়ই সুখ খুঁজে পায় না তখন তারা বলে যে তাদের সাথে প্রতারণা করা হয়েছে। এখন কী উপায়? যে কোনও মেয়ে বা ছেলেকে বিয়ে করলেই একই ঘটনা ঘটত।

এমন পরিস্থিতিতে সমাধান কী?

প্রথমত, দুজনেরই বুঝতে হবে যে অন্যজন সুখ দিতে পারে না, একবার এটা বোঝা গেলে বাকিটা সহজ হয়ে যায়। এখন কেউ অন্যের উপর প্রতারণার অভিযোগ আনতে পারে না এবং কেউ অন্যের উপর সন্দেহও করতে পারে না যে পছন্দটি ভুল ছিল। আমি যদি অন্য কাউকে বিয়ে করতাম, তাহলে এটা ঘটত।

স্বামী-স্ত্রীর বোঝা উচিত যে তাদের সারাজীবন একসাথে থাকতে হবে। অতএব, একে অপরের উপর আধিপত্য বিস্তার করার চেষ্টা করার পরিবর্তে, বন্ধুত্বের অনুভূতি রাখার চেষ্টা করুন। একে অপরকে ভালোভাবে বুঝুন এবং ঘর সামলান। স্ত্রী এবং স্বামী উভয়ের বাবা-মায়েরই তাদের পরিবার পরিচালনার ক্ষেত্রে পরামর্শ নেওয়া উচিত, তবে তাদের খুব বেশি হস্তক্ষেপ করা উচিত নয়। মেয়েটির বাবা-মা কি অতিরিক্ত হস্তক্ষেপ করে এবং তাদের আলাদা বাড়ি তৈরির পরামর্শ দিয়ে তাদের জন্য সমস্যা তৈরি করছেন? তাদের অভিজ্ঞতার ভিত্তিতে এই ধরনের সিদ্ধান্ত নিতে দিন।

ঘরে উত্তেজনা আছে আর স্ত্রী রেগে আছে, তাহলে তার খাবার না রান্না করাই ভালো। কেন? যদি রাগের শক্তি খাবারে চলে যায়, তাহলে রাগের বশে রান্না করা খাবার খাওয়া ব্যক্তি কতটা শান্ত থাকবে?

মহিলারা খুব ঈর্ষান্বিত। ওশো বলেন, "নারীরা পুরুষদের চেয়ে অনেক বেশি ঘৃণা করে। দুজন নারীর মধ্যে কখনই বন্ধুত্ব হয় না। কারণ কোনও নারী তার শরীর, তার সৌন্দর্য নিয়ে খুশিতে থাকে না। অন্য নারী সবসময় পুরুষদের কাছে আরও সুন্দর, আরও চিত্তাকর্ষক, আরও আকর্ষণীয় বলে মনে হয়। তাই প্রতিটি নারীই অন্য নারীকে শত্রু হিসেবে দেখতে শুরু করে। দূরের নারীরা কথা ছেড়ে দাও, যখন মেয়ে ঘরে বড় হয়, তখন মা তাকে ঘর থেকে বের করে দেওয়ার জন্য উদ্বিগ্ন হয়ে ওঠে। সে অনেক অজুহাত দেখায় যে তাকে বিয়ে করতে হবে, তাকে তাড়াতাড়ি বিয়ে করতে হবে। তাকে এটা করতে হবে, তাকে ওটা করতে হবে। কিন্তু কারণ হল যে ঘরের মূল কেন্দ্র বিন্দু মেয়ে হয়ে উঠতে শুরু করে (যখন পুত্রবধূ ঘরে আসে, তখন ঘরের মূল কেন্দ্র বিন্দু পুত্রবধূ হয়ে যায়)। মা তা চায় না, ঈর্ষা তীব্র হয়ে ওঠে।"

ওশো এর সমাধানের কথাও বলেছেন। তিনি আরও বলেন, "যদি কোনও ব্যক্তি নিজের শরীর এবং সৌন্দর্য নিয়ে সন্তুষ্ট থাকে, যদি সে ভাবে, আমি এইরকম, ঈশ্বর আমাকে এইরকম করেই তৈরি করেছেন, তাহলে আর কোনও দ্বন্দ্ব অবশিষ্ট থাকে না।"

সন্তানকে সঠিকভাবে বড় করুন, অর্থাৎ স্বামী-স্ত্রীর মধ্যে ভালোবাসা থাকা উচিত, সন্তানদের বড় করার জন্য সময় থাকা উচিত, তাদের একজন আয়া বা চাকরের ভরসায় লালন-পালন করা উচিত না অথবা একটি ক্রেচে রেখেও বড় করা উচিত না। এমনকি পশুদেরও নিজস্ব সন্তান আছে। কিন্তু ভালোবাসা ছাড়া লালিত-পালিত শিশু পশুর বাচ্চাদের চেয়েও খারাপ। যেমন বপন করবেন, তেমনই ফসল ফেলবে। আজ আপনি নিজের আরামের কথা ভাবছেন এবং অর্থ উপার্জনকে অগ্রাধিকার দিচ্ছেন। যদি সেই শিশুটি আগামীকাল একই কাজ করে, তাহলে তাকে দোষারোপ কেন? ভালোবাসা ছাড়া লালিত-পালিত শিশু জীবনে রাগ ও ঘৃণায় ভরপুর হয়ে ওঠে। সে হিংস্র এবং আক্রমণাত্মক হবেই।

সকল শিশুর প্রতি পূর্ণ মনোযোগ দিন, শিশুদের ভাগ করবেন না, একটি শিশুকে অগ্রাধিকার দেবেন এবং অন্যটিকে উপেক্ষা করবেন, এমন কাজ কখনই করবেন না। শিশুদের অবৈধ দাবি কখনও মেনে নেবেন না। তারা যতই জেদ করুক না কেন। যদি তাদের ভালোবাসার সাথে ব্যাখ্যা করে বোঝানোর চেষ্টা করেন, তাহলে শিশুটি তার জেদ ছেড়ে দেবে। আপনি যদি তাকে বকা দেন, তাহলে সে আরও জেদী হয়ে উঠবে। মনে রাখবেন, শিশুটি আজ অসহায়, তার আপনার সমর্থনের প্রয়োজন। সহায়তা ছাড়া বেচারা মারা

যাবে। কিন্তু আগামীকাল হবে উল্টো। আমরা আমাদের সন্তানদের ভালোবাসা দিয়ে মানুষ করেছি, তাদের সবকিছু বুঝিয়েছি এবং প্রতিটি কঠিন সময়ে তাদের সহায়তা করেছি। সেই শিশুটি বড় হয়ে আপনাকে ভালোবাসবে। যদি সে ভালোবাসার শিক্ষা না পায়, তাহলে সে আপনাকে কী দেবে? প্রায়শই বাবা-মায়েরা অর্থ উপার্জনের প্রচেষ্টার কারণে তাদের সন্তানদের পুরো সময় দিতে পারেন না। তারা বলে, "আমি এই সব শুধু তোমার জন্য করছি, এটা শুধু তোমার জন্যই কাজে লাগবে।" কিন্তু টাকা দিয়ে ভালোবাসা পূর্ণ হয় না। আমরা আমাদের অহংকার চরিতার্থ করার জন্য অর্থ উপার্জন করছি। আমার বাবাও একই কথা বলতেন, তারপর একদিন আমি বললাম, "ধরো আজ যদি আমি সন্ন্যাসী হয়ে যাই অথবা মারা যাই, তাহলে তুমি কি টাকা রোজগার করবে নাকি করবে না?"

আপনার সন্তানকে অহংকার, ভয় বা উচ্চাকাঙ্ক্ষা শেখাবেন না। একটি শিশু এই গুলি ছাড়াও এগিয়ে যেতে পারে, এটা আমাদের ভুল ধারণা যে উচ্চাকাঙ্ক্ষা এবং অহংকার ছাড়া কেউ এগিয়ে যেতে পারে না। হ্যাঁ, এটা সম্ভব যে কেউ হয়তো বড় পদ নাও পেতে পারে, ধনী নাও হতে পারে কিন্তু সুখে ও সন্তুষ্টভাবে জীবনযাপন করবে। সে সুখে বাস করবে এবং হিংস্র হবে না।

আমরা ছোট বাচ্চাদের রাজনীতি শেখাই। আমরা চাই শিশুরা হাসুক; যখনই তারা বুঝতে পারে যে হাসির উপকারিতা কতটা, তখনই তারা হাসে। একটি ছোট শিশুকে বলা হয় যে তাকে একটি টফি দেওয়া হবে কিন্তু তাকে কিছু কাজ করতে হবে, কাকা বা কাকিমাকে প্রণাম করতে হবে, গান গাইতে হবে অথবা নাচতে হবে। আমরা ছোটবেলা থেকেই ঘুষ নিতে শেখাই। ওশো বলেন, যে এই দেশে দেব-দেবীও নারকেল বা লাড্ডু দিয়ে কাজ করেন, সেখানে যদি একজন নাগরিক ঘুষ নেন তাহলে তাতে দোষ কী? মন্দির, মসজিদ, গির্জা এবং গুরুদ্বারে প্রার্থনা করুন এবং আপনি বুঝতে পারবেন যে ঈশ্বরকে ঘুষ দিয়ে প্রলুব্ধ করা যাচ্ছে কিনা। আমরা ঈশ্বরকে খুশি করার জন্য তাঁর প্রশংসায় গানও গাই, অর্থাৎ তাঁকে তোষামোদ করি। তাহলে রাজনীতিবিদ এবং অফিসাররাও যদি প্রশংসাকারীদের দ্বারা বেষ্টিত থাকেন, অর্থাৎ চাটুকারদের দ্বারা পরিবেষ্টিত থাকেন, তাহলে কি অবাক হওয়ার কিছু আছে? আমরা শৈশব থেকেই এই সব শিখতে শুরু করি। আমরা কল্পনাও করতে পারি না যে "টফি দেবো, আগে হ্যাঁ বলো" -র মতো এত ছোট জিনিস দুর্নীতিকে উৎসাহিত করবে।

শৈশব থেকেই শিশুকে সত্য-মিথ্যা, লাভ-ক্ষতি, সুন্দর-কুৎসিত, কালো-সাদা সম্পর্কে শিক্ষা দেওয়া হয়। এই বিষয়ে সম্পূর্ণ প্রশিক্ষণ পিতামাতা, বন্ধুবান্ধব এবং স্কুলেও দেওয়া হয়। শিশুদের মধ্যে বৈষম্য তৈরি করে লড়াই করতে শেখানো হয়। একে অপরের প্রতি ভালোবাসা শেখানোর পরিবর্তে, তারা অহংকারকে উৎসাহিত করে এবং হীনমন্যতার অনুভূতি তৈরি করে। আমরা জেনে বা না জেনে এই সব ছোট ছোট কাজ করি। যেমনটা করা হয় দুই ভাইয়ের মধ্যে, ''আরে তুমি অকেজো, তোমার কোনও বুদ্ধি নেই, তোমার ভাইয়ের দিকে তাকিয়ে দেখো তো।'' এতে অন্য ভাইয়ের প্রতি ঈর্ষা ও ঘৃণা তৈরি হবে এবং তার মধ্যে হীনমন্যতা বোধ কাজ করবে।

আমরা যদি আমাদের সন্তানদের লালন-পালনের ক্ষেত্রে যত্নবান হই, সঠিকভাবে লালন-পালন করি, তাহলে শিশুটি বড় হয়ে ভদ্র, সভ্য, প্রেমময় হবে। তার জীবনে চাপ বলে কিছু থাকবে না। আমরা প্রায়শই বাচ্চাদের হাসতে বা কাঁদতে দিই না। যদি শিশুটি জোরে হাসে, তাহলে আমরা জিজ্ঞাসা করি সে পাগলের মতো হাসছে কেন? যদি সে কাঁদে, তারা তাকে কাঁদতে দেয় না, তারা তাকে জিজ্ঞাসা করে কেন সে কাঁদছে? সে কী চাইছে, যাতে আমরা তার দাবি পূরণ করতে পারি? একটি শিশু যখন হাসে বা কাঁদে তখন তাকে থামানো উচিত নয়। তাকে এটা করতে দাও, তাহলে সে সহজেই সুখের দিকে এগিয়ে যাবে। কিন্তু আমরা নিজেদের থামিয়ে রাখি, আর তাই সারা জীবন আমরা পুরোপুরি হাসতেও পারি না, আবার পুরোপুরি কাঁদতেও পারি না। জমে থাকা অনেক বর্জ্যই প্রাণ খুলে হেসে-কান্নার সাথে ধুয়ে যায়। আবর্জনা জমে থাকার কারণে আমরা চাপে থাকি।

যদি দুঃখ আসে, তা থেকে পালিয়ে যাবেন না, তার সাক্ষী হন। একইভাবে, যদি সুখ আসে, তাহলে তাকে আঁকড়ে ধরে থাকবেন না, বরং সুখের সাক্ষী হন। সুখ এবং দুঃখের দিকে তাকান, সাক্ষী থাকুন, তাহলেই আপনি সেগুলি জয় করতে পারবেন। কিভাবে? যেমন যদি আপনার মাথাব্যথা হয়, চোখ বন্ধ করুন এবং বারবার মাথাব্যথা অনুভব করুন, মাথাব্যথা থেকে পালানোর চেষ্টা করবেন না, কিছুক্ষণ পরে কোনও ঔষধ ছাড়াই মাথাব্যথা চলে যাবে।

পরিবার এবং সমাজে বসবাস করার সময়, আমরা জেনেছি যে অহংকার, আকাঙ্ক্ষা, অন্যদের মধ্যে সুখ খুঁজে পাওয়া, বর্তমানে বেঁচে না থাকা, আসক্তি, অন্যদের প্রতিক্রিয়ায় ভীত হওয়া, হীনমন্যতা, শব্দ দূষণ এবং সন্তানদের সঠিকভাবে লালন-পালন না করা ইত্যাদি মানসিক চাপের প্রধান কারণ। ওশো বলেন যে আমরা যদি এই সমস্ত বিষয়ে সচেতন হই তবে আমরা চাপমুক্ত জীবনযাপন করতে পারব।

১. স্বামী এবং স্ত্রী..

২. নকল তো নকলই

৩. কিভাবে একজন আদর্শ পিতামাতা হবেন?

স্বামী-স্ত্রী আর................!

বিয়ের আগে, একটি মেয়ে একজন রাজপুত্রের স্বপ্ন দেখে এবং একটি ছেলে দেখে রাজকন্যার স্বপ্ন। যখন দুজন অপরিচিত ব্যক্তি বিয়ে করে, তখন উত্তেজনা এবং উৎসাহ থাকে এবং কয়েক দিনের জন্য সবকিছু স্বপ্নের মতো মনে হয়। কিন্তু শীঘ্রই উভয়ের ভুল ধারণা দূর হয়ে যায়। দুজনেই বুঝতে শুরু করে যে সে তার স্বপ্নের রাজপুত্র নয়, আর সে তার স্বপ্নের রাজকন্যাও নয়! ততক্ষণে তারা দুজনেই একে অপরের ইতিহাস এবং ভৌগোলিক অবস্থান সম্পর্কেও জানতে পারে। প্রতিদিন ধীরে ধীরে মায়া দূর হওয়ার সাথে সাথেই একটা ফাঁক দেখা দিতে শুরু করে। তখন আর আগের মতো উৎসাহ থাকে না। তখন মনে হয় মস্ত বড় ভুল হয়ে গিয়েছে। সঙ্গী নির্বাচন ভুল হয়েছে। একে অপরের প্রতি আগ্রহ কমে যায়। একজন সন্দেহ করতে শুরু করে যে, অন্য কেউ অন্য ব্যক্তির জীবনে এসেছে কিনা। অন্যের প্রতি অবিশ্বাসের অনুভূতি জাগলেই বিবাহবিচ্ছেদের বীজ বপন শুরু হয়ে যায়। সেই দিন থেকে বাড়ি এবং বাচ্চাদের প্রতি আগ্রহ কমতে শুরু করে। স্বামী-স্ত্রীর মধ্যে ভালোবাসা কমতে থাকলে, বাচ্চারা অনাথের মতো জীবনযাপন শুরু করে। সন্দেহ যত বৃদ্ধি পায়, দূরত্বও তত বাড়তে থাকে। ধীরে ধীরে দূরত্ব এতটাই বাড়বে যে বিবাহবিচ্ছেদই একমাত্র সমাধান বলে মনে হবে। আপনার হয়তো ডিভোর্স করার সাহস নেই। যদি আপানি তা পেতে অক্ষম হন, এমনকি বাধ্যবাধকতা বা চাপের কারণেও, তাহলেও কখনই খোলা মনে জীবনযাপন করতে পারবেন না, বরং কেবল তা বহন করে বেড়াবেন।

মনে রাখবেন, বিবাহবিচ্ছেদ হওয়ার পর নতুন রাজপুত্র এবং রাজকন্যার সন্ধান শুরু হয়। তারপর যদি অন্য কেউ আপনার জীবনে আসে, তাহলেও কিছুদিনের জন্য অন্যরকম অনুভূতি হলেও, শীঘ্রই আবার একই গল্প শুরু হবে। আমরা এখন কী করব? আপনি আপনার সঙ্গীকে কতদূর পরিবর্তন করতে পারবেন?

দুজন মানুষ সুখের জন্য বিয়ে করে। অথচ তাদের কারোর মনেই সুখ নেই, তাহলে তারা একে অপরকে সুখ দেবে কিভাবে? যদি কারো সুখ থাকতো, তাহলে সে বিয়ে করবে কেন? ওশো বলেন, "বৈবাহিক দ্বন্দ্ব চিরন্তন। এটা চলতেই থাকে। বিয়ের চেয়ে বড় দ্বন্দ্ব আর কোথাও খুঁজে পাওয়া যাবে না।

আগামীকালও নিরন্তর থাকবে। স্ত্রীরা স্বামীকে অধিকার করার চেষ্টা করছে এবং স্বামীরা স্ত্রীদের অধিকার করার চেষ্টা করছে। এ কারণেই দ্বন্দ্ব রয়েছে। অধিকারবোধ হল হিংসার অনুভূতি, ভালোবাসার সাথে এর কোনও সম্পর্ক নেই। অধিকারবোধের খেলা সন্তানদের উপরও চলতে থাকে।"

একটা কথা মনে রাখবেন, জীবনে যদি আপনার স্বপ্নের রাজকুমার বা রাজকন্যা খুঁজে পান, তবুও এটাই ঘটতে বাধ্য। কেন? এটাই স্বাভাবিক। এটা প্রকৃতির নিয়ম; অন্য ব্যক্তি, তা সে স্বামী হোক বা স্ত্রী, সম্পদ হোক বা পদমর্যাদা, কেউই সুখ দিতে পারে না। এটাই চিরন্তন নিয়ম। আমাদের সুখ-দুঃখের ঊর্ধ্বে যেতে হবে। এর জন্য, একজনকে অন্যজনের থেকে মুক্ত থাকতে হবে। একই জীবনসঙ্গীর সাথে থাকার পরেও আমরা এটি করতে পারি। মালিকানা এবং দখলের অনুভূতি ত্যাগ করে ভালোবাসার সাথে বাঁচুন। এভাবে বেঁচে থাকার গুরুত্বপূর্ণ উপায় হল অভ্যন্তরীণ যাত্রা। স্বামী-স্ত্রী একে অপরের সহযোগিতায় সহজেই একসাথে যাত্রা করতে পারেন। যদি আপনি অন্তরের যাত্রা পারেন, তাহলে বিয়ে অর্থবহ বলে মনে হবে। তাহলে দুজনেই সুখ-দুঃখের ঊর্ধ্বে একটি প্রেমময় এবং সুখী জীবনযাপন করতে পারবেন।

নকল তো নকলই

মেয়েটির বাবা তার এক বন্ধুকে বিয়ের জন্য ছেলে খুঁজে দিতে বলেন। নকলের গল্প শুরু হয়। কিভাবে? মাঝখানের ব্যক্তিটি ছেলেটি এবং তার পরিবারের একটি ছবি উপস্থাপন করে এবং তাদের ছেলেটির সম্পর্কে বলে। এবং একইভাবে, সে ছেলেটির বাবাকে মেয়েটি এবং মেয়েটির পরিবার সম্পর্কে বিস্তারিতভাবে বলে এবং তাদের ছবি উপস্থাপন করে। ওই ভুয়ো ছবির মধ্যে দিয়ে ছেলেটিকে দেখা যাচ্ছে, মেয়েটিকেও দেখা যাচ্ছে।

মেয়েটির আসল রূপ কখনই দেখানো হয় না। ছবিটি তোলা হয়েছে এবং একটি বিশেষ উপায়ে উপস্থাপন করা হয়েছে। মেকআপ করে এবং আসল রূপ লুকিয়ে রেখে মুখটি একই রকম দেখাবে। মুখে নকল লাল ঠোঁট আটকে দেওয়া হয়।

বিয়ের পর আসল রূপ উন্মোচিত হয়, গোপন কথাগুলি বেরিয়ে আসে, কিন্তু ততক্ষণে অনেক দেরি হয়ে যায়। সবাই বলে, সময় খারাপ, এমনটাই ঘটে। মাঝখানের লোকটি বলে, 'আমি কী করতে পারি, আমাকে যা বলা হয়েছিল তাই বলেছি।' আমি কিভাবে জানবো কার মনে কী আছে? দুজনেই বলে, আমাদের সাথে প্রতারণা করা হয়েছে, আমাদের সাথে প্রতারণা করা হয়েছে। এখন আমাকে এভাবেই বাঁচতে হবে। যখন নকল এবং প্রতারণার

কথা চলছে, তখনই শিশুদের জন্ম হচ্ছে। যদি বাবা-মা একে অপরকে ভালো না বসে, তাহলে তাদের সন্তানদের কে ভালোবাসবে? শিশুটি ভালোবাসার পাঠ শেখতে পারে না। মিথ্যা প্রেমে লালিত-পালিত শিশু হিংস্র এবং খিটখিটে হয়ে যায়। যদি সে বড় হয়ে স্কুল-কলেজ ভাঙচুর না করে, তাহলে সে কী করবে?

সমাধান কী? এটা নিশ্চিত যে আপনি প্রতারিত হয়েছেন। যারা প্রতারিত হননি, যাদের নকল মুখ দেখতে হয়নি, তারাও খুশি নন। মূল কারণ হল দুজনের কারোরই সুখ ছিল না, তাহলে তারা কীভাবে সুখ দিতে পারত? আমি কেবল সুখের সন্ধানে বিয়ে করেছি। অন্য কেউ সুখ দিতে পারে না, তা সে স্বামী হোক, স্ত্রী হোক, পুত্র হোক, সম্পদ হোক বা উচ্চ পদ। আপনি কিভাবে সুখী হবেন? সুখী ও প্রেমময় জীবনযাপনের জন্য, স্বামী-স্ত্রীর একসাথে ধ্যান করা উচিত। প্রতিদিন ধ্যান করলে পারস্পরিক বোঝাপড়া বাড়বে, ভালোবাসা বাড়বে, তবেই আপনি সুখী জীবনযাপন করতে পারবেন। বাচ্চারাও আপনার কাছ থেকে ভালোবাসার পাঠ শিখবে। শিশুরা যখন বড় হবে, তখন তারা খিটখিটে এবং আক্রমণাত্মক জীবনের পরিবর্তে প্রেমময় এবং সুখী জীবনযাপন করবে। বাবা-মায়েদের বলতে হবে না যে আমাদের সেবা করা তোমাদের কর্তব্য। তারা অবশ্যই তা করবে। যে বাবা-মায়েরা মনে করেন এটা ছেলের কর্তব্য। এক্ষেত্রে, প্রথমে বাবা-মায়ের নিজেদেরই ভাবা উচিত যে তারা কি তাদের সন্তানদের ভালোবাসা দিয়ে লালন-পালনের দায়িত্ব পালন করেছেন?

কিভাবে একজন আদর্শ বাবা-মা হবেন?

আমার মতে, শিশুদের সাথে আপনি কেবল একটি জিনিসই করতে পারেন: তাদের জন্য আপনার জীবন উন্মুক্ত করুন। তাদের বলুন যে, "তোমার বাবা-মা তোমাকে বাধ্য করেছেন, তুমি সীমাবদ্ধতার মধ্যে বাস করেছো, ধারণার দ্বারা আবদ্ধ, এবং এই সীমাবদ্ধতা এবং ধারণার কারণে তুমি মন খুলে বাঁচতে পারোনি। কিন্তু তুমি বাচ্চাদের জীবন নষ্ট করতে যেও না। তুমি চাও তারা একেবারে স্বাধীন হোক - কারণ তুমি অতীতের প্রতিনিধিত্ব করছো।"

"আমাদের থেকে মুক্ত হও" বলতে বাবা-মায়ের অনেক সাহস এবং ভালোবাসার প্রয়োজন। "আমাদের কথা শুনো না, তোমার নিজের বুদ্ধিমত্তার উপর নির্ভর করো। তুমি যদি বিপথে যাও, তবুও দাস হয়ে থাকার চেয়ে তা ভালো। অন্যদের অনুসরণ করা এবং ভুল এড়িয়ে চলার চেয়ে স্বাধীন থাকা এবং ভুল করা এবং সেই ভুলগুলি থেকে শিক্ষা নেওয়া ভালো। অন্যথায় তুমি

পিছনে পিছনে যাওয়া ছাড়া আর কিছুই শিখবে না। আর পেছনে পেছনে যাওয়া বিষ, মারাত্মক বিষ। যদি তোমার ভালোবাসা থাকে, তাহলে এটা খুব সহজ হবে।'' 'কিভাবে?' জিজ্ঞাসা করো না। 'কারণ কিভাবে' মানে, আপনি পদ্ধতি সম্পর্কে জিজ্ঞাসা করছেন, আপনি সিস্টেম সম্পর্কে জিজ্ঞাসা করছেন, আপনি কৌশল সম্পর্কে জিজ্ঞাসা করছেন। আর ভালোবাসা কোনও কৌশল নয়। শিশুদের ভালোবাসুন, তাদের স্বাধীনতা উপভোগ করতে দিন। তাদের ভুল করতে দিন। তারা কখন ভুল করে তা বুঝতে সাহায্য করুন। তাদের বলুন, 'ভুল করার মধ্যে কোনও ক্ষতি নেই, যতটা সম্ভব ভুল করো কারণ এতেই তুমি শিখবে, কিন্তু একই ভুল বারবার করো না, কারণ সেটা বোকামি।'

বাবা-মায়ের প্রধান কাজ হল তাদের সন্তানদের গর্তে পড়তে দেওয়া। তাদের শৃঙ্খলার ভূমিকা নেতিবাচক। এই কথাটা মাথায় রাখা উচিত। শিশুদের কোনও ইতিবাচক কাঠামো দেওয়া উচিত নয়, বরং নেতিবাচক যত্ন দেওয়া উচিত। কারণ সর্বোপরি, শিশুরা শিশুই এবং তাদের এমন কোনও বিপদে পড়া উচিত নয় যা তাদের ক্ষতি করতে পারে বা যাতে তাদের হাত-পা ভেঙে যেতে পারে।এমনকি সেই সময়তেও তাদের আদেশ দেবেন না, বাধ্য করবেন না, তাদেরই ভালো মন্দটা বেছে নিতে দিন। আপনি শুধু পুরো পরিস্থিতিটা ব্যাখ্যা করুন। শিশুরা খুবই গ্রহণযোগ্য এবং আপনি যদি তাদের সম্মান করেন, তাহলে তারা শুনবে এবং বুঝতে পারবে। এরপর তাদের নিজস্ব বোধগম্যতা তাদের উপর ছেড়ে দিন। এটা প্রথম কয়েক বছরের ব্যাপার, শীঘ্রই তারা তাদের বুদ্ধিমত্তায় স্থিতিশীল হয়ে উঠবে। তখন আর আপনার যত্নের কোনও প্রয়োজন হবে না। শীঘ্রই তারা নিজেরাই বাঁচতে শুরু করবে।

আমি বাবা-মায়ের ভয় কী তা বুঝি। ভয় হল তাদের সন্তানরা এমন একটি দিকে যাবে যা তাদের পছন্দ না। কিন্তু এটা আপনার সমস্যা। বাচ্চারা আপনার পছন্দ-অপছন্দের উপর ভিত্তি করে জন্মায় না। তাদের জীবন যাপন করতে দিন। আর তারা জীবন যাপন করছে, সেটা দেখা আপনার খুশি হওয়া উচিত।

কীভাবে এমন মানসিক অবস্থা তৈরি হতে পারে যেখানে কেউ পরিস্থিতিকে সম্পূর্ণরূপে মেনে নিতে শিখে যায়? কীভাবে সচেতন হবেন, কীভাবে সাক্ষী হবেন? ওশো বলেন, "আজকের মানুষ আগের চেয়ে অনেক বেশি অস্থির, তাই আজ মানুষের ধ্যানের এত বেশি প্রয়োজন যতটা আগে কখনও হয়নি।"

মানুষ দেহ ও মনের স্তরে বাস করে। মনের সুস্থতার চেয়ে শরীরের সুস্থতা বেশি গুরুত্বপূর্ণ। কালিদাস কুমার সম্ভব-তেও এই কথা বলেছেন। 'শরীর মাদ্য খালু ধর্ম সাধনম' অর্থাৎ দেহই ধর্মের প্রথম স্থান। প্রথম সুখ হল সুস্থ শরীর। শরীর সুস্থ রাখার জন্য যত্ন নিন, আর মন সুস্থ রাখার উপায় হল "ধ্যান"। ওশো বলেন যে ধ্যানই একমাত্র উপায়। ধ্যান কী?

এই বিষয় সম্পর্কে কীভাবে সচেতন হবেন?

ওশো বলেন, "চাপ থেকে মুক্ত থাকার একমাত্র উপায় হল নিজেকে সম্পূর্ণরূপে গ্রহণ করা, আশেপাশের পরিবেশ এবং পরিস্থিতির সম্পূর্ণরূপে গ্রহণ করা। সম্পূর্ণ গ্রহণযোগ্যতা অলৌকিকতার সৃষ্টি করে। এটিই একমাত্র অলৌকিক ঘটনা। ওশো বলেন, উদ্বেগ আছে, সেগুলি গ্রহণ করুন, তাছাড়া আপনি কিছুই করতে পারবেন না। কেবল গ্রহণযোগ্যতার অনুভূতি আপনাকে উদ্বেগ কাটিয়ে উঠতে সাহায্য করবে। আমরা তা গ্রহণ করি না। তার থেকে দূরে সরে যাওয়ার বা তার থেকে দূরে থাকার চেষ্টা আরও চাপ নিয়ে আসে।" আপনি কি কখনও নিজের জীবনের দিকে তাকিয়ে দেখেছেন যে দুশ্চিন্তা কোনও সময় দুশ্চিন্তা দূর করেছে কিনা? এটা মুছে ফেলা যাবে না। বলা হয় যে উদ্বেগ পুরুষদের দুর্বল এবং মহিলাদের মোটা করে তোলে, কিন্তু উদ্বেগ এখনও রয়ে গিয়েছে। উদ্বেগ কাটিয়ে ওঠার উপায় হল সচেতন থাকা, সাক্ষী হয়ে বেঁচে থাকা এবং উদ্বেগের দিক তাকিয়ে না থেকে তা কাটিয়ে ওঠার চেষ্টা করা।

ধ্যানের অর্থ কী?

আমরা ধ্যানের অর্থ এইভাবে নিই যে, আমাদের কীসের ধ্যান করা উচিত? একাগ্রতা অবলম্বন করুন যা ধ্যান হিসেবে বিবেচিত হয় অথবা মন্ত্র জপ, নাম পাঠ বা আত্মদর্শন। ওশো বলেন এটা ধ্যান নয়। একাগ্রতা মানসিক চাপ কমায় না, বরং মানসিক চাপ বৃদ্ধি করে। কেন? আপনি নিজের মনকে কোন বিষয়ে কেন্দ্রীভূত করবে? ওশো বলেন, "মন থাকলে শান্তি কোথায়?" কারণ বাস্তবে মন নিজেই অস্থির। মন্ত্র জপ, নাম জপ বা অতীন্দ্রিয় ধ্যান ধ্যান নয়। মন্ত্র জপ, নাম জপ অথবা অপ্রাকৃত ধ্যান - এই সবই একাগ্রতার অংশ। মন্ত্র জপ করলে ঘুম আসে কিন্তু যে ব্যক্তি তা করে সে মনে করে যে সে স্মৃতিতে চলে গিয়েছে, কারণ এই সবই মনের কাজ; হ্যাঁ, কেউ হয়তো তার হাত থেকে কিছুক্ষণের জন্য বিশ্রাম পেতে পারে কিন্তু এটা শান্তি নয়, কেবল অস্থিরতার বিস্মৃতি। এই বিস্মৃতির নেশা থেকে আমাদের সতর্ক থাকতে হবে।

যদি শান্তি চান, তাহলে আপনাকে নিজের মনকে হারাতে হবে। ওশো বলেন, "মনের অনুপস্থিতিই শান্তি।"

ধ্যান কী?

ওশো বলেন, "ধ্যান মানে চিন্তাহীন চেতনার একটি অবস্থা, যেখানে চিন্তার কোনও ঢেউ নেই, বিচারের কোনও ঢেউ নেই। চেতনা হল বিচার শূন্য এবং নিস্তরঙ্গ, কিন্তু তরঙ্গায়িত চেতনার নামই হল মন। যখন হ্রদ শান্ত হয়ে যায়, তরঙ্গগুলি ঘুমিয়ে পড়ে, এবং হ্রদের বুকে কোনও কম্পন থাকে না, অর্থাৎ এটি গতিহীন হয়ে যায়, একটি নীরব আয়না হয়ে যায়, তখন বুঝতে হবে যে হ্রদটি হিমায়িত হয়ে গিয়েছে, এটি বরফে পরিণত হয়েছে, এখন তার উপর কোনও ঢেউ ওঠে না এবং এখন কোনও ঢেউ উঠতে পারে না। একইভাবে, যখন চেতনা চিন্তা ও ঢেউ থেকে মুক্ত থাকে, তখন সেই অবস্থাকে বলা হয় ধ্যান।"

প্রশ্ন হল, ওশো যাকে ধ্যান বলছেন তা হল মনের একটি অবস্থা। কীভাবে এমন একটি অবস্থা অর্জন করা যায় যেখানে চেতনা চিন্তামুক্ত থাকে? ভগবান শ্রীকৃষ্ণ বলেছেন, ''তোমার কর্তব্য কর, ফলের আকাঙ্ক্ষা কর না।'' যদি কখনও এটা নিয়ে চিন্তা করেন, তাহলে বুঝতে পারবেন যে, আপনাকে কাজটি করতে হবে, তবেই আপনি তার ফলাফল পাবেন, কিন্তু আপনার এর জন্য আকাঙ্ক্ষা করা উচিত নয়। অর্থাৎ, নিজের কর্তব্য পালন করুন; যদি কর্তার অনুভূতি না থাকে, তাহলে কর্তাও থাকবে না। যদি কর্তা না থাকে, তাহলে ফলাফলের আকাঙ্ক্ষা কীভাবে থাকবে? ওশো বলেন, এটা সম্ভব, আমরা যা কিছু করি, যদি সচেতনভাবে অর্থাৎ নিজেকে সাক্ষী রেখে করি, তাহলে তা সম্ভব হতে পারে।

এটি সাক্ষী হয়ে থাকার মনোভাব থেকে আসে। চিন্তাভাবনা এবং কর্মের সাক্ষী থাকুন, অর্থাৎ মনের মধ্যে উদ্‌ভূত চিন্তাভাবনা এবং সমস্ত কর্মের (হাঁটা, খাওয়া, শোনা) সাক্ষী থাকুন। কর্তা হবেন না। সাক্ষী হোন, প্রতিটি মুহূর্ত সাক্ষী হয়ে বাঁচুন। আপনি যাই করুন না কেন, তার সাক্ষী থাকুন, যেন অন্য কেউ এটা করছে এবং আপনি কেবল মাত্র একজন সাক্ষী, একজন দর্শক। তারপর ধীরে ধীরে খাবার না পাওয়ার কারণে মন দুর্বল হয়ে পড়ে। কর্তা হওয়ার অনুভূতি, অর্থাৎ "আমি", মনের খাদ্য। অহংকার হল মনের জ্বালানি। জ্বালানি কমে যাওয়ার সাথে সাথে মন দ্রবীভূত হতে শুরু করে। যখন জ্বালানি আর একেবারেই পাওয়া যাবে না, তখন মন এমনভাবে অদৃশ্য হয়ে যাবে যেন এর অস্তিত্বই ছিল না।

মনোযোগ দিলে কী হবে?

এখন প্রশ্ন হল, যখন মনোযোগ দেওয়া হবে অর্থাৎ মন সাক্ষী হয়ে ওঠে অথবা মন কিছু সময়ের জন্য চিন্তামুক্ত এবং তরঙ্গমুক্ত হয়ে যায়, তখন কী হয়? ওশো বলেন যে, জীবনে একবার ধ্যানের ঢেউ প্রবেশ করলেও, তা ধীরে ধীরে বাস্তবে পরিণত হয়। একইভাবে, আমাদের মস্তিষ্কের যে তন্তুগুলি সুপ্ত অবস্থায় পড়ে থাকে, সেগুলি সক্রিয় হতে শুরু করে, তারপর মস্তিষ্কের অচেতন অংশ সচেতন অংশের উপর কাজ শুরু করে। তারপর স্নায়বিক উত্তেজনা হ্রাস পায়, মানসিক কর্মক্ষমতা বৃদ্ধি পায়, সহনশীলতা বিকাশ লাভ করে, মনোভাব এবং মানসিক আচরণের পরিবর্তন হয়, সুখ বৃদ্ধি পায়, অভ্যাসের পরিবর্তন হয় এবং শারীরিক চাপজনিত রোগগুলি হ্রাস পায়। বন্ধুত্ব ইত্যাদি গুণাবলীর বিকাশ ঘটে।

ধ্যানের প্রয়োজন:

ধৈর্য, বিশ্বাস এবং ধারাবাহিকতা - ধ্যানের জন্য আপনি যে পদ্ধতিই ব্যবহার করুন না কেন, সেই পদ্ধতি সম্পর্কে সন্দেহ করবেন না; এতে পূর্ণ বিশ্বাস রাখুন এবং এটি ক্রমাগত চালিয়ে যান।

বিশ্বাসের পাশাপাশি ধৈর্যও প্রয়োজন। ধৈর্যের মহিমা চিরন্তন। আমরা সবসময় তাড়াহুড়ো করি, সেটা অফিসে যাওয়া হোক বা দোকানে যাওয়া হোক, খাবার খাওয়া হোক, অথবা হাঁটাহাঁটি করা হোক ইত্যাদি। উদাহরণস্বরূপ, যখন আমরা বীজ বপন করি, তখন আমরা অঙ্কুরোদগমের জন্য কিছুটা সময় দিই; আমরা প্রতিদিন সেগুলি উপড়ে ফেলি না এবং পরীক্ষা করি না। যেমন প্রতিদিন একটি বীজ উপড়ে ফেলে তা নিয়ে পরীক্ষা করতে গেলে তা নষ্ট হয়ে যাবে, তেমনি ধ্যানের জন্য আপনি যে পদ্ধতিই অনুসরণ করুন না কেন, অন্তত তিন মাস বিশ্বাস এবং ধৈর্যের সাথে তা করুন। তবেই আপনি ফলাফলগুলি সাবধানে অনুভব করতে পারবেন।

ধ্যানের অসীম পদ্ধতি রয়েছে। যেকোনও পদ্ধতিতে ধ্যান শুরু করুন। যেমন একটি ঔষধ সকল রোগের জন্য হতে পারে না এবং একটি ঔষধ একই রোগের সকল রোগীকে আরোগ্য করতে পারে না, তেমনি একটি ধ্যান পদ্ধতি সমগ্র মানব জাতির জন্য হতে পারে না। তা ব্যক্তি বিশেষের উপর নির্ভর করে, তার জন্য কোনটি উপযুক্ত? ওশো বলেন, "একজনের জন্য যা সঠিক, অন্যজনের জন্য তা সম্পূর্ণ ভুল হতে পারে। সেইজন্যই আমি এই সত্যের প্রকাশ দেখতে পাই অন্যদের সাথে ধৈর্যের প্রয়োজনে অথবা সত্ত্বার মধ্যে।

একজন চিন্তাশীল ব্যক্তির পথ, আবেগ এবং ধ্যান কোনও মনোযোগী ব্যক্তির পথের মতো নয় এবং যা একজন বহির্মুখী ব্যক্তির দরজা তাই একজন অন্তর্মুখীর জন্য দেয়াল।"

"জ্ঞানের পথিক অবশেষে ধ্যানের নৌকা তৈরি করেন। প্রেমের পথিক প্রার্থনার নৌকা তৈরি করেন। ধ্যান এবং প্রার্থনা একই গন্তব্যে পৌঁছায়। কিন্তু তাদের ভ্রমণের পথ সম্পূর্ণ ভিন্ন।"

ওশো বলেন, "তোমার নিজের ভ্রমণের পথ বেছে নাও। পথ যাই হোক না কেন, সবই ধ্যানের রূপ। প্রার্থনাও ধ্যান, উপাসনাও ভক্তি। যোগও ধ্যান, তাই সাখ্য। জ্ঞানও ধ্যান, তাই ভক্তি। কর্মও ধ্যান, তাই সন্ন্যাস। ধ্যান মানে মনের একটি নীরব, চিন্তাহীন অবস্থা। তুমি কীভাবে এই অবস্থা লাভ করবে তা গুরুত্বপূর্ণ নয়। তোমার তা পাওয়াই গুরুত্বপূর্ণ । কোন চিকিৎসা পদ্ধতির মাধ্যমে তুমি সুস্থ হলে, সেটা গুরুত্বপূর্ণ নয়, তোমার সুস্থ হয়ে ওঠাটাই গুরুত্বপূর্ণ।"

যেকোনও পদ্ধতি শুরু করুন, নিষ্ঠা এবং ধৈর্যের সাথে। শীঘ্রই আমাদের বিবেক জাগ্রত হবে এবং আমরা আমাদের পদ্ধতিও খুঁজে পাব। ওশো বলেন যে জ্ঞান বিশ্বাসের দরজা খুলে দেয়; বিশ্বাস কেবল আত্মপ্রতারণা। "সূর্য উদয় হলে পৃথিবী যেমন জেগে ওঠে, ঠিক তেমনি ধ্যান তোমাকে জ্ঞান প্রদান করবে। ধ্যানের জন্য কঠোর পরিশ্রম কর।"

কারণ পরিণামে বিবেকের জাগরণ গুরুত্বপূর্ণ। সময়ের মরুভূমিতে বাকি শ্রম কোথায় হারিয়ে যায় তা আমরা জানি না। কেবল ধ্যানের সম্পদ হাতে থাকে, এমনকি মৃত্যুও তা কেড়ে নিতে পারে না।

ধ্যান করার জন্য, সুষম খাদ্যাভ্যাস (খাওয়ার পর অলসতা বা পেটে ভারী ভাব অনুভব করা উচিত নয়) এবং নির্জন ও শান্তিপূর্ণ পরিবেশ থাকা প্রয়োজন। যেকোনও বয়সের পুরুষ ও মহিলা ধ্যান অনুশীলন পালন করতে পারেন। মানুষদের প্রায়ই বলতে শোনা যায় যে, তারা ধ্যান করবে, তাদের এখন বয়স কত, তাদের এখনও অনেক কাজ বাকি, তারা শুধু সময় পায় না, কিন্তু মনে রাখবেন, কেউ কি জানে কারো বয়স কত? অতএব, যখনই কেউ ধ্যানের গুরুত্ব বুঝতে পারবে, তখনই তার সময় নষ্ট না করে ধ্যান শুরু করা উচিত। ওশো বলেন, "ধ্যান আমাদেরকে কালহীনের দিকে নিয়ে যায়। সময় ও স্থানের বাইরে। অর্থাৎ, অমৃতের (অমৃত) দিকে, কারণ ধ্যানই জীবন। ধ্যানের জন্য শ্রম, মানে জীবনের উপর শ্রম। ধ্যানের সন্ধান হল জীবনেরই সন্ধান।"

মানসিক চাপ থেকে মুক্তি পেতে অন্যান্য সহজ সহায়ক টিপস

- বলা হয় যে, আপনি ভালো কাজ করলে স্বর্গে যাবেন এবং খারাপ কাজের জন্য নরকে যেতে হবে। ওশো বলেন, স্বর্গ বা নরক বলে কিছু নেই। আমরা এখানে আমাদের নিজস্ব স্বর্গ অথবা নরক তৈরি করি। কিভাবে? আমরা যদি সুখী হই তাহলে আমরা স্বর্গে, আর যদি দুঃখী হই তাহলে আমরা নরকে। এই পৃথিবী আপনাকে যা কিছু দিয়েছে, তা নিঃশর্তভাবে দিয়েছে। যদি আপনি এর প্রতি কৃতজ্ঞতা প্রকাশ করেন এবং এর জন্য কৃতজ্ঞতা বোধ করেন, তাহলে আপনি স্বর্গে যাবেন। যদি আপনি অভিযোগ করতে থাকেন তাহলে নরকে যাবেন। সুখ-দুঃখ আসে বসন্ত-শরতের মতো। যদি সুখ না থাকে, তাহলে দুঃখও থাকবে না। সুখ-দুঃখ আসতে থাকে আর যেতে থাকে। সুখ-দুঃখের ঊর্ধ্বে যাওয়া সম্ভব। কিভাবে? দুঃখ পেলে সাক্ষী থাকার অনুভূতি নিয়ে বাঁচুন, সুখের অনুভূতি নিয়ে বাঁচুন, অভিযোগ করবেন না বা সমতার সাথে ধন্যবাদ দেবেন না, সাক্ষী হয়ে বেঁচে থাকার মাধ্যমে আপনি উভয় গন্ডির বাইরে যেতে পারো। সাক্ষী, কেমন আছো? ওশো বলেন পথ হল, ধ্যান।
- তুমি প্রায়ই মানুষকে বলতে দেখবে, আমি রাগ করতে চাই না। আমি অনেকবার শপথ নিয়েছি, সংকল্প নিয়েছি, তবুও জানি না কেন আমি রেগে যাই? আমি সবসময় ভাল করতে চাই, কিন্তু যখন সুযোগ আসে, তখন ভাল করতে পারি না। প্রতিটি মানুষই এই দ্বিধায় ভুগছে। কেন এমন হয়? আমরা যখনই কোনও সিদ্ধান্ত নিই, তখন আমরা আমাদের সচেতন মন থেকে তা নিই, আমাদের অবচেতন মন সেই সম্পর্কে অবগত থাকে না। সচেতন মনের সিদ্ধান্ত এবং সংকল্প অবচেতন মনে না পৌঁছালে, কাম, ক্রোধ, লোভ, আসক্তি, ঈর্ষা ইত্যাদি থেকে মুক্ত হওয়া সম্ভব নয়। আমাদের সচেতন মনের সমস্ত সিদ্ধান্ত অবচেতন মনে পৌঁছে দিতে হবে। কিভাবে? ওশো বলেন ধ্যানই সেই পথ। ক্রমাগত ধ্যান করার মাধ্যমে, সচেতন মনের সিদ্ধান্তগুলি অবচেতন মনে স্থানান্তরিত করা যেতে পারে। এটি তখনই কার্যকর হবে যখন এটি অচেতনে পৌঁছাবে।
- জীবনের অর্থ কেবল অবচেতন মন পরিবর্তনের মাধ্যমেই পরিবর্তিত হবে। যদি আমরা অবচেতন মনে সিদ্ধান্ত না নিই, যদি আমরা একই কাজ করতে থাকি, সংকল্প নিতে থাকি, উপবাস রাখতে থাকি, শপথ নিতে থাকি এবং একই কাজ বারবার করতে থাকি, তাহলে ধীরে ধীরে

একদিন আমরা বুঝতে পারব যে "আমি" কিছুই নই, আমি জানি না আমার কী হবে? আমি এত অযোগ্য কেন? আমি এত কথাও বলতে পারব না। আপনি তখন অনুশোচনায় ভরে যাবেন।

- অনুশোচনায় ভরা ব্যক্তি এমন রোগে ঘেরা থাকে যে, কোনও ধরণের ওষুধই তার উপর প্রভাব ফেলতে পারে না। তারপর, খারাপ কাজের ছাপ এবং খারাপ চিন্তা আমাদের মনে জমা হতে শুরু করে; এই সমস্তই অস্থিরতা, উদ্বেগ, আবেগ এবং মনের অস্থিরতার আকারে প্রকাশিত হয়। যখন একজন ব্যক্তি মানসিক চাপের মধ্যে থাকে, তখন সে কোনও কাজ ঠিকমতো করতে পারে না, তার আচরণে ভারসাম্য থাকে না এবং এর কারণে সে ব্যর্থ হয়ে যায় এবং তার বন্ধুদের সাথে ঝগড়া করতে থাকে।
- সচেতন মনের সিদ্ধান্ত অবচেতন মনে পৌঁছে দেওয়ার জন্য ধ্যান অপরিহার্য এবং রাতে ঘুমানোর সময়, সিদ্ধান্তটি পুনরাবৃত্তি করতে থাকুন, ভাবতে থাকুন এবং চিন্তা করতে করতে ঘুমাতে যান। কয়েক দিনের মধ্যেই সেই সিদ্ধান্ত অবচেতন মনে পৌঁছে যাবে। আপনিও তা অনুভব করতে শুরু করবেন।
- যদি কেউ আপনাকে এমন কিছু বলে যা আপনাকে রাগিয়ে দিতে পারে, তাহলে রাগ করার পরিবর্তে ভাবুন যে হয়তো সে ঠিকই বলছে, যদি সে ঠিকই বলে তাহলে রাগ কিসের? যদি সে ভুল করে থাকে তাহলে এটা তার সমস্যা, তাহলে রাগ কেন? যদি আমরা রাগ না করি বা গালাগালি না দিই, তাহলে অন্য ব্যক্তি আমাদেরকে যে রাগ এবং গালি দিতে চেয়েছিল, যদি আমরা তা গ্রহণ না করি, তাহলে তা তার কাছেই ফিরে যাবে। যদি আমরাও অপব্যবহার করি তাহলে ফলাফল নিষ্পত্তি হবে। কিন্তু আপনার নেতিবাচক শক্তি কাউকে না দেওয়াই ভালো কারণ একত্রিত হলে এগুলি দ্বিগুণ হয়ে যায়, অন্যথায় একক -ve শক্তি নষ্ট হয়ে যায়।
- একজন সৎ ব্যক্তি তিক্ত হন, তার কথার দিকে মনোযোগ দেওয়া উচিত।
- সন্দেহ একটি মিষ্টি বিষ, যত তাড়াতাড়ি আপনি নিজের সন্দেহের সমাধান করতে পারবেন ততই ভালো। মনে রাখবেন, দুর্বল মন সন্দেহপ্রবণ হয়ে থাকে।
- যদি আপনি আশাবাদী হন, তাহলে ধ্যানের মাধ্যমে আপনি যা কিছু পাবেন, যতটুকু অভিজ্ঞতা লাভ করবেন, তা সংগ্রহ করা সম্ভব হবে।

অন্যথায় এটি হারিয়ে যাবে। অন্যদের কত আছে তা নিয়ে চিন্তা করবেন না। ঈশ্বর সর্বদা আপনার যোগ্যতা এবং প্রয়োজন অনুসারে দান করেন। যিনি এত বড় পৃথিবী চালান, তিনি আমাদের চাহিদাও পূরণ করেন। সর্বদা ঈশ্বরের প্রতি কৃতজ্ঞতার অনুভূতি রাখুন।

- সময়মতো সমস্ত কাজ করুন, চাকর-বাকর এবং অন্যদের উপর নির্ভরতা কম করুন, পরিবারের সদস্য এবং বন্ধুদের কাছ থেকে সহায়তা পান, যেকোনও পরিস্থিতির সাক্ষী থাকুন।
- আমার মৃত্যুর পর পরিবারের কী হবে তা নিয়ে চিন্তা করবেন না। আপনার বাবা এবং ঠাকুরদাদার মৃত্যুর পর বাড়িতে যা ঘটেছিল, ঠিক তাই ঘটবে।
- অপ্রয়োজনীয় কথা বলবেন না; শুধুমাত্র প্রয়োজনের সময় কথা বলুন। বেশি কথা বললে শক্তি অপচয় হয় এবং তা ভুল কথা বলার দিকেও পরিচালিত করে।
- কৃত্রিম জীবনযাপন এড়িয়ে চলুন।
- আপনি ভুল করতে পারেন, সেগুলি থেকে শিখতে পারেন এবং বারবার সেই ভুলগুলি পুনরাবৃত্তি করবেন না। সমালোচককে আপনার শত্রু মনে করবেন না।
- চাটুকার, তোষামোদকারী, ভণ্ড এবং পরচর্চাকারীদের এড়িয়ে চলুন।
- সম্পদ এবং পদ অর্জনের চেষ্টা করতে ভুলবেন না। কিন্তু মনে রাখবেন, ভুল পথে অর্জিত অর্থ আপনার কোনও উপকারে আসবে না। আপনি নিজেই অনুভব করতে পারবেন যে 'তুমি যেমন খাও, তোমার মনও তেমন হবে'। যে ধনী ব্যক্তি ভুল উপায়ে অর্থ উপার্জন করে তার ঘরে রোগ এবং সমস্যা লেগেই থাকে এবং সন্তানরা বিপথগামী হয়।
- কানে যা শোনা যায় আর চোখে যা দেখা যায় তা কখনও কখনও ভুলও হতে পারে। রাগ সম্পর্কে কীভাবে সচেতন হবেন? এর প্রয়োগ করুন।
- আপনার বিবেককে জাগ্রত করুন এবং তার কণ্ঠস্বরের প্রতি মনোযোগ দিন, তাহলে চাপ এবং দুঃখ আপনার ধারে কাছেও আসতে পারবে না।
- আমরা যদি সত্যবাদী হই এবং কঠোর না হই, তাহলে কারো অভিশাপের কোনও প্রভাব পড়বে না। কিন্তু মনে রাখবেন, যদি আপনি আপনার পদ বা অর্থের অপব্যবহার করেন কাউকে অপ্রয়োজনীয়ভাবে হয়রানি করেন, তাহলে অভিশাপগুলি তাদের পূর্ণ প্রভাব দেখাবে।

- সবসময় কাঁদতে থাকা, নিজের দুঃখের কথা ভেবে কাঁদতে থাকা, ছোট ছোট বিষয়ে সবসময় বিরক্ত থাকা এবং উদ্বিগ্ন থাকা যেন কোনও গুরুতর সমস্যা দেখা দিয়েছে, দুঃখকে অতিরঞ্জিত করে বলা, এই ধরণের মানসিক অবস্থার একজন ব্যক্তি কেন দুঃখ এবং চাপ থেকে মুক্তি পাওয়ার উপায়ও ভাবেন না? সে কেবল এটি বলতে আগ্রহী।
- বডি ম্যাসাজ, সাঁতার কাটা, আরামদায়ক চেয়ারে শুয়ে থাকা,
- নাচ, যোগব্যায়াম, রেকি (জাপানি শব্দ, যার অর্থ জীবনী শক্তি) অথবা শক্তি নিরাময় - এই সবই মানসিক চাপ কমাতে সাহায্য করতে পারে।
- ওশো বলেন, দুঃখ নিয়ে আলোচনা করার সময়, যদি আপনি তা আনন্দের সাথে বর্ণনা করেন, যদি বর্ণনা করার সময় আপনি তা উপভোগ করেন, তাহলে আপনি সেই দুঃখেই থাকবেন।

দুঃখ আছে, চাপও আছে

এটা সত্য।কেন এমন হয়, এর পেছনের কারণগুলি কী তা আমরা জানার চেষ্টা করি না। আপনি কি বাহ্যিক চিকিৎসা করেন? বিড়ি, সিগারেট খাওয়া, মদ্যপান করা বা অন্যান্য মাদক দ্রব্য গ্রহণ করা, সিনেমা দেখতে যাওয়া, বন্ধুদের সাথে গল্প করা, মারামারি করা, মন্দিরে যাওয়া এবং ভজন গাওয়া (যার ঈশ্বরের সাথে কোনও সম্পর্ক নেই) শুরু করে এবং দুঃখ এবং জীবন ভুলে যাওয়ার ব্যর্থ চেষ্টা করে। এটা করলে কি দুঃখ এবং চাপ কমে? না! আমাদের দুঃখ, উদ্বেগ, চাপ ইত্যাদি সেখানেই থেকে যায়। কতদিনে তা ভুলতে পারবেন? যখন আপনি ফিরে আসবেন, তখন আপনি নিজের অস্থিরতা, দুঃখ এবং উদ্বেগ আগের চেয়েও বেশি দেখতে পাবেন। কেন এমনটা ঘটে?

মানুষ পশু এবং ঈশ্বরের মাঝখানে অবস্থিত, পশু মানে কামনা, কাম, ক্রোধ, অহংকার, লোভ, আসক্তি, ঘৃণা, ঈর্ষা ইত্যাদি। ঈশ্বর মানে বিবেকের জাগরণ, অর্থাৎ নিজের জাগরণ (দেবী বা অন্য কারো জাগরণ নয়), একদিকে এটি নীচ থেকে একটি আহ্বান এবং অন্যদিকে, এটি উপর থেকে একটি আহ্বান। এই দ্বন্দ্বের কারণে মানুষ দুঃখে ভোগে। বিবেক জাগ্রত করে এর থেকে মুক্তি পাওয়া সহজ, কিন্তু ভাবুন তো, আপনি কতক্ষণ ভজন-কীর্তন, সঙ্গীত, যৌন আকাঙ্ক্ষা বা মদের নেশায় মত্ত থাকবেন?

তাদের বেশিরভাগই নীচে নেমে যায়, প্রাণীর দিকে এগিয়ে যায়, কারণ নীচে নামা সহজ, ঠিক যেমন জলের প্রবাহ নীচের দিকে যেতে থাকে, কিন্তু যদি জল উপরে তুলতে হয়, তাহলে একটি মোটর, অর্থাৎ শক্তি ব্যবহার করতে হয়। এই প্রচেষ্টা এড়াতে নিচে নামা সহজ। বিবেক জাগ্রত করতে হলে

পশু স্তরের উপরে উঠে শক্তি জাগ্রত করতে হবে। জ্ঞান জাগ্রত হওয়ার সাথে সাথে বোধগম্যতা বৃদ্ধি পায় এবং বোধগম্যতার সাথে সাথে দুঃখ ও চাপ হ্রাস পায়। বিবেক জাগ্রত করবেন কিভাবে? কিভাবে বোঝাপড়া বাড়ানো যায়? ওশো বলেন, একটাই উপায় - ধ্যান।

- সকাল: ঘুম থেকে ওঠার সময়, বিছানায় শুয়ে শরীরের প্রতিটি অংশে উত্তেজনা ভরে দিন। শক্ত করুন আবার শিথিল করুন। এটি দুই-তিনবার করুন। তারপর বুড়ো আঙুল এবং প্রথম আঙুল দিয়ে কানের নিচের নরম অংশগুলি দুই থেকে তিনবার ঘষুন।
- তারপর ৩-৪ বার হাসুন। প্রথমে এটা অদ্‌ভুত মনে হবে কিন্তু ধীরে ধীরে হাসি স্বাভাবিক হয়ে উঠবে।
- সচেতনভাবে বিছানা থেকে উঠুন।
- প্রাতঃ কাজ শেষ করার পর, ২০-২৫ মিনিটের জন্য আসন, ব্যায়াম এবং শবাসন করুন।
- দিনে ৫-৭ বার জোরে জোরে শ্বাস ছাড়ুন যাতে নাভি সম্পূর্ণ খালি থাকে।
- হাত ও পা ম্যাসাজ করার জন্য বেসন ব্যবহার করুন।
- লবণ এবং সাদা চিনি যতটা সম্ভব কম ব্যবহার করুন। তামাক, অ্যালকোহল ইত্যাদি এড়িয়ে চলুন। ফলের রস বেশি করে খান।
- যা-ই খান না কেন, ভালো করে চিবিয়ে খান। অ্যালোপ্যাথিক ওষুধ যতটা সম্ভব কম ব্যবহার করুন।
- যেদিন ক্লান্ত বোধ করবেন, সেদিন রাতে ঘুমাতে যাওয়ার আগে হালকা গরম জলে পা কিছুক্ষণ ভিজিয়ে রাখুন এবং পায়ের তলায় আলতো করে ম্যাসাজ করুন। পা ভালো করে মুছে ঘুমাতে যান।

বাচ্চাদের সাথে খেলাধুলা করা, সময়মতো ঘুমানো, সময়মতো ঘুম থেকে ওঠা, সূর্যাস্তের সময় রাতের খাবার খাওয়া, নিয়মিত হাসা এবং অন্যদের হাসানো, পুষ্টিকর খাবার খাওয়া এবং মাঝে মাঝে উপবাস করা ইত্যাদি শারীরিক ও মানসিক চাপ কমাতে অবশ্যই সাহায্য করবে।

আত্মহত্যা কেন?

আপনার মনে কি প্রায়ই আত্মহত্যার চিন্তা আসে? কেন? আপনি কি জীবন নিয়ে হতাশ? আপনার মনে উদ্বেগ বৃদ্ধি পেয়েছে কি? সমস্যার অন্য কোনও উপযুক্ত সমাধান খুঁজে পাচ্ছেন না? আপনারা সকলেই কি প্রেমের সম্পর্ক নিয়ে হতাশ? যদি তাই হয়, তাহলে বুঝবেন যে এই জনমেই যে

প্রথমবার আত্মহত্যার কথা ভাবছেন, তা কিন্তু নয়। আপনি আগের জনমেও এই চিন্তাগুলি অনেকবার করেছেন। সম্ভবত আপনি আপনার পূর্ববর্তী জীবনেও একই রকম পরিস্থিতির কারণে আত্মহত্যা করে থাকতে পারেন।

আপনি কেন আত্মহত্যা করতে চান? কারণগুলি খুঁজে বের করুন এবং এটি নির্ণয়ের জন্য যথাসাধ্য চেষ্টা করুন। এই জীবনের সমস্যাগুলির বিরুদ্ধে লড়াই করার জন্য একটি সংকল্প তৈরি করুন; সমস্যাগুলির সাথে লড়াই করুন। যাতে এই চিন্তাটাও না আসে। আর কতদিন আত্মহত্যা করবেন? তাহলে আপনাকে প্রতিটি জন্মে এর পুনরাবৃত্তি করতে হবে না। সমাধানের পথ খুঁজুন, এবার আর নয়।

ওশো "কব কবির ম্যায় পুরা পায়া" বক্তৃতা সিরিজে এই গল্পটি বর্ণনা করেছেন। এটি পড়ুন, এটি অবশ্যই আপনাকে সমস্যার মোকাবেলা করার সাহস দেবে।

এক যুবক ফকিরকে বলছিল, "এখন আমি জীবনের প্রতি বিরক্ত। আমার কিছুই নেই, আমি মরতে চাই।"

ফকির বললেন - মৃত্যুর আগে একটা কাজ করো। তুমি অবশ্যই মারা যাবে,কিন্তু আমার কিছু উপকার হবে। সে বলল, কী কাজ?

সেই ফকির বলল, একটা কাজ করো, এই গ্রামে একজন সম্রাট আছেন, তিনি আমার বন্ধু, তিনি খুবই অদ্ভুত প্রকৃতির মানুষ। তার অদ্ভুত জিনিস সংগ্রহ করার শখ আছে। আমি তোমার চোখ বিক্রি করে দেব। তুমি কমপক্ষে এক লক্ষ টাকা পাবে। সেই সাথে তুমি মারাও যাবে। তুমি ইতিমধ্যেই মারা যাচ্ছ। আর যদি তিনি ভালো বোঝেন, তাহলে তিনি তোমার কান কিনবেন, এমনকি তোমার দাঁতও কিনবেন, তিনি একটা পাগল টাইপের মানুষ। তিনি এই রকম কাজ করেই থাকেন। তুমি আমার সাথে এসো।

এখন সেই লোকটি এই ফকিরকে কিছুই বলতে পারল না। আর কিই বা বলতে পারত? সে ভাবছিল যে ''আমার কাছে কিছুই নেই এবং তাই আমি মৃত্যু কামনা করছি, কিন্তু এখন তো দেখছি যে আমি চোখের জন্য এক লক্ষ টাকা পেতে পারি, তার মানে আমি পুরোপুরি দরিদ্র নই।''

সম্রাটের বাড়িতে পৌঁছানোর সাথে সাথেই সে সিদ্ধান্ত নিল যে তার চোখ বিক্রি করা ঠিক নয়। আর মরার কথা তো সে ভাবতেই পারছিল না। ফকির ভেতরে চলে গেলেন। সম্রাট রাজি হলেন। এই লোকটিকে ভেতরে ডাকা হল। সম্রাট বললেন - ''ঠিক আছে, আমাকে তোমার চোখ উপড়ে ফেলতে দাও। তুমি এক লক্ষ টাকা নাও।''

লোকটি বলল- "আপনি আমাকে কী মনে করেন? আমার কি চোখ বিক্রি করা উচিত?" সম্রাট বললেন – "তুমি কি দাম চাও সেই কথা জানাতে পারো, যদি দুই লাখ হয় তাহলে দুই লাখ। তুমি যতটা চাইবে আমি তোমাকে ততটাই দেব।"

ফকির তাকে আগেই রাজি করিয়েছিল, যে এই লোকটি যা চাইবে তাকে তাই দেওয়া হবে।

"তুমি যদি দশ লক্ষ চাও, আমি তোমাকে দশ লক্ষ টাকা দেব। আমি কানও কিনব। আমি তোমার হাতও কিনব। আমি তোমার পাও কিনব। আর তুমি মারা যাবে।"

লোকটি বলল- "আমি কিছুই বিক্রি করতে চাই না।" আর সেই সাথে বলে, "কোনও বুদ্ধিমান মানুষ তার চোখ বিক্রি করতে রাজি হবে কী!"

ফকির বলল- "কিন্তু ভাই, তুমি তো বলেছিলে যে তোমার কাছে কিছুই নেই। তুমি আত্মহত্যা করতে যাচ্ছিল। তাতে করে তো তোমার চোখ মরে যেত, কান মরে যেত, হাত মরে যেত, পা মরে যেত, সবকিছু মরে যেত। আর তুমি বলতে, কিছুই থাকত না। আর সেখানে কেবল চোখের জন্যই তুমি দশ লক্ষ টাকা পেতে পারো। এখনও তো তোমার দেহের বহু অংশ আছে।সেই গুলি বিক্রি করে তুমি কোটি কোটি টাকা পেতে পারো।"

তখন ফকির বলল- "তাহলে মরার ব্যাপারে তুমি কী ভাবছো?" সে বলল যে, "এখন আমি মরতে পারবো না। প্রথমবার আমি বুঝতে পারলাম যে আমার চোখ আছে, যার দাম ১০ লক্ষ টাকারও বেশি। কিন্তু আমি কখনোই এই চোখের জন্য ঈশ্বরকে ধন্যবাদ জানাইনি। আমি কাঁদতাম, আর ভাবতাম যে, আমার এটা নেই, আমার ওটা নেই। আমি শুধু অভিযোগ করতাম। আমার জীবন অভিযোগের এক দীর্ঘ কাহিনী। আপনি আমাকে সঠিকই সাবধানের কথা বলেছেন।

ফকির বলল- "এজন্যই তো তোমাকে এখানে এনেছি। এখন এটা তোমার ইচ্ছা, তুমি যা করতে চাও তাই করো।"

সেই দিন থেকে লোকটির জীবন বদলে গেল। অভিযোগ শেষ হল - প্রার্থনা শুরু হল। সেই দিন থেকে সে মন্দিরে যেতে শুরু করল এবং প্রভুকে ধন্যবাদ জানাতে লাগল! "তুমি কত করুণাময়। তুমি আমাকে দুটি চোখ দিয়েছ, যা আমি দশ লক্ষ টাকায় বিক্রি করতে পারব না, এক কোটি টাকায়ও বিক্রি করতে পারব না। তুমি আমাকে অনেক কিছু দিয়েছো, সেই গুলি সবই

অমূল্য। আমি জানি না, তুমি কী কারণে এইসব দিয়েছো। তুমি নিশ্চয়ই ভালোবাসে এইসব দিয়েছো...

...তুমি যা, সেই হিসেবেই নিজেকে দেখতে শুরু কর। তোমার কাছে অনেক কিছু আছে। এই জীবন বহু মূল্যবান। তুমি তা কোনও মূল্যেই বিক্রি করতে রাজি হতে পারো না। যদিও তুমি কখনোই এই জীবনের জন্য কৃতজ্ঞতা স্বীকার করনি।

ওশো

"কব কবির ম্যায় পুরা পায়া"

৯
উদ্বেগ এবং বিশ্রাম

আমরা শরীরে যে উত্তেজনা অনুভব করি তার মূল কারণ হল কিছু হওয়ার আকাঙ্ক্ষা। প্রতিটি মানুষই কিছু না কিছু হওয়ার চেষ্টা করছে। একজন ব্যক্তি তার যা আছে তা নিয়ে সন্তুষ্ট নয়। আমাদের অস্তিত্ব গ্রহণযোগ্য নয়, এটিকে অস্বীকার করা যেতে পারে এবং দূরে কোথাও একটি লক্ষ্য তৈরি করা হয়ে থাকে। তাই একটা মৌলিক টান আছে - "তুমি কে এবং তুমি কে হতে চাও" তার মধ্যের দূরত্ব।

আপনি যা আশা করছেন, ভবিষ্যতে তা পূর্ণ হবে। আজ আপনি যাই হন না কেন, তার সাথে এর কোনও সম্পর্ক নেই। লক্ষ্য যত অসম্ভব, চাপ তত বেশি। তাই একজন বস্তুবাদী ব্যক্তি একজন আধ্যাত্মিক ব্যক্তির মতো এত চাপে থাকবেন না, কারণ তার আদর্শ এবং লক্ষ্যগুলি অনেক উচ্চ।

আপনার এবং আপনার লক্ষ্যের মধ্যে দূরত্ব যত বেশি হবে, চাপ তত বেশি হবে; দূরত্ব যত কম হবে, চাপ তত কম হবে। যদি আপনি নিজের উপর সম্পূর্ণ সন্তুষ্ট থাকেন, তাহলে কোনও চাপ নেই। আপনি এই মুহূর্তে আছেন। আমার মতে, যদি আপনার অস্তিত্ব এবং হয়ে ওঠার মধ্যে কোনও দূরত্ব না থাকে, তাহলে আপনি ধার্মিক।

এই দূরত্বের মধ্যে অনেক স্তর থাকতে পারে। আপনি যা আকাঙ্ক্ষা করছেন তা যদি শারীরিক হয়, তাহলে আপনার শরীরে উত্তেজনা থাকবে। আপনি নিজেকে যেমন সুন্দর দেখতে চান - তার চাপ সহ্য করতে হবে আপনার শরীরকে।যদি এটি অব্যাহত থাকে এবং আরও শক্তিশালী হয়, তবে এটি ভিতরের আরও গভীর স্তরে পৌঁছাবে।

যদি আপনি মানসিক শক্তি লাভের জন্য আকুল হন, তাহলে উত্তেজনা মানসিক স্তর থেকে শুরু হবে এবং সেখান থেকেই ছড়িয়ে পড়বে। এর বিস্তার হল পুকুরে পাথর ছুঁড়ে ফেলার মতো, এটি একটি নির্দিষ্ট স্থানে পড়ে, কিন্তু এর ঢেউ ছড়িয়ে পড়তে থাকে। তাই আপনার সাতটি দেহের যেকোনও একটিতে

উত্তেজনা শুরু হতে পারে, কিন্তু কারণটি একই থাকে - আপনার সত্তা এবং আপনার হয়ে ওঠার মধ্যের দূরত্ব।

মানসিক চাপ থেকে মুক্তি পাওয়ার একটাই উপায় - নিজেকে সম্পূর্ণরূপে গ্রহণযোগ্য করে তোলা। সম্পূর্ণ গ্রহণযোগ্যতার মাধ্যমেই অলৌকিক ঘটনা ঘটে। এটাই একমাত্র অলৌকিক ঘটনা। নিজেকে সম্পূর্ণরূপে গ্রহণ করে নিয়েছে এমন কাউকে খুঁজে পাওয়া একটি আশ্চর্যজনক বিষয়।

অস্তিত্বের মধ্যে কোনও উত্তেজনা নেই। অস্তিত্বহীন, কাল্পনিক সম্ভাবনা থেকে চাপের উৎপত্তি হয়। বর্তমানে কোনও উত্তেজনা নেই। কল্পনা আপনাকে ভবিষ্যতের দিকে ছুটতে বাধ্য করে, আর এটাই মানসিক চাপ তৈরি করে। একজন মানুষ যত বেশি কল্পনাপ্রবণ, তত বেশি সে চাপের মধ্যে থাকে। তখন কল্পনাশক্তি ধ্বংসাত্মক হয়ে ওঠে।

কল্পনাও সৃজনশীল হতে পারে। যদি আপনার কল্পনার সম্পূর্ণ ক্ষমতা এই মুহূর্তে কেন্দ্রীভূত হয়, সামনের দিকে দৌড়ানোর দিকে নয়, তাহলে আপনি দেখতে পাবেন যে আপনার সত্তা একটি কবিতা। আপনার কল্পনাশক্তি জীবনযাপনের জন্য ব্যয় হচ্ছে, পরিকল্পনা তৈরির জন্য নয়। বর্তমানে বেঁচে থাকা মানেই চাপমুক্ত জীবনযাপন।

....যদি আপনার শরীর চাপমুক্ত বর্তমানের মধ্যে বাস করতে পারে, তাহলে আপনি প্রকৃত স্বাস্থ্যের আধিকারী হতে পারবেন। শরীর এক ধরণের শিথিলতা লাভ করে যা আপনি কখনও বুঝতে পারেন না। তারপর মুহূর্তটি নিজেই তার জন্য চিরন্তন হয়ে ওঠে। তার মানে আপনি যদি খাবার গ্রহণ করেন তাহলে খাবারই হবে সবকিছু। এর আগেও কিছু নেই, পিছনেও কিছু নেই। খাবার খাওয়ার জন্য কেউ থাকবে না, খাওয়ার কাজই হবে সবকিছু।

যদি আপনি দৌড়ান এবং দৌড়ানো যদি আপনার সম্পূর্ণতা হয়ে ওঠে, যদি আপনি দৌড়ানোর ফলে উদ্ভূত সংবেদনগুলির সাথে একীভূত হয়ে যান, যদি আপনি তাদের থেকে বিচ্ছিন্ন না থাকেন, যদি আপনি দৌড়াদৌড়ি করে অন্য কিছু অর্জন করতে না চান, দৌড়ানোই আপনার লক্ষ্য হয়, তাহলে আপনার শরীর একটি ইতিবাচক স্বাস্থ্য অনুভব করবে। শারীরিক স্তরে আপনি একটি স্বস্তিদায়ক অভ্যন্তরীণ অনুভূতি অনুভব করেছিলেন।

ওশো

'দি সাইকোলজি অফ ইসোটেরিক'

১০

ক্যান্সার একটি মানসিক রোগ

ক্যান্সার মূলত একটি মানসিক রোগ। এটি শরীরে নয়, মনে উদ্‌ভূত হয়। যখন মন এতটাই চাপে ভরে যায় যে তা নিরাময়ের অযোগ্য হয়ে ওঠে, তখন তা শরীরের টিস্যুগুলিকে প্রভাবিত করতে শুরু করে। আদিবাসী সমাজে কোনও ক্যান্সার থাকবে না। উন্নত সভ্যতা খুবই জটিল।

ক্যান্সার ধ্বংস করা জরুরি। ক্যান্সার একটি বিশেষ স্নায়বিক, অস্থির মনের অবস্থায় বিকশিত হয়। মন শান্ত থাকলে শরীরও শীঘ্রই চাপমুক্ত হয়ে যায়। বিজ্ঞানীরা এখনও ক্যান্সারের জন্য কোনও শক্তিশালী ঔষধ আবিষ্কার করতে পারেননি। আর যদি তারা এমন ঔষধ আবিষ্কারও করে, তবুও তারা পৃথিবীতে আরও বিপজ্জনক রোগ সৃষ্টি করবে কারণ তাদের চিকিৎসা হবে দমন-পীড়নের উপর ভিত্তি করে। ক্যান্সার মারার জন্য তারা এতটাই বিষাক্ত ওষুধ আবিষ্কার করবে যে বিষ শরীরে প্রবাহিত হতে থাকবে এবং তা অন্য কোনও পথ দিয়ে বেরিয়ে যাবে।

শতাব্দীর পর শতাব্দী ধরে এটাই ঘটছে। ছোট রোগ সেরে যায়, কিন্তু বড় রোগ দেখা দেয়। এই রোগগুলি আগের রোগগুলির তুলনায় আরও বিপজ্জনক এবং জটিল কারণ প্রথম রোগটি শরীরের একটি প্রাকৃতিক প্রতিক্রিয়া, দ্বিতীয় রোগটি হবে কৃত্রিম।

যদি আপনি এটাকে দমন করতে পারেন, তাহলে তৃতীয় একটি রোগ দেখা দেবে। এখন ক্যান্সার সবচেয়ে ভয়ঙ্কর রোগে পরিণত হয়েছে। যদি এটি দমন করা হয়, তাহলে মানুষের শরীর ও মনে আরও ভয়াবহ রোগ দেখা দেবে।

ওশো

'সূফিস, দি পিপল অফ দি পথ'

১১

মানসিক অসুস্থতার নিজস্ব ভিত্তি আছে

যখনই একজন ডাক্তার রোগীকে বলেন যে তার মানসিক রোগ আছে, রোগীর তা পছন্দ হয় না কারণ মানসিক অসুস্থতার ক্ষেত্রে, এমন অনুভূতি হয় যে তিনি অপ্রয়োজনীয়ভাবে তার অসুস্থতা প্রকাশ করছেন। কোনও কারণ ছাড়াই একজন ব্যক্তি অসুস্থতা দেখাচ্ছেন, এটা ভুল। অসুস্থতার পিছনেও মানসিক কারণ আছে, এবং অসুস্থতার মানসিক কারণগুলি শারীরিক কারণগুলির মতোই গুরুত্বপূর্ণ। হয়তো বা তা আরও গুরুত্বপূর্ণ। অতএব, ভুল করেও একজন রোগীকে বলা যে তার মানসিক রোগ আছে - যে সে মানসিকভাবে অসুস্থ - ডাক্তারের পক্ষ থেকে অসদাচরণ। এতে রোগী আরোগ্য পাবে না, বরং তাকে ডাক্তারের বিরুদ্ধে দাঁড় করাবে।

মানসিক অসুস্থতা সম্পর্কে আমরা এখনও কেন ঐক্য তৈরি করতে পারিনি? আমার পায়ে আঘাত লাগলে সবাই সহানুভূতি দেখাবে। কিন্তু যদি আমার মনে কোনও আঘাত লাগে, তাহলে মানুষ বলবে এটা একটা মানসিক রোগ, যেন আমি কিছু ভুল করেছি। যদি পায়ে আঘাত থাকত, তাহলে আমি সহানুভূতি পেতাম, কিন্তু মানসিক অসুস্থতা যেন আমার দোষ। না, আমি কোনও ভুল করিনি।

মানসিক রোগের নিজস্ব মাত্রা আছে। কিন্তু ডাক্তার তা মানেন না। কারণ তার কাছে কেবল শারীরিক চিকিৎসা আছে, অন্য কোনও কারণ নেই। সে বলে এটা কোনও রোগ নয়। আপনি অন্য কোনও ডাক্তার খুঁজে নিন, নইলে আমাকে অন্য ধরণের ডাক্তার হতে হবে।

এই লোকটির ভেতর থেকে চিকিৎসার প্রয়োজন এবং হয়তো এই ছোট্ট জিনিসটিই তার জীবন বদলে দিতে পারে। আমার কাছে ধ্যান হল ভেতর থেকে আরোগ্য করে তোলা।

ওশো

'হাঁসিবা খেলিবা ধরিবা ধ্যানম'

১২

মানসিক চাপের অন্যান্য মৌলিক কারণ

অস্থিরতা

মানসিক উদ্বেগ নিজেই অস্থিরতা সৃষ্টি করে। কমবেশি, কিন্তু এমন মানুষ খুঁজে পাওয়া কঠিন যে অস্থির নয়। মানুষ অবশ্যই অস্থির হবে।

নিৎশে বলেছিলেন যে মানুষ একটি সেতুর মতো, দুটি তীর স্থির এবং মাঝখানে বাতাসে ঝুলন্ত। পিছনে প্রাণীজগৎ এবং সামনে ঐশ্বরিক মাত্রা এবং মানুষ মাঝখানে ঝুলে আছে। সে পশুও নয়, এখনও ঈশ্বরও হয়নি। আমি পশু হওয়ার অভিজ্ঞতা থেকে একটু উপরে উঠে এসেছি। কিন্তু এর শিকড় পাশবিক আচরণের মধ্যে নিহিত। অজ্ঞানতার যেকোনও মুহূর্তে সে আবার পশুতে ফিরে যায়, এবং এর বাইরেও পরমেশ্বরের সম্ভাবনা রয়েছে। এর থেকে দেবত্বের ফুল ফুটতে পারে।

একটি ভবিষ্যৎ আছে; সে ভবিষ্যৎও আঁকে। অতীতও আমাদের টানে, কারণ আমাদের অভিজ্ঞতা এবং আমাদের শিকড় অতীতে। আর ভবিষ্যৎ এবং অতীতের মধ্যে একটা টান আছে।

মানুষের মতো অস্থির আর কোনও প্রাণী নেই। পশুদের চোখের দিকে তাকাও; কোনও অস্থিরতা নেই, কোনও ঝামেলা নেই। প্রাণীটি তার অস্তিত্ব নিয়ে খুশি। কুকুর তো কুকুরই। বিড়াল তো বিড়ালই। সিংহ তো সিংহই। আপনি একটা সিংহকে বলতে পারবেন না যে সে অন্য একটি সিংহের চেয়ে ছোট, এমনকি একটা কুকুরকেও বলতে পারবেন না যে সে অন্য একটি কুকুরের চেয়ে ছোট। কিন্তু আপনি একজন পুরুষকে বলতে পারেন যে সে অন্য একটি পুরুষের চেয়ে আকারে ছোট। সব পুরুষ সমান মানুষ নয়, কিন্তু সব কুকুরই সমান কুকুর। কুকুর জন্ম থেকেই কুকুর। মানুষ জন্মগতভাবে একটি বীজ মাত্র। এটা ঘটতেও পারে, আবার নাও হতে পারে।

মানুষ ছাড়া সকল প্রাণীই পূর্ণাঙ্গভাবে জন্মগ্রহণ করে; মানুষ অসম্পূর্ণ। সেই অসম্পূর্ণতার মধ্যে অস্থিরতা আছে। এটি দুটি উপায়ে সম্পন্ন করা যেতে পারে: হয় আদমকে নিচে পড়ে গিয়ে পশুতে পরিণত হতে হবে, তারপর

কিছুটা স্বস্তি পাওয়া যায়। রাগে আপনি যে স্বস্তি পান, হিংসায় যে স্বস্তি পান, যৌনতায় যে স্বস্তি পান, মদ্যপানে যে স্বস্তি পান, তা হল নীচে পড়ে পশু হয়ে ওঠার স্বস্তি। আপনি পিছিয়ে পড়ুন এবং এই ধারণা ত্যাগ করুন যে, কিছু একটা হয়ে উঠতে হবে। পড়ে যাওয়ার পরই আপনি রাজি হয়ে যান।

কিন্তু সেই স্বস্তি কেবল অল্প সময়ের জন্য স্থায়ী হতে পারে। সেই স্বস্তি কেবল অল্প সময়ের জন্য স্থায়ী হয়, কারণ পিছিয়ে পড়ার প্রকৃতি ছাড়া আর কোনও সমাধান নেই। কেউ আবার বৃদ্ধ বা শিশু হয়ে যেতে পারে না। আমি কিছুক্ষণের জন্য নিজেকে ভুলে যেতে পারি। বাচ্চাদের খেলনাতেও ডুবে যেতে পারে। পুতুলের বিয়েরও ব্যবস্থা করা যেতে পারে। এ ছাড়া, হয়তো কিছুক্ষণের জন্য ভুলে যাব যে আমি বৃদ্ধ। কিন্তু এটা ভুলে যেতেই হবে। একজন বৃদ্ধ পুনরায় শিশু হতে পারে না।

আর এই ভুলে যাওয়া কতদিন টিকে থাকবে? এই বিস্মৃতি কতদিন থাকবে? কিছুক্ষণের মধ্যেই ভেঙে যাবে। বাস্তবতা বেশিদিন ভোলা যায় না। আর ভাঙার সাথে সাথেই পুরনোটা আবার পুরনো হয়ে যাবে।

মানুষ পশু হতে পারে। আপনি রাগকে কিছুক্ষণের জন্য উপভোগ করতে পারেন, কিন্তু কতক্ষণের জন্য? আর রাগ প্রকাশ হওয়ার সাথে সাথেই অনুতাপ শুরু হয়ে যায়। মদ পান করে কিছুক্ষণের জন্য ভুলে থাকা যায়, কিন্তু কতক্ষণের জন্য? মদের নেশা কেটে যাওয়ার সাথে সাথেই অনুতাপ শুরু হবে।

অচেতনতার সকল পদ্ধতিই পশুতে পরিণত হওয়ার পথ। যদি একজন মানুষ তার মতোই থাকে, তাহলে সে অস্থির। অথবা যদি আপনি পিছিয়ে পড়েন, আপনি শান্তি পাবেন। কিন্তু শান্তি কেবল এক মুহূর্তের জন্য স্থায়ী হয়। আমরা যাকে সুখ বলি তা আসলে পশুসুলভ আনন্দ। আর তাই সুখ ক্ষণস্থায়ী কারণ আমরা চিরকাল পশু হতে পারি না। ফিরে যাওয়ার কোনও উপায় নেই। একমাত্র উপায় হল এগিয়ে যাওয়া।

দ্বিতীয় সমাধান হল, আদমকে অস্থিরতা থেকে মুক্ত থাকতে হবে যাতে সে নিজেকে ঈশ্বরের সাথে এক বলে উপলব্ধি করতে পারে। তার ভেতরে যা কিছু লুকিয়ে আছে তা সম্পূর্ণরূপে প্রকাশ করা উচিত। মানুষের নিজেকেই নিজের ভবিষ্যৎ হয়ে উঠতে হবে। যা ঘটতে পারে, তা ঘটতে দিন। তাহলে আপনি গরুর চোখে যে শান্তি দেখা যায়, সেই একই শান্তি অনুভব করবেন। এই কারণেই সাধুদের চোখে প্রায়শই পশুর মতো সরলতা ফিরে আসে। কিন্তু সে পশুপ্রেমী, পাশবিকতা পরায়ণ নয়।

প্রাণীটিও শান্ত। সে শান্ত কারণ সে এখনও অস্বস্তি বোধ করেনি। উন্নয়নের চিন্তা এখনও জাগেনি। এগিয়ে যাওয়ার ইচ্ছা এখনও জাগেনি। আকাশ ছুঁয়ে স্বাধীনতার দিকে উড়ে যাওয়ার মতো ডানা আমার এখনও হয়নি। সত্যের স্বপ্ন এখনও জন্ম নেয়নি। ঘুমন্ত মানুষ যেমন শান্ত, পশুরাও তেমনি শান্ত।

সাধুও শান্ত হয়ে যান। কিন্তু স্বপ্ন সত্যি হয়েছে, তাই আমি সত্য অর্জন করেছি। সাধক সম্পূর্ণ। এখন সে অসম্পূর্ণ নয়। অসম্পূর্ণতার মধ্যে অস্থিরতা থাকবে। তাই এমন নয় যে আপনিই একমাত্র অস্থির। মানুষই অস্থির। আর আপনি জিজ্ঞাসা করছেন, এই অস্থিরতার আমাদের কী কাজে লাগানো উচিত? ভবিষ্যতে যা আছে তা অর্জনের জন্য এই অস্থিরতাকে কাজে লাগান; আপনি যা হতে পারেন, তাই হতে। এই অস্থিরতায় জড়িয়ে থাকবেন না এবং এই অস্থিরতা বয়ে বেড়াবেন না। এটিকে কাজে লাগান।

আমাদের অস্থিরতা এক হলেও আমরা এটি দুটি উপায়ে ব্যবহার করি। উভয় দিক থেকেই ঝুঁকি রয়েছে। আমরা আমাদের উদ্বেগ প্রকাশ করার জন্য রাগ, হিংসা, ঘৃণা, ঈর্ষা, প্রতিযোগিতা এবং সংঘাতের ব্যবহার করি। তাতে অস্থিরতার অবসান হবে না কারণ সেটা অস্থিরতার কারণ নয়।

যতক্ষণ না আপনার ভেতরের ভাবমূর্তি পরিমার্জিত হচ্ছে, যতক্ষণ না আপনার ভেতরের প্রকৃতি প্রকাশিত হচ্ছে, যতক্ষণ না আপনার ভেতরে লুকানো বীজ প্রস্ফুটিত হয়, ততক্ষণ আপনার অস্থিরতা দূর হবে না। হ্যাঁ, আপনার উদ্বেগ কারো উপর কিছুক্ষণের জন্য উগরে দিতে পারেন। সেই বমি আপনাকে আরাম দেবে। কিন্তু আপনি নিজের শক্তি বৃথা নষ্ট করছেন। যে শক্তি দিয়ে একটা দুর্দান্ত যাত্রা সম্ভব ছিল, তা ব্যবহার করে আপনি কেবল মানুষের এবং নিজের ক্ষতি করছেন । এটি এমন একটি জিনিস যা আমরা ব্যবহার করি।

দ্বিতীয়ত, আমরা যখন অস্থিরতা দূর করতে অক্ষম হই এবং অস্থিরতা ছুঁড়ে ফেলতে অক্ষম হই, তখন আমরা এটি ব্যবহার করি অস্থিরতা ভুলে যাওয়ার জন্য। এর জন্য কেউ কেউ মদ পান করে, কেউ সিনেমা হলে গিয়ে বসে। কেউ গান শুনতে শুরু করে। আমরা আমাদের ভেতরে চলমান এই ঝড়টি ভুলে যাওয়ার চেষ্টা করি, যাতে এটি মনে না থাকে। এটাও সময় এবং শক্তির অপচয়।

তৃতীয় এবং সঠিক উপায় আছে। অর্থাৎ, এই অস্থিরতাকে বুঝুন, এবং এই অস্থিরতাকে সাধনায় রূপান্তর করুন। এই অস্থিরতা সাধনায় পরিণত হতে

পারে। এটা ভুলে যাওয়ার কোনও প্রয়োজন নেই। এটিকে রোগগ্রস্ত এবং হিংসাত্মক পথে পরিচালিত করারও প্রয়োজন নেই। এই অস্থিরতার আধ্যাত্মিক ব্যবহার থাকতে পারে। এই অস্থিরতা একটা সিঁড়ি হয়ে উঠতে পারে। এই অস্থিরতাই শক্তি; এটি শক্তির একটি ফুটন্ত প্রবাহ। আপনি এই প্রবাহকে উপরের দিকে নিয়ে যেতে পারেন।

রাগ দূর করার উপায়

ছোট ছোট জিনিস নিয়ে পরীক্ষা-নিরীক্ষা করুন। আপনি পাত্তা দেবেন না। যখন আপনি রেগে যান, তখন আপনার মনে হয় একমাত্র উপায় হল রাগ প্রকাশ করা। অথবা একটা উপায় হল রাগ দমন করে তা পান করা। কিন্তু যে রাগ দমন করা হয় তা শীঘ্র বা দেরিতে প্রকাশ পাবেই। যে রাগ গিলে ফেলা হয়েছে তা পান করা যায় না, সেই বিষ ফুটতে থাকবে এবং কোথাও না কোথাও প্রকাশ পাবে। তাহলে বিপদ আরও বেশি কারণ সে এমন লোকদের উপর আক্রমণ চালাবে যাদের সাথে তার কোনও সম্পর্ক ছিল না। আর কোথাও তার ছায়া পড়বে এবং জীবনের ক্ষতি হবে।

মাইকেল এঞ্জেলো লিখেছেন যে যখনই আমার রাগ জমে, আমি ছেনি তুলে আমার ভাস্কর্য তৈরি শুরু করি; আমি পাথর ভাঙতে শুরু করি। আমি অবাক হই যে পাঁচ-সাত মিনিট পাথর ভাঙার পর আমি ভেতর থেকে হালকা বোধ করি; রাগ উধাও হয়ে যায়। কোনও মানুষকে ভাঙার দরকার ছিল না। মনোবিজ্ঞানীরা বলেন, যখন আপনি রেগে যান, তখন আপনার একটা ছোট পরীক্ষা করা উচিত। আপনি অবাক হবেন যে রাগ নতুন যাত্রা শুরু করতে পারে। রাগ থেকে, মাইকে এলঞ্জেলো একটি ভাস্কর্য তৈরি করেন, এবং রাগ থেকে, তিনি সৃজনশীল হয়ে ওঠেন।

মনোবিজ্ঞানীরা বলেন, যদি আপনি রাগ অনুভব করেন, তাহলে আপনাকে যা করতে হবে তা হল নিজের মুঠি শক্ত করে ধরে পাঁচবার খুলবেন, দেখবেন আপনার রাগ চলে যাবে। আপনি হয়তো বলবেন, এটা এত সহজ নয়। কিন্তু চেষ্টা করে দেখুন। আপনার মুষ্টি যতটা সম্ভব শক্ত করে ধরুন, আপনার সমস্ত শক্তি ব্যবহার করুন, এবং এইভাবেই খোলা বন্ধ করতে থাকুন - পাঁচ বার। তারপর ফিরে এসে নিজের ভেতরে তাকান, রাগটা কোথায় খুঁজে পাবেন না। যখন বুঝবেন রাগ হালকা হয়ে গিয়েছে, তখন আপনি অবাক হয়ে যাবেন, এমনকি বুঝতে পারবেন যে ওই রাগের আর কোনও অস্তিত্ব নেই।

জাপানে বাচ্চাদের শেখানো হয় যে যখনই তুমি রেগে যাবে, তখনই গভীর শ্বাস নাও এবং শ্বাস ছাড়ো। তুমি পনেরো থেকে কুড়িটা শ্বাস নেবে এবং

শ্বাস ছাড়বে, আর দেখবে রাগ উধাও হয়ে গিয়েছে। এটাকে দমন করারও প্রয়োজন ছিল না, কারো কাছে প্রকাশ করারও প্রয়োজন ছিল না। আর কুড়িটি গভীর শ্বাস স্বাস্থ্যের জন্য উপকারী। এইভাবে সেখানকার মানুষ সৃজনশীল হয়ে ওঠে।

যে পথের শেষ আছে তাকে শেষ পথ বলা যায় না। আধ্যাত্মিকতা আমাদের জীবনের সমস্ত অস্থিরতার জন্য নতুন পথ খুঁজে বের করতে শেখায়। উদাহরণস্বরূপ, যখন আপনি রেগে যান, তখন চোখ বন্ধ করুন এবং রাগ দূর করতে ধ্যান করুন। হাত মুঠো করে রাখলেও শক্তি নষ্ট হবে। যদি আপনি দীর্ঘ শ্বাস গ্রহণ করেন, তাহলে তা আপনার স্বাস্থ্যের জন্য কিছুটা কাজে লাগবে। যদি আপনি একটি মূর্তি বানান, তাহলে সেটা হবে একটু সৃজনশীল কাজ।

কিন্তু যখন রাগ আসে, তখন চোখ বন্ধ করে রাগের হাত থেকে পরিত্রাণ পাওয়ার জন্য ধ্যান করুন। যেকোনও কিছু করুন, শুধু রাগ দেখান, কিন্তু এই রাগ কী? রাগটা দেখুন। নিজেকে তার সাক্ষী করে তুলুন। যেন অন্য কেউ রেগে আছে আর আপনি তা দেখছেন। নিজের রাগ দিয়ে পুরো বিষয়টি পরীক্ষা করে দেখার চেষ্টা করুন।

একটু পর্যবেক্ষণ করলেই আপনি দেখতে পাবেন যে রাগ শেষ হয়ে গিয়েছে, কোথাও যেন উধাও হয়ে গিয়েছে। হাত মুঠো করে থাকলে বা পাথর ভাঙলে যেমন এটি দ্রবীভূত হয়, তেমনি পর্যবেক্ষণের মাধ্যমেও এটি দ্রবীভূত হয়।

কিন্তু যখন পর্যবেক্ষণের মাধ্যমে রাগ দূর হয়ে যায়, তখন রাগের মধ্যে লুকিয়ে থাকা শক্তি আপনার অন্তরের আত্মার অংশ হয়ে ওঠে। যখন আপনি নিজের হাত মুঠো করে রাগ দ্রবীভূত করেন, তখন শক্তি নিঃশেষ হয়ে যায়। যখন আপনি পাথর ভাঙেন, তখনও তা বেরিয়ে যায়। কিন্তু যখন আপনি কেবল বিশুদ্ধভাবে পর্যবেক্ষণ করবেন, কেবল নিজের ভেতরে সাক্ষী থাকবেন, যে রাগ হচ্ছে, কিন্তু আমি তা পর্যবেক্ষণ করব এবং আর কিছুই করব না; আমি এই রাগের পক্ষে বা বিপক্ষে কিছুই করব না, আমি শুধু দেখব। আমি এটাও বলব না যে রাগ খারাপ। আমি এটাও বলব না যে রাগ করা উচিত নয়। আমি কেন রেগে যাই তাও বলব না। আমি শুধু দেখব। আমি যেমন আকাশে মেঘের চলাচল দেখতে পাই, তেমনি আমার ভেতরেও রাগের মেঘের চলাচল দেখতে পাব। ঠিক যেমন কেউ রাস্তা দিয়ে যাচ্ছে, আমি রাগটা আমার উপর দিয়ে যেতে দেখব। আমি শুধু দেখব। আমি শুধু দেখব, কিছুই করব না।

আপনি অবাক হবেন। কিছুক্ষণের মধ্যেই, এই রাগ যেন কোথায় উবে যাবে। আর রাগের সেই শক্তি আপনার ভেতরে উপলব্ধ হয়ে উঠবে।

জ্ঞানী ব্যক্তি জীবনের সমস্ত অস্থিরতাকে পর্যবেক্ষণ করেন এবং সাক্ষ্যদানের মাধ্যমে অভ্যন্তরীণ যাত্রার জন্য ব্যবহার করেন। এটি জ্বালানি হয়ে যায়, যা তার জীবনকে এগিয়ে নিয়ে যেতে সাহায্য করে। আর তাই অনেকবারই এমনটা ঘটেছে যে, যে মানুষ মুহূর্তের মধ্যে রেগে যেত সে আধ্যাত্মিক হয়ে উঠেছে।

আমরা বাল্মীকির গল্প শুনেছি। এরকম অনেক গল্প আছে। আমরা ভাবি কিভাবে এত ক্রোধান্বিত, হিংস্র, খুনি ব্যক্তি এক মুহূর্তের মধ্যে আধ্যাত্মিক জীবনে প্রবেশ করতে পারে? রহস্য, এটাই তার গোপন কথা ঠিক।

আসলে, যদি আপনার ভেতরে রাগের শক্তি না থাকে, তাহলে জ্বালানিও থাকবে না, তাহলে আপনি কী ব্যবহার করবেন? এই কারণেই একজন সাধারণ ক্রোধান্বিত ব্যক্তি আধ্যাত্মিক হতে পারে না। যত্ন নিন। সাধারণ যৌন লালসায় পরিপূর্ণ ব্যক্তি আধ্যাত্মিক হতে পারে না। সাধারণ দুষ্টতায় ভরা ব্যক্তি আধ্যাত্মিক হতে পারে না। তার যা কিছু আছে, তা কেবল হালকা গরম হতে পারে, ফুটতে পারে না। তার শক্তি হয়ে উঠতে পারে না।

তাই আতঙ্কিত হবেন না। যদি খুব বেশি অস্থিরতা থাকে, তাহলে সেটা সৌভাগ্যের। যদি যৌন আকাঙ্ক্ষা তীব্র হয়, তাহলে তা সৌভাগ্যের। যদি রাগ ভয়াবহ হয়, তবে তা ঈশ্বরের এক মহান আশীর্বাদ। এর মানে আপনার ভেতরে জ্বালানি আছে। এখন আপনি সেই জ্বালানির সাহায্যে ভ্রমণ করবেন নাকি ঘর পুড়িয়ে দেবেন সেটা আলাদা বিষয়। এই শক্তি ব্যবহার করে আপনি এটি জল দিয়ে ভরে দেবেন নাকি ভ্রমণে যাবেন, সেটা আপনার হাতে।

ঈশ্বর যা কিছু দিয়েছেন, সবই কাজে লাগে। তা যতই বিকৃত মনে হোক বা যতই বিপজ্জনক ও পাপপূর্ণ মনে হোক না কেন, মানুষ যা কিছু পেয়েছে তার কোনও না কোনও প্রয়োগ রয়েছে। যদি আপনি এটি ব্যবহার করতে না পারেন, তাহলে আপনি ছাড়া অন্য কেউ দায়ী নয়।

কিছু মানুষ আছে, যাদের সার দিলে তাদের ঘর আবর্জনার স্তূপে ভরে যাবে। তাদের ঘর দুর্গন্ধে ভরে যাবে এবং কিছু লোক আছে যারা বাগানে সার ফেলবে। তারপর একই সার থেকে ফুল ফুটবে এবং তাদের ঘর সুগন্ধে ভরে যাবে। যারা সার নিয়ে বসে থাকবে তারা ঈশ্বরকে দোষারোপ করবে যে, এটা কী ধরণের অভিশাপ যে তিনি আমাদের উপর এই সার ঢেলে দিয়েছেন। যারা জানে, তারা সার থেকে ফুল তৈরি করে।

ফুলের সুবাস সারের দুর্গন্ধ থেকেই আসে। ফুলের রঙ সারের কারণে, এটি সম্পূর্ণ রূপান্তরিত সার।

মানুষের মধ্যে রাগ, ঘৃণা এবং হিংসার সার আছে; আধ্যাত্মিকতার ফুল ফুটতে পারে। যদি আপনি আপনার বিবেককে জাগ্রত করার চেষ্টা করেন তবেই।

তাই অস্থিরতা এবং অশান্তিকে ভয় পাবেন না। আপনার ভেতরে হয়তো পাগলামি চলছে, কিন্তু ভয় পাবেন না। তার ব্যবহার করুন। এর সাক্ষী হতে শুরু করুন। যখনই আপনি নিজের ভেতরে কোনও ত্রুটি খুঁজে পাবেন, তখনই এটিকে একটি সুযোগ, ধ্যানের সুযোগ হিসেবে বিবেচনা করুন, এটি নিয়ে ধ্যান করুন।

কিন্তু আমরা করি উল্টোটা। আমরা যখন রেগে যাই, তখন রাম-রাম জপ করি। আমরা মনে করি আমরা ধ্যান করছি। রাম-রাম জপ করা কেবল একটি বিভ্রম। সেই রাগটা ফুঁসছে, আপনি নিজের মনকে অন্য কোথাও ঘুরিয়ে নিয়ে যাওয়ার চেষ্টা করছেন, যাতে এই রাগে জড়িয়ে পড়তে না হয়। এভাবে রাম-রাম জপ করে, আপনি কেবল কিছুক্ষণের জন্য নিজেকে বাঁচাচ্ছেন এবং নিজের মনকে অন্যদিকে ঘুরিয়ে রাখার চেষ্টা করছেন।

কিন্তু রাগ তো আছেই, বদলাবেন না। আপনি সুস্থ হয়ে উঠলেও এটা বদলাবে না; আপনি স্থির হয়ে দেখার সাথে সাথে এটি বদলে যাবে। যদি আপনি এটাকে পিঠে তুলে রাখেন, তাহলে রাগ আরও ক্ষত তৈরি করবে। ভেতরে, এটি আরও শিকড় গাড়বে। আপনি নিজের দুটি চোখ রাগের উপর নিবদ্ধ করবেন। আর এই মুহূর্তটি হল সচেতনভাবে রাগের দিকে তাকানোর।

যদি আপনার মনে লালসা জাগে, তাহলে পালিয়ে যাবেন না। আতঙ্কিত হবেন না। রাম-রাম জপ করবেন না। সরাসরি কামনার দিকে তাকান। আকাঙ্ক্ষার সাথে সরাসরি সাক্ষাৎ করা প্রয়োজন। কিন্তু মানুষকে পালাতে শেখানো হয়েছে। তাকে বলা হয়েছে যে যেখানেই সে খারাপ কিছু দেখবে, সেখান থেকে যেন পালিয়ে যায়।

কিন্তু আপনি কোথায় পালাবেন? মন্দ আপনার ভেতরে আছে, এটা আপনার সাথেই যাবে। নিজের থেকে পালানোর কোনও উপায় নেই। যদি মন্দ বাইরে কোথাও থাকত, তাহলে আমরাও পালিয়ে যেতাম। এটা আমাদের ভেতরেই দাঁড়িয়ে আছে, এটাকে পরিবর্তন করতে হবে। এই সার ব্যবহার করতে হবে। এটি ব্যবহার করা খুব কঠিন নয়।

মাত্র দুটি অসুবিধা আছে। তাদের একজনের আমার প্রতি ইতিমধ্যেই বিদ্বেষ আছে। যে ব্যক্তি সারের শত্রু হয়ে উঠেছে সে সার ব্যবহার করতে

পারবে না। আমরা ইতিমধ্যেই বিশ্বাস করি যে রাগ খারাপ, ঘৃণা খারাপ, সবকিছুই খারাপ। আর আমরা এই সবকিছুতেই পরিপূর্ণ। খারাপের ধারণা আমাদের তা দেখতে দেয় না। খারাপের ধারণাটি নিরপেক্ষ চিন্তাভাবনাকে অনুমোদন করে না। মন্দের ধারণা একজনকে বোঝার আগেই দৌড়াতে এবং লড়াই করতে বাধ্য করে।

তাহলে, প্রথমেই অনুমানগুলি ত্যাগ করুন। দৃঢ়ভাবে তাকানো শুরু করুন। যারা কোনও অনুমান ছাড়াই তথ্যগুলি দেখেন, কেবল তাদের কাছেই তথ্যগুলি প্রকাশিত হয়। যারা পূর্ব ধারণা নিয়ে দেখেন, তারা কেবল তাদের নিজস্ব ধারণাকেই নিশ্চিত করেন।

দ্বিতীয়ত, পালিয়ে যাওয়ার অভ্যাস ত্যাগ করুন। সারা বিশ্ব জুড়ে আমাদের পালাতে, দৌড়াতে, নিজেদের বাঁচাতে শেখানো হয়েছে। কেউ কখনও পালিয়ে গিয়ে জয়লাভ করে না। যখন আপনি রেগে যান, আপনি রেডিও চালু করেন। যদি আমার মনে যৌন ইচ্ছা জাগে, তাহলে আমি রামায়ণ পড়া শুরু করি। মনের মধ্যে যখন ঘৃণা জাগে, হিংসার অনুভূতি আসে, তখন আমরা মন্দিরে যাই।

পালিয়ে যাবেন না। পালিয়ে গেলে কিছুই অর্জন করতে পারবেন না। ভেতরে যা লুকিয়ে আছে তা আরও শক্তিশালী হতে থাকবে। মন্দির বা রামায়ণ কেউই এটি মুছে ফেলতে পারবে না। কেউ মুছে ফেলতে পারবে না। আপনি না চাইলে কেউ তা মুছে ফেলতে পারবে না। আপনাকে তার দিকে তাকিয়ে থাকতে হবে। আপনার ভেতরে যা আছে তার একটি নগ্ন দৃষ্টিভঙ্গি থাকা গুরুত্বপূর্ণ।

কিন্তু যে পালিয়ে যায় সে দর্শন পেতে পারে না। এছাড়াও, পালিয়ে যাওয়া ব্যক্তি ধীরে ধীরে দুর্বল হয়ে পড়ে। সে যত দৌড়াবে, শত্রুরা ততই তাকে তাড়া করবে। কারণ সেই শত্রুরা বাইরের নয়, তারা আপনার সাথে আছে, আপনার ভেতরে আছে। তা আপনার অংশ। দুটি জিনিস, একটি হল কোনও একটি পক্ষ অবলম্বন করা। পক্ষ নেওয়ার কারণে একটা বড় অসুবিধার সৃষ্টি হয়।

নিজের মনকে একটু উপভোগ করতে শেখা উচিত। কিন্তু আপনি ইতিমধ্যেই নিশ্চিত এবং মনের শক্তি উপভোগ করতে পারছেন না। আমরা ইতিমধ্যেই মেনে নিয়েছি যে রাগ খারাপ, কাম পাপ, লোভ খারাপ। এটা খারাপ, ওটা খারাপ, এটা ভালো। সবাই এটা মেনে নিচ্ছে। আপনি কিছুই জানেন না, কারণ যদি আপনি জানতেন কোনটা খারাপ, তাহলে খারাপটা

তৎক্ষণাৎ বন্ধ হয়ে যেত। যদি আপনি কেবল ভালো কী তা জানেন, তাহলে আপনার জীবনে ভালো আসবে। আপনি কিছুই জানেন না। আমি এটা শুনেছি; মানুষ বলেছে; হাজার হাজার বছরের বাতাস এবং সংস্কৃতি রয়েছে। তাহলে, আপনি এগুলিকে হালকাভাবে নিচ্ছেন কেন? আর সেই কারণেই আমরা একটা বিরাট সমস্যায় পড়েছি।

আমরা জানি যে রাগ খারাপ, তবুও আমরা রেগে যাই। অতএব বাধা দ্বিগুণ হয়ে গিয়েছে। রাগের যন্ত্রণা ভোগ করতে হয়, এবং তারপর রাগ হওয়ার যন্ত্রণাও ভোগ করতে হয়। এটি একটি দ্বিগুণ দুঃখে পরিণত হয়। লোকটিকে কষ্ট দেওয়ার জন্য কেবল রাগই যথেষ্ট ছিল। এখন আপনি আরেকটা শত্রু তৈরি করেছেন, যে রাগ খারাপ। তাই প্রথমে রাগ করুন, যন্ত্রণা সহ্য করুন; আর তারপর আপনি রেগে গেলে, তার পরিণতি ভোগ করতে হবে। কাম খারাপ, প্রথমে কামের যন্ত্রণা ভোগ করুন। এবং তারপর নিজের যৌন ইচ্ছা পূরণ করুন; আপনি পাপ করেছেন, তার ফল ভোগ করুন। এভাবে জীবন আরও জটিল হয়ে উঠেছে।

লালসা কী? রাগ কী? মনের সকল শক্তি কী কী? তাদের নিরপেক্ষ দর্শন শিখুন। আপনি খুব খুশি হবেন। সেই আনন্দের কারণে, আপনার জীবনে অস্থিরতা বদলে যেতে শুরু করবে, এবং শান্তি তৈরি হতে শুরু করবে।

দ্বিতীয়ত, পালিয়ে যাওয়া বন্ধ করুন।

বিজ্ঞানীরা বলছেন যে দুটি মাত্র সমাধান আছে, হয় দৌড়ান, নয়তো লড়াই করুন। জীবনে এটাই ঘটে। যদি সিংহ আপনাকে আক্রমণ করে, তাহলে কেবল দুটি বিকল্প আছে, হয় দৌড়ান, নয়তো লড়াই করুন। যদি আপনি লড়াই করতে পারেন তাহলে ঠিক আছে। নইলে পালিয়ে যান। মাত্র এই দুটি সমাধান আছে।

যদি বাইরের জীবনে দ্বন্দ্বের পরিস্থিতি তৈরি হয়, তাহলে কেবল দুটি বিকল্প থাকে, লড়াই করা অথবা পালিয়ে যাওয়া। কিন্তু অভ্যন্তরীণ জীবনে তৃতীয় একটি বিকল্পও আছে, জেগে ওঠা। এই তৃতীয় বিকল্পটি হল ধর্ম।

ভেতরে দুটির পরিবর্তে তিনটি বিকল্প আছে। হয় লড়াই কর, না হয় পালাও, না হয় জেগে ওঠো। যুদ্ধ করবেন না বা পালাবেন না। শুধু উঠে দাঁড়ান আর জেগে উঠুন। যাই ঘটছে, সেটিকে পর্যবেক্ষণ করুন। জেগে ওঠার সাথে সাথেই শক্তি রূপান্তরিত হয় এবং অস্থিরতা আনন্দের যাত্রা শুরু করে। এটি একটি নৌকা হয়ে যায়।

বিষণ্নতা

মনোবিজ্ঞানীরা বলেন যে শিশুর কান্নার শিল্প হল তার মানসিক চাপ থেকে মুক্তি পাওয়ার একটি প্রক্রিয়া। শিশুর উপর অনেক চাপ থাকে। শিশুটি ক্ষুধার্ত এবং মা বাইরে থাকে অথবা মা কাজে ব্যস্ত থাকে। বাচ্চাটাও রেগে যায়। শিশু কাঁদলে মায়ের রাগ চলে যায় এবং শিশু হালকা বোধ করে, কিন্তু মা তাকে কাঁদতে দেয় না।

মনোবিজ্ঞানীরা বলেন তাকে কাঁদতে দিন; কিন্তু ভালোবাসাও দিন। তাকে কাঁদতে বাধা দেওয়ার চেষ্টা করবেন না। আমরা কী করব? আমি বাচ্চাটিকে একটা খেলনা দেব এবং বলবো কাঁদবে না। বাচ্চাদের মন অন্য দিকে চলে যাবে। সে খেলনাটা ধরবে। কিন্তু ভেতরে যে কান্নার প্রক্রিয়া চলছিল তা থেমে যায়। এ ছাড়া, যে চোখের জল ঝরানো উচিত ছিল, তা আটকে গেল। আর যে হৃদয় বোঝা থেকে হালকা হতে পারত, সেই হালকা আর হওয়া হল না। সে খেলনাটা নিয়ে খেলবে, কিন্তু এই কান্নাটা যে থেমে গিয়েছে তার কী হবে? এই বিষ জমতে শুরু করে।

মনোবিজ্ঞানী বলেন যে শিশুটি এত বিষ জমা করে এবং এটাই তার জীবনে দুর্দশার কারণ। প্রায়শই সে দুঃখী থাকে। আপনি খুব দুঃখী বলে মনে হচ্ছে, আপনি জানেন না যে এই দুঃখটা চলে যেতে পারত, এটা থাকত না, যদি আপনি জীবনে মনপ্রাণ দিয়ে কেঁদে থাকতেন, তাহলে এই অশ্রুগুলি আপনার সারা জীবনকে ঢেকে ফেলত না, চলে যেত। এই ধরণের কান্না থেরাপিউটিক হৃদয়কে হালকা করে। কাঁদলে কেবল অশ্রু ঝরে না, ভেতরের দুঃখ, ভেতরের রাগ, ভেতরের আনন্দ, ভেতরের আবেগও বেরিয়ে আসে কান্নার সাহায্যে। আপনার ভেতরে কিছুই জমা হয় না। স্ক্রিম থেরাপির লোকেরা বলেন যে যখনই একজন মানুষ মানসিকভাবে অসুস্থ হয়, তখন তাকে এত গভীরভাবে কাঁদতে হয় যে তার শরীরের প্রতিটি লোম, তার হৃদয়ের প্রতিটি কণা, তার শ্বাস এবং হৃদস্পন্দন কান্নার সাথে জড়িত হয়ে যায়, এমন একটি চিৎকারের প্রয়োজন হয় যা তার পুরো আত্মা থেকে আসে, যাতে তা নিজেই চিৎকার হয়ে ওঠে।

চিৎকার করে হাজার হাজার মানসিক রোগী আরোগ্য লাভ করেছেন। একটি চিৎকারও তাদের অনেক অজানা রোগ থেকে মুক্তি দেয়। কিন্তু সেই চিৎকার করা খুব কঠিন কারণ আপনি এটা এতটাই চেপে রেখেছেন যে, কাঁদলেও আপনার কান্না মিথ্যা বলে মনে হয়। আপনার পুরো আত্মা এতে

জড়িত নয়। আপনার কান্নাও কৃত্রিম। আমি শুধু উপরিভাগে কাঁদি। চোখ থেকে অশ্রু ঝরে, হৃদয় থেকে আসে না। কিন্তু চিৎকার এমন হওয়া উচিত যাতে তা আপনার নাভি থেকে বের হয় এবং আপনার পুরো শরীর তাতে জড়িয়ে পড়ে। আপনি ভুলে যান যে আপনি চিৎকার থেকে আলাদা, আপনি নিজেই চিৎকারে পরিণত হন।

মনোবিজ্ঞানীদের আপনাকে কাঁদাতে প্রায় তিন মাস সময় লাগে। তিন মাস ধরে একটানা এটি ব্যবহার করে, আপনাকে আরও গভীর করে তোলা হয়।

এই থেরাপির মাধ্যমে মানুষ কী করবে? আপনাকে উপুড় করে মাটিতে শুইয়ে দিতে হবে। এর পরে, আপনাকে মাটিতে শুয়ে থাকতে বলা হবে এবং আপনার মনে যা কিছু দুঃখ আসে, তা থামাবেন না, তা বেরিয়ে যেতে দিন। যদি কাঁদতে ইচ্ছে করে, কাঁদুন; যদি চিৎকার করতে ইচ্ছে করে, তাহলে চিৎকার করুন।

তিন মাস ধরে লোকটি শিশুর মতো শুয়ে আছে, প্রতিদিন এক বা দুই ঘণ্টা মাটিতে শুয়ে থাকে। একদিন সেই মুহূর্তটি আসে যখন বিদ্যুৎ প্রবাহের কারণে তার হাত-পা কাঁপতে শুরু করে। লোকটি চোখ বন্ধ করে, মনে হয় যেন সে অজ্ঞান এবং একটা ভয়ানক চিৎকার উঠতে শুরু করে। কখনও কখনও চিৎকার ঘণ্টার পর ঘণ্টা চলতে থাকে। লোকটা একেবারে পাগল মনে হচ্ছে। কিন্তু সেই চিৎকারের পর, তার সমস্ত মানসিক সমস্যা দূর হয়ে যায়।

এই ধ্যান অনুশীলন, যা আমি আপনাদের বলছি, ততক্ষণ পর্যন্ত সম্ভব নয় যতক্ষণ না কান্না, হাসি, নাচ, চিৎকার এবং পাগল হওয়ার মতো আবেগগুলি এতে ডুবে না থাকে। এটি ছাড়া আপনি ধ্যান করতে পারবেন না। এগুলিই বাধা।

আপনি শান্ত হওয়ার চেষ্টা করছেন আর আপনার ভেতরে একটা শক্তি আছে যা বেরিয়ে আসতে চায়। আপনার অবস্থা কেটলিতে ফুটন্ত চায়ের মতো। ঢাকনাগুলি বন্ধ। ঢাকনার উপর পাথর চেপে রাখা হয়। কেটলির মুখটিও বন্ধ এবং নিচ থেকে আগুন জ্বলছে। যে বাষ্প জমেছে তাতে কেটলি ফেটে যাবে। একটা বিস্ফোরণ হবে। দশ-পাঁচজন মারাও যেতে পারে।

এই বাষ্প নির্গত করুন। এই বাষ্প বের হওয়ার সাথে সাথেই আপনি নতুন হয়ে উঠবেন এবং তারপর ধ্যানের পরীক্ষা শুরু হতে পারে।

উন্মাদনা

মানুষ পাগল। এটা এমন নয় যে কিছু মানুষ পাগল, বরং সমগ্র মানবজাতি পাগল। এটা কেবল কয়েকজনের চিকিৎসার প্রশ্ন নয়; সমগ্র মানবজাতির চিকিৎসা করা প্রয়োজন।মানুষকে এতটাই দমন করা যায়, এতটাই সংস্কৃতিবান করা যায় যে পাগলামি তার স্বাভাবিক অবস্থায় পরিণত হয়ে যায়। তাকে যেমন আছে তেমন থাকতে দেওয়া হচ্ছে না। তাকে সমাজের কাঠামোর সাথে খাপ খাইয়ে নেওয়ার চেষ্টা করা হয়। সেই কাঠামো থেকেই উন্মাদনার উৎপত্তি হয়।

সমাজ আপনাকে একটা কাঠামো, একটা ধরণ দেয়। আপনি যা নন, আপনাকে তাই হতে হবে। আপনার ব্যক্তিত্বের কেবল একটি অংশই নিজেকে প্রকাশ করার অনুমতি পায়, বাকি অংশ চাপা থাকে। এর ফলে, আপনার ভেতরের জিনিসগুলি ভেঙে যেতে শুরু করে। আর আপনি যা কিছু দমন করেন, তা প্রকাশ করতে কষ্ট হয়।

তাই প্রতিটি মানুষ টুকরো টুকরো হয়ে গিয়েছে, ভেঙে পড়েছে, নিজের বিরুদ্ধে লড়াই করছে। মানুষের অস্তিত্বকেই পাগলামি বলে মনে করা হয়। সে আরাম করতে পারে না, শান্ত হতে পারে না, সুখী হতে পারে না। মানুষ সর্বদা নরকে থাকে, এবং যদি না তার সমস্ত অঙ্গ এক না হয়, তবে সে এই নরক থেকে পালাতে পারবে না।

আপনার উন্মাদনা বের করে আনার জন্য, আপনাকে ছড়িয়ে ছিটিয়ে থাকা টুকরোগুলিকে আবার একত্রিত করার জন্য কিছু একটা করতে হবে। যা প্রকাশ করা হয়নি তা প্রকাশ করতে হবে এবং সচেতন মন দ্বারা অচেতনের উপর ক্রমাগত দমন বন্ধ করতে হবে।

ধ্যানের পুরনো পদ্ধতিগুলি এটিকে বিবেচনায় রাখত না, এবং সেই কারণেই সেই পদ্ধতিগুলি সফল হতে পারেনি। তার ব্যর্থতার কারণ কী হতে পারে?

ঐ পদ্ধতিগুলি একজন মানুষকে তার মতো একই অবস্থায় ধ্যানে আনতে চায়; এই পদ্ধতিগুলি কেবল একটি নির্দিষ্ট পরিমাণে কার্যকর হতে পারে। তাদের প্রভাব কেবল প্রান্তিক অঞ্চলেই থাকবে। কিন্তু ভেতরের বিভাজনটা থেকে যাবে কারণ আপনি এটা মুছে ফেলার জন্য কিছুই করেননি।

জেন পদ্ধতির মতো, মহেশ যোগীর ট্রান্সসেন্ডেন্টাল মেডিটেশনও আছে, এবং আরও অনেক পদ্ধতি আছে, যা আপনাকে একটি নির্দিষ্ট সীমায় নিয়ে

যেতে পারে। তারা আপনাকে কিছুটা শান্তি দিতে পারে; বাইরে থেকে আপনি শান্ত থাকবেন। কিন্তু আপনার ভেতরে কিছুই ঘটবে না এবং তা ঘটতেও পারবে না। যদি আমরা সাবধানে পর্যবেক্ষণ করি, তাহলে বাহ্যিক শান্তি বিপজ্জনক কারণ তখন ভেতরে অশান্তি তৈরি হতে থাকবে এবং একদিন তা ফেটে পড়বে। মূলত কিছুই ঘটেনি। আপনি আপনার সচেতন মনকে স্থির রাখার শিল্পে সবেমাত্র তা আয়ত্ত করেছেন।

মনকে খুব সহজেই স্থির করা যায় - কিছু মন্ত্র পাঠ করা শুরু করুন অথবা জপ শুরু করুন। তাতে করে আপনার ভেতরে যে একঘেয়েমি তৈরি হয়ে আছে, এমন যেকোনও কিছু থেকে আপনি কিছুটা স্বস্তি পাবেন। উদাহরণস্বরূপ, যদি আপনি রাম-রাম-রাম জপ করতে থাকেন, তাহলে এর ক্রমাগত পুনরাবৃত্তির ফলে একঘেয়েমি এবং তন্দ্রাচ্ছন্নতা তৈরি হতে শুরু করে এবং আপনার মন ঘুমিয়ে পড়ে। আপনি সেই ঘুমকে শান্তি হিসেবে বিবেচনা করতে পারেন, সেটিকে স্থিতিশীলতা হিসেবে বিবেচনা করতে পারেন। আসলে এটা এক ধরণের একঘেয়েমি। কিন্তু তার ফলে, যে জীবন আপনি এখন কোনওভাবে টিকিয়ে রাখতে পারছেন, তার ভেতরেই সৃষ্টি হবে উন্মাদনা। একদিন, যখন উন্মাদনা তার সীমা অতিক্রম করবে, তখন তা ফেটে পড়বে।

সেইজন্যই আমি জোর দিয়ে বলছি যে প্রথমে আপনাদের নিজেদের ভেতরের বিভাজন দূর করতে হবে এবং ভেতর থেকে পূর্ণ হয়ে উঠতে হবে। আপনি যদি সুস্থ না হন, তাহলে কিছুই করা যাবে না। তাই প্রথম কাজ হল আপনার পাগলামি দূর করা।

আমার সক্রিয় ধ্যান পদ্ধতি আপনার অস্থিরতা স্বীকার করে এবং তা থেকে মুক্তি দেয়। এই পদ্ধতিটি মূলত রিচ্যালেঞ্জ এবং ক্যাথারসিস দিয়ে শুরু হয়। ভেতরে যা কিছু লুকিয়ে আছে, তা অপসারণ করা জরুরি। আপনাকে কোনও জিনিস দমন করা বন্ধ করতে হবে। আপনার অনুভূতি প্রকাশ করা শুরু করুন। নিজেকে দোষারোপ করবেন না। আপনি যেমন আছেন তেমন ভাবেই নিজেকে গ্রহণ করুন, কারণ সমালোচনা বিভাজন তৈরি করে। যে মুহূর্তে আপনি নিজেকে গ্রহণ করবেন, আপনি আর টুকরো টুকরো থাকবেন না, আপনি সম্পূর্ণ হতে শুরু করবেন।

যখন আপনি ভেতর থেকে ভেঙে পড়বেন এবং ছিন্নভিন্ন হয়ে যাবেন, তখন আপনার শক্তি নিজের সাথেই লড়াই করতে থাকবে।তাহলে আপনার শক্তি কোনও রূপান্তরের জন্য ব্যবহার করা যাবে না। তাই আপনি নিজেকে

নিজের মতো করেই গ্রহণ করুন। আপনি এখনও পর্যন্ত যা কিছু চেপে রেখেছেন, তা ত্যাগ করুন। এছাড়া, যদি আপনি সচেতনভাবে নিজের পাগলামি দূর করেন, তাহলে একদিন আপনি এমন এক পর্যায়ে পৌঁছে যাবেন যেখানে ভেতরে আর কোনও পাগলামি অবশিষ্ট থাকবে না।

যারা তাদের উন্মাদনা দমন করে, তারা ক্রমশ উন্মাদ হয়ে ওঠে, এবং যারা তা প্রকাশ করে, তারা তা থেকে মুক্ত হয়। তাই যতক্ষণ না আপনি সচেতনভাবে পাগল হচ্ছেন, ততক্ষণ আপনি পাগলামি থেকে মুক্ত হতে পারবেন না। আর.ডি. লাইং বলেছেন, "নিজেকে পাগল হওয়ার সুযোগ দাও।"

যদি আপনি বিরক্ত হন, তাহলে এটা নিয়ে কিছু একটা করা দরকার। পুরনো ঐতিহ্য বলে, নিজের পাগলামি দমন করুন, সেটাকে বেরিয়ে আসতে দেবেন না, নাহলে আপনার পাগলামি আপনার প্রতিটি কাজে প্রতিফলিত হতে শুরু করবে। কিন্তু আমি বলছি, আপনার পাগলামিকে বেরিয়ে আসার, সচেতন হওয়ার পূর্ণ সুযোগ দিন। পাগলামি কাটিয়ে ওঠার এটাই একমাত্র উপায়।

আপনার পাগলামি থেকে নিজেকে মুক্ত করুন। না হলে ভেতরে ভেতরে বিষাক্ত হয়ে যাবেন। এটিকে আপনার সিস্টেম থেকে সম্পূর্ণরূপে বের করে দিন। কিন্তু এই উন্মাদনা বের করে আনার, তা ছুঁড়ে ফেলার কাজটি খুব সাবধানতার সাথে করতে হবে, তবেই এর কিছু ফলাফল আসবে।

আপনাকে দুটি জিনিস করতে হবে: আপনি যা করছেন সে সম্পর্কে সচেতন থাকুন এবং কিছু চাপা নেবেন না। আমাদের মনে, সচেতন থাকা মানে সাধারণত দমন করা। এটাই সমস্যা। যে মুহূর্তে আপনি আপনার ভেতরের কিছু বিষয় সম্পর্কে সচেতন হন, ঠিক সেই মুহূর্তেই আপনি সেটা দমন করতে শুরু করেন। তাই এটাই আপনাকে শিখতে হবে, সতর্ক থাকুন এবং নিজের আবেগকে দমন করুন।

সক্রিয় ধ্যানের পদ্ধতি এটি করার একটি প্রচেষ্টা।

ওশো

মেডিটেশন: দ্যা আর্ট অফ এক্সটেসি

১৩.

কিভাবে একঘেয়েমি দূর করবেন?

আপনি ইতিমধ্যে অনেক কিছু করে ফেলেছেন। নিজের জীবনকে একঘেয়ে করে তুলেছেন - কী অসাধারণ সাফল্য লাভ করেছেন। জীবনটা এক আনন্দের নৃত্য আর আপনি কিভাবে এটিকে একঘেয়েমিতে পরিণত করলেন? আপনি একটা অলৌকিক কাজ করেছেন। আর আপনি কী করতে চান? আপনি এর চেয়ে বড় কিছু করতে পারবেন না।

জীবনকে উপেক্ষা করার ক্ষমতা আপনার এক অসাধারণ। আপনি অবশ্যই পাখি, গাছ, ফুল, মানুষ সবাইকে উপেক্ষা করছেন । অন্যথায় জীবন খুব সুন্দর, এত সুন্দর যে একবার আপনি এটিকে যেমন আছে তেমন দেখতে শুরু করলে, আপনি কখনই হাসি থামাতে পারবেন না। অন্তত আপনি ভেতরে ভেতরে আলোড়ন অনুভব করবেন।

জীবন একঘেয়ে নয়, কিন্তু মন একঘেয়ে। আর আমরা এতটাই দৃঢ় মন গড়ে তুলেছি যে, যেন আমরা নিজেদের চারপাশে চীনের একটি মহাপ্রাচীর তৈরি করেছি, এটি জীবনকে আমাদের কাছে আসতে দেয় না। এটা আমাদেরকে জীবন থেকে বিচ্ছিন্ন করে দেয়।

বেশিরভাগ মানুষ কোথাও কোনও আশ্চর্য জিনিস দেখতে পায় না। যদিও প্রতিটি মুহূর্তেই সব জায়গায় কিছু না কিছু চমক থাকে, কারণ জীবন কখনোই এক রকম থাকে না। এটি ক্রমাগত পরিবর্তিত হচ্ছে এবং এত বেশি বাঁক নেয় যে কেউ তার ভবিষ্যদ্বাণী করতে পারে না। এত আশ্চর্য থাকা সত্ত্বেও আপনি কীভাবে মুগ্ধ না হয়ে থাকতে পারেন?

আমরা একাকী, আবদ্ধ, জানালাবিহীন হয়ে পড়ি। কারাগারের দেয়ালের আড়ালে বাস করলে তুমি সকালের সূর্য দেখতে পাবে না, পাখিদের ডানা মেলে দেখতে পাবে না, তারাভরা রাত দেখতে পাবে না।

জীবনকে একঘেয়ে করতে হলে আপনাকে ধার্মিক হতে হবে, আপনাকে একজন মহান পণ্ডিত হতে হবে। আপনাকে অবশ্যই খ্রিস্টধর্ম, হিন্দুধর্ম, ইসলাম সম্পর্কে জ্ঞানী হতে হবে। আপনাকে বেদ, কুরআন এবং বাইবেল

থেকে অনেক কিছু শিখতে হবে। আপনাকে অবশ্যই একজন অত্যন্ত দক্ষ পণ্ডিত হতে হবে। একজন মানুষ যিনি অত্যন্ত জ্ঞানী, পণ্ডিত, তিনি নিজের চারপাশে শব্দের এত ঘন প্রাচীর তৈরি করেন - অকেজো শব্দ, ফাঁকা শব্দ - যে তিনি জীবনকে দেখতে অক্ষম হয়ে পড়েন। বুদ্ধি জীবনের পথে একটি বাধা। পৃথিবীর সবচেয়ে দরিদ্র ব্যক্তি হল সেই ব্যক্তি যে অজ্ঞতার আড়ালে বাস করে।

প্রভাবিত না হওয়ার একটাই উপায়: আপনি অতীত, আপনার অভিজ্ঞতা, আপনার বুদ্ধি, আপনার স্মৃতি, আপনার মনের সাথে আঁকড়ে রাখুন। তাহলে আপনি তা দেখতে পাবেন না; তবে আপনি ক্রমাগত বর্তমানের অভাব অনুভব করবেন। বর্তমানের অভাব অনুভব করবেন না, নাহলে আপনি একঘেয়ে বোধ করবেন। বর্তমানে বাঁচুন, আপনি নিজেই অবাক হবেন, দেখবেন তারপর আর একঘেয়েমি থাকবে না।

শিশুর মতো চারপাশে তাকাতে শুরু করুন। আবার শিশু হয়ে উঠুন। ধ্যানের আসল অর্থ হল আবার শিশু হওয়া, নতুন জন্ম নেওয়া, আবার নির্দোষ হয়ে ওঠা, জ্ঞানী নয়। সমুদ্রতীরে যান এবং খোলস সংগ্রহ করুন। আবার প্রজাপতির পিছনে দৌড়ান, বালির দুর্গ তৈরি করুন।

এমনভাবে বাঁচবেন না, যেন আপনি সব জানতেন, বরং এমনভাবে ভাবুন যেন আপনি কিছুই জানেন না। যখনই আপনি কিছু জানেন, একঘেয়েমি দূর হয়ে যায়। জানা এতই চমৎকার অভিজ্ঞতা যে কখনও একঘেয়েমি থাকতে পারে না... আরেকটু স্পষ্টতার সাথে, আরও স্বচ্ছতার সাথে চারপাশে তাকান... আর জীবনকে হাস্যরসে পরিপূর্ণ করে তুলুন।

ওশো

আহ, এটা!

পুনরাবৃত্তির অনুভূতি একজনকে বিরক্ত করে তোলে। যেহেতু প্রাণীরা অতীত মনে রাখতে পারে না, তাই তারা তা ভুলেও যায় না। তারা অতীত মনে করতে পারে না, তাই তারা পুনরাবৃত্তি অনুভব করতে পারে না। মহিষটি প্রতিদিন একই ধরণের ঘাস একই আনন্দে চিবিয়ে খেতে থাকে। আপনি তা করতে পারবেন না। একই ঘাস একই আনন্দে কীভাবে খাবেন? আপনি ক্লান্ত হয়ে পড়বেন।

এই কারণেই মানুষ পরিবর্তনের চেষ্টা করে। তারা নতুন বাড়িতে চলে যায়, নতুন গাড়ি নিয়ে আসে, পুরনো স্বামী/স্ত্রীকে ছেড়ে দেয়, নতুন প্রেমের সম্পর্ক তৈরি করে, কিন্তু আজ হোক কাল হোক সেটাও একঘেঁয়ে হয়ে যাবে। স্থান

পরিবর্তন, ব্যক্তি পরিবর্তন, সঙ্গী পরিবর্তন, ঘর পরিবর্তন, এর মাধ্যমে কিছুই হবে না। এছাড়াও, যখনই কোনও সমাজ খুব একঘেয়েমি অনুভব করে, তখনই মানুষ এক শহর থেকে অন্য শহরে, এক চাকরি থেকে অন্য চাকরিতে, এক স্ত্রী থেকে অন্য স্ত্রীর কাছে চলে যেতে শুরু করে। কিন্তু আজ হোক কাল হোক তারা বুঝতে পারবে যে এই সবই বাজে কথা কারণ একই জিনিস বারবার ঘটবে, প্রতিটি মহিলার সাথে, প্রতিটি পুরুষের সাথে, প্রতিটি বাড়িঘরে, প্রতিটি গাড়ির সাথে।

তাহলে কি করা উচিত? আরও সচেতন হোন। এটা পরিস্থিতির পরিবর্তনের বিষয় নয়; আপনার সত্তাকে রূপান্তরিত করুন, আরও সচেতন হোন। যদি আপনি আরও সচেতন হতে পারেন, তাহলে দেখতে পাবেন যে প্রতিটি মুহূর্তই নতুন; কিন্তু তার জন্য, চেতনার শক্তিশালী শক্তির প্রয়োজন।

আপনার স্ত্রী আর আগের মতো নেই। আপনি বিভ্রান্ত। বাড়ি ফিরে যান এবং নিজের স্ত্রীর দিকে আবার তাকান, সে আর আগের মতো নেই। কেউই এক রকম হতে পারে না। এই গাছগুলি গতকালের মতো নেই। তা কিভাবে হতে পারে? তারা বিকশিত হয়েছে। অনেক পাতা ঝরে গিয়েছে, নতুন পাতা গজাচ্ছে। বাদাম গাছটার দিকে তাকান, অনেক নতুন পাতা এসেছে। প্রতিদিন পুরাতন পাতা ঝরে নতুন পাতা গজায়। কিন্তু আপনি সেই বিষয়ে পুরোপুরি সচেতন নন।

হয় কোনও সচেতনতা নেই, তার জন্য আপনি পুনরাবৃত্তি করতে পারছেন না, অথবা আপনি এতটাই সচেতন যে প্রতিটি পুনরাবৃত্তিতেই আপনি নতুন কিছু দেখতে পাচ্ছেন। একঘেয়েমি থেকে মুক্তি পাওয়ার এই দুটিই উপায়।

ওশো

১৪

কেন এই চাপ? ক্লান্তি কিসের?

একজন মানুষ যেকোনও কাজ করার সময় ক্লান্ত বোধ করে। সে যাই করুক না কেন, সে ক্লান্ত হয়ে পড়ে। কিন্তু কখনও কি ভেবে দেখেছেন কেন আমরা ক্লান্ত বোধ করি? যেকোনও কাজ করার মুহূর্তেই আপনি ক্লান্ত বোধ করেন। কিন্তু হঠাৎ এমন একটা ঘটনা ঘটে যে সমস্ত ক্লান্তি উধাও হয়ে যায়।

ভিনসেন্ট ভ্যান গগ ছিলেন একজন ডাচ চিত্রশিল্পী, গত ১৫০ বছরের কয়েকজন মহান ব্যক্তির মধ্যে একজন। তিনি ছিলেন খুব কুৎসিত, তাই কোনও মহিলা কখনও তার প্রেমে পড়েনি। তার জীবন ছিল এক ক্লান্তি, দীর্ঘ একঘেয়েমি। ভ্যান গগ লিখেছিলেন যে আমি সকালে ঘুম থেকে ওঠার কোনও কারণ খুঁজে পাই না, কেন আমি উঠব? আমাকে উঠতেই হবে, এটা আমার বাধ্যবাধকতা, তাই আমি উঠি। সন্ধ্যায় ঘুমানোর কোনও কারণ নেই বলে মনে হয়; কারণ কোনও ভবিষ্যৎ নেই। ভ্যান গগ হাঁটলেও তাঁর পা কাঁপত। তিনি কাজ করলেও, তাঁর কাজের মধ্যে একটা দুঃখ থাকবেই। যে দোকানে তিনি কাজ করতেন - একটি ছবির দোকান যেখানে ছবি বিক্রি হয় - তার মালিক তাঁকে কখনও কোনও গ্রাহকের প্রতি আগ্রহী হতে দেখেননি। যখন তিনি একজন গ্রাহককে আসতে দেখতেন, তখন তাঁর মনে হোত যে একটা ঝামেলা আসছে। তিনি উঠে ছবিটাও দেখাতেন, কিন্তু যেন কিছু একটা স্বয়ংক্রিয়, কোনও যন্ত্র সবকিছু করছে।

কিন্তু একদিন তার মালিক ভ্যান গগকে সিঁড়ি বেয়ে উঠতে দেখেন। সেই সময় তিনি গুনগুন করে গান গাইছিলেন। এই প্রথম কেউ তাঁকে গান গুনগুন করতে শুনেছিল। যখন তিনি কাছে এলেন, তখন মালিক দেখল যে তিনি কেবল গান গুনগুন করছেন তাই না, সেদিন তিনি স্নানও করে ছিলেন। তিনি প্রতিদিনই স্নান করতেন, কিন্তু শুধু জল ঢালতেন। জল ঢালা আর স্নান করার মধ্যে অনেক পার্থক্য। যখন কেউ নিজের জন্য জল ঢালে, তখন সেটিকে জল ঢালাই বলবে। আর যখন সে অন্য কারো জন্য এটি করে, তারপর সে স্নান করে এবং উভয়ের মধ্যে একটি মৌলিক পার্থক্য রয়েছে; তাঁর

পোশাক একই ছিল, কিন্তু আজ তার ধরণ বদলে গিয়েছিল। লোকটি একই ছিল, কিন্তু তার আচরণ বদলে গিয়েছিল। তাঁর মালিক জিজ্ঞাসা করে, ভ্যান গগ, কী হয়েছে? ভ্যান গগ বলেছিলেন: আজ আমার জীবনে একজন নারী এসেছেন - ভালোবাসার একটি ঘটনা।

সেদিন গ্রাহকদের প্রতি তাঁর আগ্রহ বেশি ছিল। সেদিন গ্রাহকদের আসতে দেখে তিনি খুশি হন। সেদিন তাঁর কাজে একটা ভিন্নতা দেখা গেল। যেন জীবনের কিছু অর্থ আছে।

সেদিন ভ্যান গগ তাঁর ডায়েরিতে লিখেছিলেন যে, প্রথমবারের মতো এমন একটি দিন কেটেছে যেখানে আমি ক্লান্ত ছিলাম না, অন্যথায় আমি সকালে ক্লান্ত হয়ে ঘুম থেকে উঠি এবং সন্ধ্যায় ক্লান্ত হয়ে ঘুমাতে যাই। সেদিন সন্ধ্যাবেলাও আমি সতেজ ছিলাম, ক্লান্ত ছিলাম না। আর সেদিনের কাজটা অন্য দিনের তুলনায় অনেক বেশি ছিল।

এতে কী এমন পার্থক্য গড়ে ওঠে? গতকাল পর্যন্ত যে উত্তেজনা ছিল, আজ তা আর নেই। যে কাজে চাপ আছে তা আপনাকে ক্লান্ত করে তুলবে এবং যে কাজ চাপমুক্ত এবং সহজ তা আপনাকে আরও সতেজ করে তুলবে। কাজ আপনাকে ক্লান্ত করে না, আবার সতেজও করে না। এই সব কিছুই মানুষের উপর নির্ভর করে।

আমরা আমাদের পুরো জীবনটাকে একটা কাজে পরিণত করি

আমরা আমাদের পুরো জীবনকে কাজ এবং চাপের মধ্যে ফেলে দেই। আমি শুনি, লোকেরা আমার কাছে আসে, তারা বলে যে বাবা অসুস্থ, তারা তার সেবা করছে, এটা একটা কর্তব্য, এটা একটা দায়িত্ব। একজন পুলিশের কর্তব্য আছে, একজন চাকরের কর্তব্য আছে। ছেলের কোনও কর্তব্য নেই। কর্তব্য মানে: আমাদের এটা করতেই হবে, তাই আমরা এটা করছি। কিন্তু যদি বাবার সেবা করা তার কর্তব্য হয়, তাহলে সেবাটি বুকে পাথরের মতো আঘাত করবে। আর যদি এই অনুভূতি আপনার মনের কোনও কোণে আসতে শুরু করে, তাহলে বুঝতেই পারছেন না যে এই অনুভূতি কোথা থেকে আসছে যে এই বাবাকে বাদ দিলেই ভালো হতো। আপনি যাই বলুন না কেন, এই খারাপ ধারণাটা কোথা থেকে আসছে, এমনটা হওয়া উচিত নয়। আপনি এটা প্রকাশও করেন না। কিন্তু যেদিন আপনি সেবাকে নিজের কর্তব্য হিসেবে গ্রহণ করবেন, সেদিনই আপনি এই চিন্তার বীজ বপন করবেন। অন্য কেউ আপনার ভেতরে এটা আনছে না কারণ যেখানে কর্তব্য আছে, সেখানে তা থেকে মুক্তি পাওয়ার আকাঙ্ক্ষা থাকবে।

যদি বাবার সেবা করা কর্তব্য না হয়, তাহলে এটা বোঝা বলে মনে হবে না এবং সত্য হল আপনার বাবার সেবা করার সময়, প্রথমবারের মতো, আপনার জীবনে সেই ফুল ফুটবে যার অর্থ হল একজন পুত্র হওয়া। নইলে সেই ফুল কখনো ফুটবে না, আপনাকে জন্ম দিয়ে একজন বাবা বাবা হয় না এবং আপনি কারো থেকে জন্ম নিয়ে পুত্র হন না। যেদিন বাবার সেবা করা আপনার জন্য আনন্দের হয়ে উঠবে, সেদিন আপনি ছেলে হয়ে উঠবেন। বিপরীতে, আপনিও সেই দিন বাবা হবেন যেদিন আপনার ছেলের প্রতি আপনার ভালোবাসা আপনাকে আনন্দ দেবে, কাজ ও কর্তব্য বলে মনে হবে না।

জীবনের যা কিছু সেরা, তা স্বাভাবিকভাবেই ফুটে ওঠে। আর জীবনের সমস্ত অপচয় মানসিক চাপ থেকে উদ্‌ভূত হয়। আমাদের পুরো জীবনটাই একটা দীর্ঘ যাত্রা, এক চাপ থেকে অন্য চাপে। আমরা সবাই আমাদের পায়ের আঙ্গুলের উপর দাঁড়িয়ে আছি।

আমাদের মাঝে মাঝে পায়ের উপর ভর দিয়ে দাঁড়ানোর চেষ্টা করা উচিত। যদিও জীবনে সবাই নিজের পায়ের আঙ্গুলে দাঁড়ায়, কিন্তু কখনও কখনও এভাবে নিজের পায়ের আঙ্গুলে দাঁড়ানোর চেষ্টা করুন। আপনি শীঘ্রই ক্লান্ত হয়ে পড়বেন। আপনি যতই শক্তভাবে পায়ের উপর ভর দিয়ে দাঁড়ান না কেন, ভেতর থেকে আপনি কাঁপতে থাকবেন, আর প্রতি মুহূর্তে দাঁড়ানো একটা প্রচেষ্টায় পরিণত হবে।

কিন্তু আমরা সবাই আমাদের পায়ের আঙ্গুলের উপর দাঁড়িয়ে আছি। আমাদের অবস্থান স্বাভাবিক নয়। কেন একজন মানুষ তার পায়ের আঙ্গুলের উপর ভর করে দাঁড়ায়? লম্বা দেখতে চায়, বড় দেখতে চায়; অন্যের চোখে কিছু দেখতে চায়। অন্যদের চোখ খুবই মূল্যবান; আমি আমার স্বতঃস্ফূর্ততা মেনে নিই না। সে লম্বা হতে চায়।

পাশ্চাত্য দুনিয়ায়, মহিলারা পুরুষদের সাথে প্রতিযোগিতা করার জন্য উঁচু হিলের জুতা আবিষ্কার করেছেন। লোকটি একটু লম্বা। লম্বা হিলের জুতা পরে হাঁটা সুখকর নয়; কারণ এটি সম্পূর্ণ প্রকৃতির বিরুদ্ধে। আসলে, উঁচু হিলের জুতা পরার অর্থ হল আপনি আপনার পায়ের আঙ্গুলের উপর ভর দিয়ে দাঁড়াতে চান এবং আপনার সমর্থনের প্রয়োজন হয়, তাই লম্বা হিল সেই সমর্থন প্রদান করে। একজন নারী পুরুষের মতো লম্বা হতে চায়; এর কোনও গ্রহণযোগ্যতা নেই। অন্যের সাথে কিছুটা তুলনা আছে, এবং অন্যের সাথে তুলনা করার অনুভূতিও আছে। তারপর এটি সারা জীবন ছড়িয়ে পড়বে।

এটাই হল দৃষ্টিভঙ্গি এবং এর অর্ধেক। প্রায় তিনশো বছর আগে, যেদিন পাশ্চাত্য বিশ্বে নারীরা উঁচু হিলের জুতা আবিষ্কার করেছিল, সেদিন বলা যেত যে আজ না হলে কাল, পাশ্চাত্য দুনিয়ায় নারীরা আজ যা-ই করুক না কেন, সেটা ঠিক করে ফেলছে ওই উঁচু হিলের জুতাগুলি। ভেতরে একটা অনুভূতি আছে। কিন্তু লম্বা হিল জুতা পরে দাঁড়ানো সুখকর নাও হতে পারে। এমনকি দাঁড়িয়ে থাকাও যন্ত্রণার কারণ হয়ে দাঁড়াবে। হাঁটা ব্যথার মতো হয়ে উঠত। হাঁটা আনন্দের হতে পারে। হাঁটা আনন্দের। কিন্তু যারা পায়ের আঙুলের উপর ভর দিয়ে দাঁড়াতে অভ্যস্ত হয়ে গিয়েছে, তারা আর হাঁটতে পারে না। পুরো শরীর টেনে টেনে নিয়ে যেতে হবে। লাও তজু বলেন যে, যে নিজের পায়ের আঙ্গুলে ভর করে দাঁড়িয়ে থাকে, সে কখনই শক্তভাবে দাঁড়াতে পারে না। সেও হতবাক থাকবে কারণ সে যে সমর্থন নিয়েছে তা মিথ্যা এবং এগুলি কৃত্রিম। তার পা লম্বা নয়, এটা জুতার গোড়ালি। যে ভিত্তির উপর সে দাঁড়িয়ে আছে, সবই মিথ্যা।

একজন রাজনীতিবিদ তার চেয়ারে বসে বড় হয়ে ওঠেন, সেই চেয়ারটিও সমানভাবে মিথ্যা। এই কারণেই একজন রাজনীতিবিদ কখনও শান্তিতে তার চেয়ারে বসতে পারেন না। চেয়ারে বসে শান্তিতে থাকা খুব কঠিন। অন্যদের থেকে নিজেকে শ্রেষ্ঠ দেখানোর এই প্রচেষ্টাই সেই প্রচেষ্টা যা কাউকে চেয়ারে শান্তিতে বসতে দেয় না। তাই যদি সম্রাটদের রাতগুলি বেদনাদায়ক হয়, এবং সম্রাটরা যদি কখনও কখনও তাদের অন্তরে ভিক্ষুকদের প্রতি ঈর্ষা অনুভব করে থাকেন, তাহলে এর পেছনে কারণ আছে।

যদি কোনও ব্যক্তি সম্পদের স্তূপ জমা করে এবং তার উপরে উঠতে চেষ্টা করে, তাহলে সে যতই ভাবুক না কেন যে সে এই স্তূপের উপরে দাঁড়িয়ে আছে, সে বুঝতে পারুক বা না বুঝুক, সে জানে না যে বাস্তবে এই স্তূপ তার মাথায় বসবে। তাকে দমন করা হবে। সে এই স্তূপের উপরে উঠতে পারবে না।

লাও তজু বলেছেন, যদি আপনি দৃঢ়ভাবে দাঁড়াতে চান, তাহলে এমনভাবে দাঁড়ানো উচিত যাতে দাঁড়ানোর মধ্যে কোনও উত্তেজনা না থাকে। কোনও মানুষ পায়ের আঙুলের উপর ভর দিয়ে দাঁড়াতে পারে না। আর যখন আপনি আপনার পায়ের আঙ্গুলের উপর ভর করে দাঁড়াবেন, তখনই আপনি বুঝতে পারবেন যে আপনি দাঁড়িয়ে আছেন। যখন আপনি নিজের পুরো পায়ের উপর ভর দিয়ে দাঁড়াবেন, তখন আপনি বুঝতেও পারবেন না যে আপনি দাঁড়িয়ে আছেন, কিন্তু আমাদের ভারসাম্য বজায় রাখার অভ্যাস নেই।

ভারসাম্য বজায় রাখার জন্য একটি ধ্যান অনুশীলন জরুরি

তাই লাও তজুর ঐতিহ্যে একটি প্রক্রিয়া রয়েছে। লাও তজু তাঁর শিষ্যদের বলতেন, উঠে দাঁড়াতে, তারপর চোখ বন্ধ করতে, এবং তারপর লক্ষ্য করতে যে তারা তাদের পায়ের কোনও অংশে চাপ দিচ্ছে কিনা। উভয় পায়ে সমানভাবে ভারসাম্য বন্টন করুন। কিন্তু আমরা কখনই জানতে পারব না। তাই জানতে, লাও তজু বলতেন, দাঁড়াও, তারপর এক পায়ে চাপ দাও; বাম পায়ে পূর্ণ চাপ দিন; তুমি বাম দিকে দাঁড়িয়ে আছো, ভেতরে চলে যাও। তখন তুমি বুঝতে পারবে যে তোমার ডান পা অক্ষম হয়ে গিয়েছে, তাতে কোনও প্রাণ নেই। তারপর ডান পা থেকে সমস্ত চাপ সরিয়ে ফেলুন এবং দেখবেন বাম পা খালি হয়ে গিয়েছে। তারপর উভয়ের উপর সমানভাবে জোর দিন।

লাও তজু বলতেন, যেদিন তোমার ভারসাম্য একেবারে সমান হয়ে যাবে, সেদিন তুমি তোমার বাম এবং ডান পা - কোন পা বাম আর কোনটি ডান - পার্থক্য করতে পারবে না। যেদিন ভারসাম্য সমান হবে, তুমি যতক্ষণ দাঁড়িয়ে থাকো না কেন, ক্লান্ত হবে না। এটা কেবল পায়ের ক্ষেত্রেই সত্য নয়, পুরো শরীরের ক্ষেত্রেও সত্য। যদি আমাদের জীবনীশক্তি সারা শরীরে সমানভাবে বিতরণ করা হয়, তাহলে আমাদের ক্লান্তি এবং ঝামেলার কোনও কারণ থাকবে না। মাঝে মাঝে মানুষের দিকে তাকান। নিজেকে দেখা কঠিন, কিন্তু অন্যদের দেখলে তা সহজ হবে। যেকোনও পরীক্ষার হলে যান এবং শিক্ষার্থীদের লেখা দেখুন। তাহলে আপনি অবাক হবেন যে লেখা হাত দিয়ে লেখা হয়, কিন্তু তাদের পাও প্রসারিত, পায়ের সাথে লেখার কোনও যোগসূত্র নেই। যদি আপানি একজন দক্ষ লেখক হন, তাহলে নিজের আঙুল দিয়ে কলম ধরার জন্য যতটা জোর দরকার, আপনাকে নিজের হাতে ততটা জোর দিতে হবে, এর বেশি কিছুর দরকার নেই। কিন্তু পুরো শরীর টানটান হয়ে যায়, মাথা থেকে পা পর্যন্ত প্রতিটি স্নায়ু টানটান হয়ে যায়।

একজন লোককে সাইকেল চালাতে দেখুন। সাইকেল চালানোর জন্য শুধু পায়ের আঙুলই যথেষ্ট কিন্তু তার সাথে পুরো শরীর জড়িত, পুরো শরীরের এই জড়িত থাকার ফলে অপ্রয়োজনীয় ক্লান্তির জন্ম হয় এবং যদি এটি অভ্যাসে পরিণত হয় তবে আমাদের পুরো জীবন অপ্রয়োজনীয় উত্তেজনায় ভরে ওঠে।

ম্যাথিউ আলেকজান্ডারের আচরণ থেরাপি

ইংল্যান্ডে ম্যাথিউ আলেকজান্ডার নামে একজন মহান শিক্ষক ছিলেন। সেই শিক্ষকই মানুষকে হাঁটতে শেখাতেন এবং আপনি জেনে অবাক হবেন

যে আলেকজান্ডার হাজার হাজার মানুষের হাজার হাজার রোগ নিরাময় করেছিলেন কেবল সঠিকভাবে দাঁড়ানো, সঠিকভাবে শুয়ে থাকা এবং সঠিকভাবে বসতে শেখানোর মাধ্যমে। তিনি কেবল মানবিক কার্যকলাপের শিক্ষক ছিলেন কিন্তু তিনি একজন চিকিৎসক হিসেবে প্রমাণিত হন। আলেকজান্ডার তাঁর স্মৃতিকথায় লিখেছেন যে, এখনও পর্যন্ত আমি এমন একজনও পুরুষকে পাইনি যিনি তার শরীরের ভালোভাবে চিকিৎসা করছেন। কিন্তু তার এ সম্পর্কে কোনও ধারণা নেই।

আলেকজান্ডার লাও তজুর কথা মনে করলেন এবং বললেন যে এই লোকটি রহস্যটি জানেন। তিনি বলেন, কেউ যদি নিজের পায়ের আঙ্গুলের উপর ভর করে দাঁড়ায়, তাহলে সে আর শক্তভাবে দাঁড়াতে পারবে না। তার পুরো জীবনটাই দুর্বলতা হয়ে যাবে। তার সারা জীবনে ভয়ের একটা কম্পন ঢুকে পড়বে। সে যাই করুক না কেন, সে কাঁপবে, ভীতু এবং নার্ভাস থাকবে। আর এর কারণ কী? এর কারণ এই নয় যে সে দুর্বল। এর একমাত্র কারণ হল, সে অন্যদের সামনে নিজেকে শক্তিশালী দেখানোর জন্য বৃথা চেষ্টা করছে। যখন আপনি অনুভব করবেন যে আপনার ভেতরে ভয় জাগছে যে, আপনি বোকা কি না, তখন আপনার বুঝতে হবে যে আপনি নিজের পায়ের আঙ্গুলে দাঁড়িয়ে অন্যদের দেখাচ্ছেন যে আপনি বুদ্ধিমান। জীবন এক বিরাট বৈপরীত্য।

চেষ্টা করার মধ্যে উদ্বেগ আছে

আমেরিকায় একজন মনোবিজ্ঞানী আছেন, আব্রাহাম মাসলো। তাঁর কাছে এক রোগী আসেন। তিনি ছিলেন একটি খুব বড় ব্যাংকের ডায়রেক্টর এবং তাঁর সম্পূর্ণ কাজ তাঁর লেখার উপর নির্ভর করত। আজ পর্যন্ত তার খ্যাতি এবং প্রশংসা ছিল তার খুব সুন্দর হাতের লেখার জন্য। কিন্তু গত কয়েকদিন ধরে তার হাত কাঁপতে শুরু করে এবং তার হাতের লেখাও খারাপ হতে শুরু করে। তিনি যতই তার হাতের লেখা ঠিক করার চেষ্টা করেন, ততই খারাপ হতে থাকে। আর এখন তার মনে ভয় তৈরী হয় যে তার আজীবনের সুনাম নষ্ট হওয়ায় তাকে চাকরি ছাড়তে হতে পারে। তিনি অনেকের কাছ থেকে পরামর্শ নিয়েছিলেন। সমস্ত পরামর্শই বিপজ্জনক প্রমাণিত হল এবং ফলাফল হল তার হাত আরও বেশি করে কাঁপতে শুরু করে। তিনি মাসলোকে জিজ্ঞেস করেন।

তাই মাসলো তাকে একটা কাজ করতে বলেন, 'যখন তোমার হাতের লেখা ভালো ছিল, তখন তুমি কখন তোমার হাতের লেখা আরও উন্নত করার

চেষ্টা করেছিলে?' তিনি জানান, 'আমার ঠিক মনে পড়ছে না।' তাই মাসলো বলেন, 'তুমি এক কাজ কর, ইচ্ছাকৃতভাবে যতটা খারাপভাবে লিখতে পার, লেখার চেষ্টা কর। তোমার হাতের লেখা যতটা সম্ভব নষ্ট কর।' আর আপনি জানলে অবাক হবেন যে বছরের পর বছর ধরে তার মনে যে দুশ্চিন্তা ছিল তা ধীরে ধীরে দূর হতে শুরু করে। তিনি যতই তা নষ্ট করার চেষ্টা করেন, ততই তিনি দেখেন যে তা নষ্ট হয়নি বরং আরও সুন্দর হয়ে উঠেছে। আমরা প্রচেষ্টার সাথে যাই করি না কেন, তা ভুল হয়ে যায়। যদি আপনি হাতের লেখা নষ্ট করার চেষ্টা করেন, তাহলে এই প্রচেষ্টাও বৃথা যাবে।

আপনি যদি নিজের হাতের লেখা উন্নত করতে চান, তাহলে তা সংশোধন করার চেষ্টা করুন, তবে এই প্রচেষ্টা নষ্ট হবে এবং হাতের লেখা নষ্ট হয়ে যাবে।

ফ্র্যাঙ্কলের বিপরীত প্রভাবের সূত্র

জার্মান মনোবিজ্ঞানী ফ্রাঙ্কল এটিকে বিপরীত প্রভাবের নিয়ম, বিপরীতের নিয়ম বলেছেন। আমরা প্রচেষ্টার সাথে যাই করি না কেন, এর বিপরীত ফলাফল আসে। একজন মানুষ সবার সাথে ভালো হতে চেষ্টা করে এবং তারপর একদিন সে নিজের বুকে আঘাত করে বলে যে আমি সবার সাথে ভালো হতে চেষ্টা করছি আর সবাই আমার সাথে খারাপ করেছে। মানুষকে ক্রমাগত বলতে শোনা যায় যে আমরা ভালো করি আর মানুষ আমাদের সাথে খারাপ করে; আমি ওই ব্যক্তিকে অনেক সাহায্য করেছি তবে প্রয়োজনের সময় সেই ব্যক্তি আমার দিক থেকে মুখ ফিরিয়ে নিয়েছে।

এটা তোমার প্রচেষ্টার ফল; এটা নিয়ম অনুযায়ী হচ্ছে। কেউ তোমার সাথে কোনও অন্যায় করছে না। যখনই কেউ ভালো করার চেষ্টা করে তখনই তার সাথে খারাপ কিছু ঘটে। চেষ্টার মধ্যেই ব্যর্থতা লুকিয়ে থাকে। আপনি যখন কারোর প্রতি সদয় হওয়ার চেষ্টা করেন, সেই ব্যক্তি কখনও আপনাকে ক্ষমা করবে না। একদিন না একদিন সে আপনার দয়ার প্রতিশোধ নেবেই কারণ দয়া দেখানোর চেষ্টায় দয়া নিষ্ঠুরতায় পরিণত হয় এবং দয়া হিংসায় পরিণত হয়। যখন আপনি কারো সাথে ভালো ব্যবহার করার চেষ্টা করেন, তখন আপনি দেখাচ্ছেন যে আপনি কতটা ভালো। সেই ভালো দেখানোর চেষ্টা নিজের থেকেই বিষ বৃক্ষ হয়ে ওঠে।

তাই তথাকথিত ভালো মানুষদের কেউ কখনও ক্ষমা করতে পারে না। নিজের বাবা-মাকেও ক্ষমা করা কঠিন কারণ বাবা-মা ভালো করার জন্য এত চেষ্টা করেন যে তারা শত্রুর মতো মনে হতে শুরু করেন।

মায়ের চুম্বন: সমস্যার শুরু

ইংরেজ চিন্তাবিদ আর.ডি. ল্যাং তাঁর বইটি এই বাক্যটি দিয়ে শুরু করেছেন যে একজন মা যখন তার সন্তানকে প্রথম চুম্বন করে, সেখানে থেকেই পৃথিবীর সমস্ত দুষ্টুমির শুরু হয়। চুম্বন! মায়ের প্রথম চুম্বন এই পৃথিবীতে দুষ্টুমির শুরু। শিশুটির সাথেই সহিংসতা শুরু হয়েছিল। লেং লিখেছেন যে সহিংসতা শুরু হয়েছিল শিশুটির সাথে। এটা কিছুটা হলেও সত্য। কিন্তু কেবলমাত্র ততটাই সত্য যা এই চুম্বন থেকে উদ্‌ভূত হয়। যদি তা না হত, তাহলে চুম্বনের স্মৃতিও অবশিষ্ট থাকত না। কিন্তু মায়েরা পরে মনে রাখে। অতএব মনে হচ্ছে এগুলি এমন জিনিস যা প্রচেষ্টার ফলে উদ্‌ভূত হয়েছে। মা পরে বলেন, আমি তোমার জন্য কী করেছি। তোমার অসুস্থতার জন্য আমি সারা রাত জেগে ছিলাম। মায়েরা একজন ব্যক্তি হিসেবে সকল ধরণের কষ্টের সম্পূর্ণ হিসাব রাখেন। এভাবে হিসাব রাখা কোনও মায়ের কাজ নয়, এটা একটা প্রতিষ্ঠানের সচিবের জন্যই উপযুক্ত।

যদি তা প্রচেষ্টার আকারে বেরিয়ে আসে তবে এর স্মৃতি তৈরি হয়; যদি এটি স্বতঃস্‌ফূর্তভাবে বেরিয়ে আসে তবে এর স্মৃতি তৈরি হয় না। যদি এটি স্বতঃস্‌ফূর্তভাবে বেরিয়ে আসে তবে এর ফলাফল তাৎক্ষণিকভাবে পাওয়া যায়, এর থেকে অন্য কোনও ফলাফলের আশা নেই। যদি তা প্রচেষ্টার মাধ্যমে অর্জন করতে হয় তবে এটি একটি বিনিয়োগ। ভবিষ্যতে এর ফল ভোগ করার ইচ্ছা থাকবে। তখন বৃদ্ধা মা তার ছেলেকে বলবেন, আমি তোমার জন্য কী করেছি আর তুমি আমার জন্য কী করছো? এর মানে হল যে মা তার কাজ উপভোগ করতে পারেননি। আনন্দ করতে পারেনি। কাজ শেষ, ফলাফল বাকি। কিন্তু যদি মায়ের চুম্বনেই আনন্দ ছিল তাহলে সেও আনন্দ পেয়েছে, এখন বিনিময়ে কিছু পাওয়ার প্রশ্নই বা কী? আর যদি তার মনে থাকে, তার মানে সে আমাকে বলবে যে সে ভবিষ্যতের লাভের আশায় মূলধন বিনিয়োগ করেছিল। সুবিধাটি তাৎক্ষণিকভাবে পাওয়া যায় না, ভবিষ্যতে এটি পাওয়া যাবে, এর হিসাব রাখতে হবে। তার স্মৃতি রয়ে গিয়েছে।

লাও তজু বলেন যে, আমরা উত্তেজনার সাথে যা-ই করি না কেন, তা আমাদের জীবনকে ভেতর থেকে বিকৃত করে এবং পঙ্গু করে, শক্ত করে তোলে, পঙ্গু করে দেয়। দাঁড়ানোর সময় দেখুন আর দাঁড়ালে ব্যথা অনুভব হবে। যদি আপনি হাঁটতে চান, তাহলে আপনার পা শিথিল থাকা উচিত।

লাও তজু বলেন, যে সে তার পা প্রসারিত করে ঠিকমতো হাঁটে না। আমরা জীবনে প্রতিদিনই আমাদের চারপাশে এমন ঘটনা অনুভব করি। আমরা সবাই কথা বলি, একশো জনের মধ্যে নিরানব্বই জন ভালো কথা বলে, কথা বলতে পারদর্শী, কিন্তু যদি তাদের এখানে মঞ্চে এনে দাঁড় করানো হয়, তাহলে তাদের পক্ষে কথা বলা কঠিন হয়ে উঠবে। কী হল? কী হল? তার জিহ্বায় কোনও সমস্যা নেই। তার গলা ঠিক আছে, সবকিছু ঠিক আছে। সে প্রতিদিন কথা বলে। আমরা সারাদিন শুধু কথা বলি, আর কী করি? এই মাইকের সামনে দাঁড়িয়ে হঠাৎ কেন তার কণ্ঠ রুদ্ধ হয়ে যায়? হাত-পা কাঁপতে শুরু করে কেন? সে কথা বলতে এত দক্ষ! তার পক্ষে চুপ থাকা কঠিন; নীরবতা কঠিন মনে হয়। হঠাৎ কেন সে নীরব হয়ে যায়? আমরা কেন মঞ্চে দাঁড়িয়ে কথা বলতে পারি না? এখন এটা খানিকটা পায়ের আঙ্গুলের উপর দাঁড়িয়ে থাকার মতো হয়ে যায়। এবার কথা বলার চেষ্টা করে। আসলে সে প্রতিদিন যা-ই বলত, তা ছিল অনিচ্ছাকৃত। এতে কোনও প্রচেষ্টা ছিল না, কোনও সচেতনতা ছিল না। আমার কথা বলতে ইচ্ছে করছিল। এখন আমি সচেতন যে আমি কথা বলছি এবং কেন আমি সচেতন, আমি সচেতন কারণ আমি এমন কিছু বলতে চাই না যা মানুষের চোখে আমার সুনাম নষ্ট করে; এমন কিছু বলুন যা আপনার খ্যাতি বৃদ্ধি করে। মনোযোগ জনগণের দিকে চলে যায়।

একবার ভেবে দেখুন, সামনে একটিও মানুষ নেই, আপনি এখানে মাইকের সামনে একা দাঁড়িয়ে আছেন, তাহলে আপনি স্বাধীনভাবে কথা বলতে পারবেন। আপনি খুব আনন্দের সাথে কথা বলতে পারবেন; নিজের কণ্ঠস্বর শুনতে খুব আনন্দ লাগে। কিন্তু যখন মানুষ বসে থাকে, তখন সমস্যা হয়। মানসিক চাপ আপনাকে চেপে ধরে।

মনোবিজ্ঞানীরা বলেন - আপনার হয়তো এমন অভিজ্ঞতা হয়েছে - ঔষধ গিলে খাওয়া কঠিন। অথচ আপনি প্রতিদিন খাবার গিলে খান। আপনার কখনোই মনে হয় না যে খাবারের টুকরো আটকতে যেতে পারে, বা আপনাকে তা গিলে ফেলার জন্য অনেক চেষ্টা করতে হতে পারে। কিন্তু যদি আপনি ওষুধের ট্যাবলেটটি জিহ্বায় রাখেন, তাহলে জল ভিতরে চলে যায় এবং ট্যাবলেটটি জিহ্বায় থেকে যায়। এই ঔষধের বিশেষত্ব কী? খাবার খাওয়ার সময় কোনও কষ্ট নেই। আমাকে ঔষধটা গিলে খেতে হবে। এটি একটি প্রচেষ্টা। সেই প্রচেষ্টা নিজেই একটি বাধা হয়ে দাঁড়ায়।

বিপরীতের নিয়ম জীবনের সকল দিকেই কাজ করে। আপনি যত বেশি চেষ্টা করবেন, তত বেশি ব্যর্থ হবেন। সাফল্যের একটাই সূত্র: চেষ্টা করবেন না, তার মানে এই নয় যে কিছু করবেন না। এর অর্থ, আপনি যেমনটা করতে চান তেমনটা করুন। তার উপর কোনও বোঝা থাকা উচিত নয়, সেটিকে কোনও বোঝা মনে করা উচিত নয়, তার উপর কোনও জোর জবরদস্তি করা উচিত নয়, তাকে টেনে তুলতে হবে না। আপনার নদীর মতো প্রবাহিত হতে হবে, কুঁড়ির মতো ফুটতে হবে, পাখি হতে হবে এবং পাখির মতো গান গাইতে জানতে হবে।

১৫

মানসিক চাপের কারণ আপনার ভেতরেই

প্রশ্ন: আধুনিক নগরজীবন, তার অত্যধিক যান্ত্রিকীকরণ এবং তাড়াহুড়ো সহ, শারীরিক ও মানসিক স্তরে ক্রমাগত চাপ এবং ক্লান্তি তৈরি করে। এই বিষয়ে তন্ত্রের দৃষ্টিভঙ্গি কী? অপ্রয়োজনীয়ভাবে দৌড়া দৌড়ি এড়িয়ে চলা কি ভালো নয়?

উত্তর: জীবন সবসময়ই এরকম ছিল - আধুনিক হোক বা আদিম। এতে উত্তেজনা এবং উদ্বেগ রয়েছে। বিষয়বস্তু বদলে যায়, কিন্তু মানুষটি একই থাকে। দুই হাজার বছর আগে মানুষ গরুর গাড়ি চালাত, এখন তারা গাড়ি চালাচ্ছে, কিন্তু চালক সেই একই, গরুর গাড়ি বদলে গিয়েছে, সবকিছু একই রকম আছে; আপনি গাড়ি চালাচ্ছেন। কিন্তু ড্রাইভার বদলায়নি, সে একই আছে। সে তার গরুর গাড়ি নিয়ে চিন্তিত ছিল, সে মানসিক চাপে ছিল। এখন আপনি আপনার গাড়ি নিয়ে চিন্তিত এবং চাপে আছেন। বিষয়বস্তু বদলে যায়, কিন্তু মন একই থাকে।

তাই ভাববেন না যে আধুনিক জীবন আপনার এত উদ্বিগ্নতার কারণ। এর কারণ আপনি নিজে, আধুনিক জীবন নয়। আর আপনি যেকোনও সভ্যতার যেকোনও জায়গায় চিন্তিত থাকবেন। কয়েক দিনের জন্য; অন্তত দুই-তিন দিনের জন্য আপনার গ্রামে যাওয়া উচিত। সেখানে কিছু সময়ের জন্য আপনার ভালো লাগবে কারণ রোগগুলিকেও মানিয়ে নিতে হয়। তিন দিনের মধ্যে আপনি গ্রামের সাথে মানিয়ে নেবে এবং তারপর আবার উদ্বেগ মাথা চাড়া দিতে শুরু করবে এবং আবার সমস্যা দেখা দেবে। এখন কারণগুলি এক নয়, কিন্তু আপনি এখনও একই আছো।

কখনও কখনও এমন হয় যে শহরের যানজট এবং কোলাহলের কারণে আপনি বিরক্ত হন এবং বলেন যে এত ভিড় এবং কোলাহলের কারণে আমি রাতে ঘুমাতে পারছি না। গ্রামে যান, সেখানেও আপনার ঘুম আসবে না কারণ সেখানে ভিড় নেই। আপনাকে শহরে ফিরে যেতে হবে কারণ গ্রামটি মৃত মনে হচ্ছে, এতে কোনও প্রাণ নেই।

মানুষ প্রায়ই আমাকে তাদের অভিজ্ঞতার কথা এভাবে বলে থাকে। আমি এক বন্ধুকে কাশ্মীরের পাহেলগাম যেতে বলেছিলাম। ফিরে এসে সে আমাকে বলল যে সেখানকার জীবন খুবই একঘেয়ে। আপনি এক বা দুই দিনের জন্য সেখানকার পাহাড় এবং উপত্যকা উপভোগ করবেন এবং তারপর আপনার একঘেয়ে লাগতে শুরু করবে। যে লোকটা আমাকে বলত যে শহরের জীবন তার মাথা ঘোরার অন্যতম কারণ, এখন সে বলছে যে পাহাড়গুলি তাকে বিরক্ত করতে শুরু করেছে, তার ফলে সে বাড়ি ফিরে যেতে বাধ্য হয়।

আসলে আপনিই সমস্যা, কাশ্মীরও আপনাকে সাহায্য করতে পারবে না। মুম্বাই, লন্ডন বা নিউ ইয়র্ক আপনাকে অস্থির করে তোলে, আপনিই এই অস্থিরতার কারণ। লন্ডন আপনাকে বানায়নি, আপনিই লন্ডন গড়ে তুলেছেন। এই যানজট, এই কোলাহল, এই উন্মত্ত ভিড়, এই সবই আপনার সৃষ্টি, আপনার মতো মানুষের সৃষ্টি, কারণ আপনার মধ্যেই সমস্তটা লুকিয়ে আছে। এমন নয় যে আপনি শব্দের কারণে চাপে আছেন, আসলে আপনি এটা ছাড়া বাঁচতে পারবেন না। এটা আপনার প্রয়োজন, এটা ছাড়া আপনি বাঁচতে পারবে না।

গ্রামের মানুষ খুবই অসন্তুষ্ট, তারা মুম্বাই, নিউ ইয়র্ক বা লন্ডনে পালিয়ে যেতে আগ্রহী। সুযোগ পেলেই তারা পালিয়ে যায় এবং আমি গ্রামের সুন্দর জীবন নিয়ে লোকজনের কথা শুনতে পাই। তারা কখনোই সেখানে যেতে এবং বসবাস করতে প্রস্তুত নয়, কিন্তু তারা গ্রাম সম্পর্কে অনেক কথা বলতে থাকে। কে আপনাকে বাধা দেয়? আপনি বনে যানা না কেন, কে আপনাকে বাধা দিচ্ছে?

আপনার এটা পছন্দ হবে না, আপনার এটা পছন্দ হতে পারে না। শুরুতে কয়েকদিন আপনার ভালো লাগবে - পরিবর্তনের কারণে। আর তারপর? তখন আপনি বিরক্ত হয়ে যাবেন। আপনার কাছে সবকিছুই একঘেয়ে মনে হবে, আপনি সেখান থেকে পালাতে চাইবেন।

নগরজীবন আপনার জন্য সৃষ্টি হয়েছে, তার কারণ হল আপনার অস্থির মন। আপনি এই শহরগুলির জন্য পাগল হচ্ছেন না, এই শহরগুলি আপনার পাগল মনের জন্যই তৈরি হয়েছে। এগুলি আপনার জন্য তৈরি। আপনিই তাদের সৃষ্টি করেছেন। এই শহরগুলি ছেড়ে যাবে না। এগুলি থাকবে, এগুলি আপনার উৎপাদন।

একটা কথা মনে রাখবেন: যখনই আপনার মনে হবে যে কিছু ভুল, প্রথমে নিজের মধ্যে এর কারণ খুঁজে বের করুন এবং অন্য কোথাও যাবেন না। একশোর মধ্যে নিরানব্বই বার আপনি নিজের মধ্যেই কারণ খুঁজে পাবেন।

আর যখন একশোটির মধ্যে নিরানব্বইটি কারণ আপনার ভেতরে থাকবে, তখন একশোতম কারণটি নিজে থেকেই চলে যাবে। আপনার সাথে যা-ই ঘটুক না কেন, আপনিই তার কারণ। আপনিই কারণ; পৃথিবীটা কেবল একটা আয়না।

কিন্তু অন্য কোথাও কারণ খুঁজলে সান্ত্বনা পাওয়া যায়, তখন আপনার মধ্যে অপরাধবোধ কাজ করে না, তারপর আপনি আত্ম-নিন্দা অনুভব করেন না। আপনি সবসময় বলতে পারেন এটাই কারণ, আর যদি কারণটা না বদলায়, তাহলে আমি কীভাবে বদলাবো? আপনি আসলে কারণের আড়ালে নিজেকে লুকিয়ে রাখতে চান। এটা একটা কৌশল। এই কারণেই আপনার মন অন্য কোথাও কারণটি খুঁজে বার করতে চায়। স্বামীর কারণে স্ত্রী অস্থির, সন্তানদের কারণে মা অস্থির, বাবার কারণে সন্তানরা অস্থির। প্রতিটি মানুষ অন্য কারো কারণে কষ্ট পায় এবং প্রতিটি মানুষ সবসময় মনে করে যে কারণটি বাইরের।

মোল্লা নাসরুদ্দিন একটা রাস্তা দিয়ে যাচ্ছিলেন, তখন সন্ধ্যা হয়ে এসেছে এবং অন্ধকার নেমে আসছে। হঠাৎ সে বুঝতে পারল যে রাস্তাটা খুবই নির্জন। কোথাও কেউ ছিল না এবং সে ভয় পেতে থাকে। তারপর সে দেখতে পেল সামনে থেকে একদল লোক আসছে। সে চোর-ডাকাত সম্পর্কে পড়েছিল। সে আরও ভয় পেতে শুরু করে এবং ভয়ে কাঁপতে লাগল। সে ভেবেছিলো যে এরা ডাকাত আর রক্তাক্ত হাতে আসছে এবং তারা তাকেও মেরে ফেলবে। তাহলে আমরা কীভাবে এগুলো থেকে আমাদের জীবন বাঁচাতে পারি? তখন সে সব জায়গায় তাকিয়ে দেখল।

কাছেই একটা কবরস্থান ছিল, মোল্লা তার দেয়াল টপকে ভেতরে ঢুকে পড়ে। সেখানে সে একটি নতুন খনন করা কবর পেল, যেটি সেদিনই কারো জন্য খনন করা হয়েছিল। সে ভাবল যে এই কবরে মৃত অবস্থায় থাকাই ভালো, তারা ভাববে যে ওখানে একজন মৃত ব্যক্তি পড়ে আছে, তাকে হত্যা করার কোন প্রয়োজন হবে না। মোল্লা কবরে শুয়ে পড়ে।

সেই ভিড় ছিল একটি বিয়ের মিছিল, কোন ডাকাত দলের নয়। বিয়ের মিছিলের লোকজনও মোল্লাকে কাঁপতে এবং লাফাতে দেখেছিল। তারাও ভয় পেয়ে গেল এবং ভাবতে লাগলো ব্যাপারটা কী এবং এই লোকটি কে? তারা ভেবেছিল যে সে হয়তো কিছু ঝামেলা করতে পারে এবং এই উদ্দেশ্যেই সে এখানে লুকিয়ে ছিল। পুরো বিয়ের মিছিলটি সেখানেই থামল এবং এর লোকজনও দেয়াল পেরিয়ে ভেতরে ঢুকল।

মোল্লা খুব ভয় পেয়ে যায়। বিয়ের বাড়ির লোকজন তাকে ঘিরে জড়ো হয়ে জিজ্ঞাসা করে, তুমি এখানে কী করছো? তুমি এই কবরে শুয়ে আছো কেন? মোল্লা বলে, তোমরা খুবই কঠিন প্রশ্ন করছো। আমি তোমাদের ভয়েই এখানে,আর তোমরা আমার জন্যই এখানে।

এটা সর্বত্র ঘটছে। আপনি অন্য কারো কারণে কষ্ট পান, অন্যজন আপনার কারণে কষ্ট পায়, আর আপনি নিজেই নিজের চারপাশে একটা বলয় তৈরী করেন এবং নিজেকে রক্ষা করার জন্য ব্যবস্থা গ্রহণ করেন। কেবল তখনই দুঃখ ও হতাশার উদ্ভব হয়, দ্বন্দ্ব ও দুঃখ গ্রাস করে এবং দ্বন্দ্ব দেখা দেয়। পুরো ব্যাপারটাই বোকামি। এই চক্র চলতে থাকবে যতক্ষণ না আপনার দৃষ্টিভঙ্গি পরিবর্তন হচ্ছে।

সর্বদা প্রথমে নিজের মধ্যে কারণটি অনুসন্ধান করুন। ট্র্যাফিকের শব্দ কীভাবে আপনাকে বিরক্ত করতে পারে? আপনি যদি তার বিরুদ্ধে যান, তাহলে তা আপনাকে কষ্ট দেবে। যদি আপনার বিশ্বাস হয় যে এটি সমস্যা সৃষ্টি করছে, তাহলে সমস্যা হবেই। কিন্তু যদি আপনি এটা মেনে নেন, যদি আপনি কোনও প্রতিক্রিয়া না দেখান, এটা ঘটতে দেন, তাহলে আপনি এটা উপভোগও করতে পারেন। এর নিজস্ব সুর আছে, নিজস্ব সঙ্গীত আছে। আপনি তার কথা শোনার চেষ্টা করুন। তার মানে এই নয় যে তার নিজস্ব সঙ্গীত নেই। একদিন, নিজেকে ভুলে যানজটের শব্দ শুনুন। শুধু শুনুন; এটা বিরক্তিকর, এটা ভালো নয় এমন ধারণা আপনার মনে আনবেন না। আপনার পছন্দ-অপছন্দকে এর মধ্যে টেনে আনেবেন না, শুধু শুনুন। শুরুতে এটা বিশৃঙ্খল মনে হবে। তাও মনের কারণে, যদি আপনি পুরোপুরি শিথিল হতে পারেন তাহলে আজ হোক বা কাল, সবকিছু ছন্দময় হয়ে উঠবে এবং এমনকি রাস্তার কোলাহলও সঙ্গীতে পরিণত হবে। তারপর আপনি এটা উপভোগ করতে পারেন, এমনকি এর সুরে নাচতেও পারেন।

তার মানে এটা আপনার ব্যাপার। যদি আপনি মনে করেন যে এটা আপনাকে বিরক্ত করছে না, তাহলে কিছুই আপনাকে বিরক্ত করতে পারবে না। যদি আপনি মনে করেন যে রাস্তার এই শব্দ আপনাকে বিরক্ত করছে, তাহলে এটা অবশ্যই আপনাকে বিরক্ত করবে কারণ আপনি ইতিমধ্যেই বিরক্ত হওয়ার জন্য প্রস্তুত। যদি আপনি মনে করেন যে পারিবারিক জীবন হল বন্ধন। তাহলে এটি আপনার জন্য বন্ধনে পরিণত হবে, আপনি এর জন্য প্রস্তুত। যদি আপনি মনে করেন যে দারিদ্র্য আপনাকে মুক্ত হতে সাহায্য করবে, তাহলে তা আপনাকে সাহায্য করবে। অবশেষে আপনি আপনার চারপাশের পৃথিবী

তৈরি করে নেবেন। আপনি যা ভাবেন, ঠিক সেই ভাবেই আপনার পরিবেশ গড়ে ওঠে এবং আপনি তাতেই প্রবেশ করেন।

তন্ত্র বলে, এই কারণটি সর্বদা মনে রাখবেন, কারণটি সর্বদা আপনার ভেতরেই থাকে। যদি আপনি এটা জানেন, তাহলে আপনি কারণ হবেন না। তাহলে আপনি নিজের জন্য আর কোনও নতুন বন্ধন তৈরি করবেন না। তাছাড়া, যে যুক্তি তৈরি করা বন্ধ করে দেয় সে স্বাধীন হয়ে যায়। তখন সে দুঃখীও হয় না, খুশিও হয় না। সুখ আপনার সৃষ্টি, আর দুঃখও আপনার সৃষ্টি। আপনি নিজের দুঃখকে আনন্দে রূপান্তর করতে পারেন, কারণ এটা আপনার সৃষ্টি।

১৬.

উদ্বেগ থেকে বিশ্রামের পথে

আপনি উত্তেজনা বুঝতে পারেন, কিন্তু শিথিলতা বুঝতে পারেন না। তাই উত্তেজনার সকল দিক দেখুন: এটি কী, এটি কীভাবে, কোথা থেকে আসে, এটি কীভাবে তৈরি হয়, এর উপায় কী? উত্তেজনাকে সম্পূর্ণরূপে বুঝতে পারেন, এবং যে মুহূর্তে আপনি এটি অনুভব করতে পারেন, তখনই একটি শূন্য মুহূর্ত তৈরি হয় যেখানে কোনও উত্তেজনা থাকে না। তারপর কেবল শরীরই শিথিল হয় না, সমগ্র সত্তা শিথিল হয়ে যায়।

হঠযোগে এমন একটি প্রক্রিয়া রয়েছে যেখানে শরীরের প্রতিটি পেশী প্রসারিত হয় এবং তারপরে সমস্ত উত্তেজনা শিথিল করা হয় এবং বিশ্রামে আনা হয়। গতিশীল ধ্যানে কি একই রকম ঘটনা ঘটে?

বিশ্রাম মূলত অস্তিত্ববাদী। জীবনের প্রতি আপনার দৃষ্টিভঙ্গি যদি উত্তেজনাপূর্ণ হয়, তাহলে আপনি শিথিল হতে পারবেন না। চেষ্টা করলেও শিথিল হতে পারবেন না। আসলে, শিথিল হওয়ার চেষ্টা করা বৃথা। এটি শিথিলের বিপরীতে কাজ করে। আপনি শিথিল হতে পারেন, কিন্তু নিজেকে শিথিল করতে পারেন না।

আপনার উপস্থিতিই বিশ্রামের বিরুদ্ধে কাজ করে। বিশ্রাম মানে আপনি নেই। আর কোনও প্রচেষ্টা আপনাকে অস্তিত্বহীন করতে পারে না। প্রতিটি প্রচেষ্টা আপনার উপস্থিতিকে শক্তিশালী করবে। আপনি যাই করুন না কেন তা আপনার কাজ হয়ে উঠবে, আপনাকে শক্তিশালী করে তুলবে। তা আপনাকে আরও শক্তিশালী, আরও সংকুচিত করে তুলবে।

এই অর্থে আপনি 'নিশ্চিন্ত' হতে পারেন না। বিশ্রাম তখনই আপনার সঙ্গ দেবে যখন আপনি থাকবেন না। আপনার কাজ অহংকারের অংশ হয়ে উঠবে। আপনার প্রচেষ্টা কেবল আপনার ধারাবাহিকতায় পরিণত হবে।

আপনি সেই মুহূর্তে বিশ্রামে আছেন। আপনার অস্তিত্বই উদ্বেগের অন্যতম কারণ। আপনি টেনশন ছাড়া থাকতে পারেন না কারণ আপনি নিজেই একটি টেনশন।

যখন আপনি এমন কিছু চান যা সেখানে নেই, তখন টেনশন শুরু হয়। এটা অতীত এবং ভবিষ্যতের টেনশন, আপনি এই দুয়ের মধ্যে একটি সেতু এবং যখন এই দুয়ের সাথে সম্পর্ক থাকবে তখন টেনশন থাকবে। মানুষ হল একটি সেতু, রংধনুর তৈরি আকাঙ্ক্ষার সেতু, এটি উধাও হয়ে যেতে পারে।

যখন আমি বলি বিশ্রাম অস্তিত্বগত, আমি বলতে চাইছি উত্তেজনা বুঝুন, এর সাথে কিছু করবেন না, শুধু বুঝুন। আপনি উত্তেজনা বুঝতে পারেন। কিন্তু আপনি আরাম করতে পারেন না। তাই উত্তেজনার সমস্ত দিক দেখুন, এটি কী, এটি কীভাবে আসছে, এটি কোথা থেকে আসে, এটি কীভাবে থাকে, এর অর্থ কী? উত্তেজনাকে সম্পূর্ণরূপে বুঝুন এবং যে মুহূর্তে আপনি এটি বুঝতে পারবেন, তখন একটি শূন্য মুহূর্ত তৈরি হয় যেখানে কোনও টেনশন থাকে না। তারপর কেবল শরীরই বিশ্রামে থাকে না, বরং সমগ্র সত্তা বিশ্রামে থাকে।

শরীরকে শিথিল রাখার চেষ্টা

শরীরকে শিথিল রাখা খুব কঠিন নয়। কিন্তু সভ্যতার বিকাশের সাথে সাথে এটি কঠিন হয়ে পড়েছে। শরীরের সাথে আমাদের সংযোগ বিচ্ছিন্ন হয়ে গিয়েছে। আমরা শরীরে বাস করি না। আমাদের জীবনযাত্রা বৌদ্ধিক, মানসিক হয়ে উঠেছে।

যখন আপনি ভালোবাসেন, তখনও আপনি শরীরের সাথে এটি করেন না, আপনি তা করেন মনের সাথে। শরীর মৃত বোঝার মতো আপনার আদেশ মেনে চলে। যখন আপনি কাউকে স্পর্শ করেন, তখন আপনি শরীরকে স্পর্শ করেন না, সেখানে কোনও সংবেদনশীলতা থাকে না। মন জিজ্ঞাসা করে, যেহেতু মন স্পর্শ করতে পারে না, তাই শরীর স্পর্শ করে। তবুও তাদের মধ্যে কোনও যোগাযোগ নেই। শরীর মৃত। আপনি আলিঙ্গন করতে পারেন কিন্তু এটি দুটি মৃত দেহের আলিঙ্গন। তারা কেবল কাছাকাছি আসে, কিন্তু প্রকৃতপক্ষে ঘনিষ্ঠ হয় না। ঘনিষ্ঠতা কেবল তখনই ঘটতে পারে যখন আপনি শরীরের মধ্যে থাকেন। আসলে আমরা আমাদের শরীরের বাইরে থাকি।

তারা ভূতের মতো শরীরের চারপাশে ঘোরাফেরা করে কিন্তু শরীরের মধ্যে বাস করে না। মানুষ যত সভ্য হয়েছে, শরীরের সাথে তার সংযোগ ততই ভেঙে গিয়েছে। এই সংযোগ ভেঙে যাওয়ার ফলে শরীরে এত উত্তেজনা তৈরি হয়।

শরীরের শিথিল হওয়ার নিজস্ব উপায় আছে। শরীর ক্লান্ত, বিছানায় শুয়ে আছে। কিন্তু আপনি সেখানে উপস্থিত নেই, তাই এটি শিথিল হতে পারে না। আপনার উপস্থিতি অপরিহার্য, অন্যথায় শরীর স্বয়ংক্রিয় প্রক্রিয়া কাজ করতে

পারে না। আপনি ছাড়া তা ঘুমাতে পর্যন্ত পারে না। ঘুম হারিয়ে যায়, শিথিলতা হারিয়ে যায়, কারণ শরীরের সাথে সংযোগ ভেঙে যায়।

আপনি শরীরের সাথে থাকতে পারেন না তাই শরীর ঠিকমতো কাজও করতে পারে না। এর কোনও নিজস্ব জ্ঞান নেই। এর একটি জৈবিক সহজাত বোধগম্যতা আছে, যা শতাব্দী প্রাচীন। কিন্তু আপনি উপস্থিত নেই, তাই উত্তেজনা থেকে যায়। অন্যথায় ভৌত শরীর মূলত স্বয়ংক্রিয়। এর কেবল আপনার উপস্থিতি প্রয়োজন এবং তবেই এটি কাজ শুরু করে।

আমাদের মনও উত্তেজনায় ভরা। যার কোনও প্রয়োজন নেই। মন উত্তেজনায় ভরা কারণ আপনি সবসময় অশান্তি তৈরি করছেন। উদাহরণস্বরূপ, যে যৌনতা নিয়ে ভাবছে সে অশান্তি তৈরি করছে কারণ যৌনতা এমন কিছু নয় যা নিয়ে ভাবা দরকার। মস্তিষ্ক কেন্দ্র এর জন্য তৈরি নয়, যৌনতার নিজস্ব কেন্দ্র আছে। কিন্তু আপনি মস্তিষ্কের মাধ্যমে যৌনতা কেন্দ্রের কাজে হস্তক্ষেপ করছেন। এমনকি যখন আপনি প্রেমে পড়েন, তখনও আপনি এটিকে একটি বস্তু হিসেবে বিবেচনা করেন। আপনি তা অনুভব করেন না। আপনার আবেগ কেন্দ্র নিষ্ক্রিয় থাকে।

একজন ব্যক্তি যত বেশি সভ্য, তার বুদ্ধিবৃত্তিক কেন্দ্র তত বেশি বোঝাগ্রস্ত। অন্যান্য কেন্দ্রগুলি মোটেও কাজ করে না। এটি উত্তেজনাও তৈরি করে কারণ যে কেন্দ্রটি সক্রিয় থাকা উচিত এবং যার ভিতরে একটি নির্দিষ্ট ধরণের শক্তি আছে, তার কোনও কাজ করার নেই। এটি নিজের মধ্যেই উত্তেজনা তৈরি করে। আর তা ঘটে নিজস্ব সঞ্চিত শক্তির মাধ্যমে।

মস্তিষ্ক কেন্দ্রের উপর অনেক বোঝা চাপিয়ে দেওয়া হয়েছে

মস্তিষ্ক কেন্দ্রের উপর অনেক বোঝা চাপিয়ে দেওয়া হয়েছে। আবেগ অনুভব করার দায়িত্ব তাকে দেওয়া হয়েছে, যা তার কাজ নয়। মস্তিষ্ক ভাবতে পারে কিন্তু আবেগে প্রবেশ করতে পারে না। চিন্তাভাবনার উপাদানগুলি অনুভূতির উপাদানগুলি থেকে সম্পূর্ণ আলাদা। কেবল ভিন্ন নয়, তারা সম্পূর্ণ বিপরীত। হৃদয়ের যুক্তি মস্তিষ্কের যুক্তির সমান নয়।

ভালোবাসা সম্পর্কে চিন্তা করার বিভিন্ন উপায় আছে, কিন্তু এটি কোনও বৌদ্ধিক উপায় নয়। তাই মস্তিষ্ককে এমন কিছু করতে হয় যে কাজ তার নয়, এবং এটি উত্তেজনা তৈরি করে। পরিস্থিতিটি এরকম: বাবা ছেলের কাজ করছেন এবং ছেলে বাবার কাজ করছে। বৌদ্ধিক স্তরে জীবনযাপনের কারণে এই ধরণের বিভ্রান্তি দেখা দেয়। যদি প্রতিটি কেন্দ্র নিজস্ব কাজ করে, তাহলে কোনও উত্তেজনা থাকবে না।

মস্তিষ্কই একমাত্র কেন্দ্র নয়। কিন্তু আমরা এমনভাবে বাস করি যেন এটিই সবকিছু। আমরা সমস্ত শান্তি, সমস্ত স্বাচ্ছন্দ্যকর মনোভাব, প্রকৃতির সাথে মানুষের সমস্ত সামঞ্জস্য ধ্বংস করে দিয়েছি। মস্তিষ্কের একটি নির্দিষ্ট কাজ আছে, কিন্তু তা খুবই সীমিত। অথচ আমরা এর উপর এত বোঝা চাপিয়ে দিয়েছি। আমাদের পুরো শিক্ষা একটি কেন্দ্রের উপর কাজ করে। আপনারা এমনভাবে শিক্ষিত হন যেন আপনাদের কেবল গণিত এবং যুক্তির একটি কেন্দ্র আছে। জীবন কেবল যুক্তি নয়। সত্য হল জীবনের একটি বড় অংশ অযৌক্তিক। যুক্তি হল অযৌক্তিকতার বিশাল, অন্ধকার, রহস্যময় সমুদ্রের মধ্যে একটি ছোট আলোকিত দ্বীপ এবং এই দ্বীপের শিকড় রহস্যের সমুদ্রে তলিয়ে আছে। আলোকিত অংশটি একটি ছোট অংশ। এটি সম্পূর্ণ নয় এবং এটিকে সম্পূর্ণ বলে মনে করা উচিত নয়, অন্যথায় ফলাফল হবে উত্তেজনাময়। রহস্য তার প্রতিশোধ নেবে, অযৌক্তিকতা তার প্রতিশোধ নেবে। আপনি এর ফলাফল পশ্চিমে দেখতে পাচ্ছেন। পশ্চিম একটি কেন্দ্র, যুক্তি কেন্দ্রের উপর অত্যধিক বোঝা চাপিয়ে দিয়েছে, এবং এখন অযৌক্তিকতা তার প্রতিশোধ নিচ্ছে। এটি পুরো ব্যবস্থাকে অশান্ত করছে। সর্বত্র অরাজকতা, শৃঙ্খলাহীনতা, বিদ্রোহ এবং অযৌক্তিক প্রতিশোধ দেখা যাচ্ছে।

বুদ্ধিই সবকিছু নয়

যখন তা এভাবেই তৈরি করা হয়, তখন পুরো সংস্কৃতি উত্তেজনাপূর্ণ হয়ে ওঠে কারণ আপনি এর উপর অতিরিক্ত বোঝা চাপিয়েছেন। কিন্তু আপনার আধ্যাত্মিক কেন্দ্র কখনও উত্তেজনাপূর্ণ নয়। সুবিধার জন্য আমি আপনাকে তিনটি ভাগে ভাগ করেছি - শরীর, মন এবং আত্মা। আপনি কিন্তু এইভাবে বিভক্ত নন। এই সীমানাগুলি আসলে বিদ্যমান নেই। তবে বিষয় বস্তু বোঝার জন্য সীমানাগুলি কার্যকর হবে।

আধ্যাত্মিক স্তরে কখনও উত্তেজনা থাকে না, তবে এর সাথে আপনার কোনও সম্পর্ক নেই। যে ব্যক্তির কোনও সম্পর্ক নেই সে কখনও আত্মার সাথে সংযুক্ত হতে পারে না কারণ এটি একটি গভীর স্তর। আপনি যদি আপনার বাইরের সীমানার সাথে সংযুক্ত না হন, তবে আপনি অভ্যন্তরীণ সীমানার সাথে সংযুক্ত হতে পারবেন না।

আধ্যাত্মিক স্তর সর্বদা বিশ্রামে থাকে

এমনকি এই মুহূর্তেও এটি বিশ্রামে আছে। প্রকৃতপক্ষে এটা বলা আরও উপযুক্ত হবে যে আধ্যাত্মিক স্তর হল বিশ্রামের স্তর। সেখানে কোনও উত্তেজনা

নেই কারণ উত্তেজনার কারণগুলি সেই স্তরে বিদ্যমান নেই। তৃতীয় স্তর ছাড়া আপনি বাঁচতে পারবেন না। আপনি এটি ভুলে যেতে পারেন কিন্তু এটি ছাড়া আপনি বাঁচতে পারবেন না কারণ এটিই আপনি। এটিই আপনার বিশুদ্ধতম রূপ।

আপনি আধ্যাত্মিক স্তর সম্পর্কে অবগত নন কারণ আপনার শরীরে এত উত্তেজনা, আপনার মনে এত প্রভাব। যদি আপনি শারীরিক এবং মানসিক স্তরে উত্তেজিত না থাকেন, তবে আপনি স্বয়ংক্রিয়ভাবে আধ্যাত্মিক আনন্দ অর্জন করবেন। এটি আপনার উপর নেমে আসে, এটি আপনার জন্য অপেক্ষা করছে।

আপনার সম্পূর্ণ মনোযোগ শারীরিক এবং মানসিক স্তরের উপর, তাই আপনি আত্মার দিকে ফিরতে পারছেন না। শরীর এবং মনে কোনও উত্তেজনা না থাকলেই আপনি আধ্যাত্মিক স্তরে ঝাঁপিয়ে পড়তে পারবেন, এর আনন্দ জানতে পারবেন।

আধ্যাত্মিক উত্তেজনা বলে কিছু নেই। ধর্মের নামে যারা দেহ-বিরোধী মনোভাব শেখায় তারাই শারীরিক উত্তেজনা তৈরি করেছে। পাশ্চাত্যে, খ্রিস্টধর্ম জোর দিয়ে শরীরের প্রতি শত্রুতা শেখাচ্ছে। আপনার এবং শরীরের মধ্যে একটা মিথ্যা ব্যবধান, একটা বিভাজন তৈরি হয়। তারপর আপনার পুরো মনোভাব উত্তেজনা-সৃষ্টিকারী হয়ে ওঠে। আপনি উত্তেজনা ছাড়া বাঁচতে পারেন না।

প্রতিটি শারীরিক ক্রিয়াই একটা উত্তেজনায় পরিণত হয়। শরীর শত্রু হয়ে ওঠে। কিন্তু আপনি এটা ছাড়া থাকতে পারেন না। আপনাকে এর সাথেই বাঁচতে হবে, আপনাকে শত্রুর সাথেই বাঁচতে হবে, তাই ক্রমাগত উত্তেজনা থাকে।

আপনার সমস্ত মনোযোগ শারীরিক ও মানসিক স্তরের দিকে, তাই আপনি আত্মার দিকে তাকাতে পারেন না। শরীর ও মনে যদি কোনও উত্তেজনা না থাকে তবেই আপনি আধ্যাত্মিক স্তরে ঝাঁপিয়ে পড়তে পারবেন এবং এর আনন্দ অনুভব করতে পারবেন।

আধ্যাত্মিক উত্তেজনা বলে কিছু নেই। ধর্মের নামে যারা দেহ-বিরোধী মনোভাব শেখায় তারাই শারীরিক উত্তেজনা তৈরি করেছে। পশ্চিমে, খ্রিস্টধর্ম জোর দিয়ে শরীরের প্রতি শত্রুতা শেখাচ্ছে। এটি আপনার এবং শরীরের মধ্যে একটি মিথ্যা ব্যবধান তৈরি করে, একটি বিভাজন তৈরি করে। তারপর আপনার সম্পূর্ণ মনোভাব উত্তেজনা সৃষ্টিকারী হয়ে ওঠে। আপনি উত্তেজনা ছাড়া বাঁচতে পারেন না।

প্রতিটি শারীরিক কাজ উত্তেজনায় পরিণত হয়। শরীর শত্রুতে পরিণত হয়। কিন্তু আপনি এটি ছাড়া থাকতে পারেন না। আপনাকে এর সাথে বাঁচতে হবে, আপনাকে শত্রুর সাথে বাঁচতে হবে, তাই ক্রমাগত উত্তেজনা থেকেই যায়।

শরীর তোমার শত্রু নয়

এটা আপনার জন্য ক্ষতিকর অথবা নিরপেক্ষ। আপনি শরীরকে একটা উপহার হিসেবে মনে করুন - ঈশ্বরের উপহার হিসেবে - তবেই আপনি আবার শরীরে ফিরে আসবেন। আপনি এটাকে ভালোবাসবেন, আপনি এটা অনুভব করবেন এবং তা অনুভব করার উপায়গুলি খুবই সূক্ষ্ম।

যদি আপনি নিজের শরীরকে অনুভব করতে না পারেন, তাহলে আপনি অন্যের শরীর অনুভব করতে পারবেন না। যদি আপনি নিজের শরীরকে ভাল না বসেন, তাহলে আপনি অন্যের শরীরকে ভালোবাসতে পারবে না। এটা অসম্ভব।

যদি আপনি নিজের শরীরের যত্ন নিতে না পারেন, তাহলে আপনি অন্যদেরও যত্ন নিতে পারবেন না। আর কেউই পরোয়া করে না। আপনি অন্য কোনও কারণে বলবেন - অন্যদের মতে, অন্যদের চোখে আপনাকে ভাল দেখানো উচিত। আপনার নিজের কাছে নিজেকে ভালো দেখানো উচিত। আপনি নিজের জন্য শরীরকে পরোয়া করেন না।

তাপনি আসলে নিজের শরীরকে ভালোবাসেন না এবং যদি আপনি এটিকে ভালো না বাসেন, তাহলে আপনি এতে বাস করতে পারবেন না।

নিজের শরীরকে ভালোবাসুন, আপনি এমন শান্তি পাবেন, যা আপনি আগে কখনও অনুভব করেননি। ভালোবাসা শিথিলতার দিকে পরিচালিত করে। যদি আপনি কাউকে ভালোবাসেন, তাহলে যুগলের মধ্যে বিশ্রামের সঙ্গীত নিজের থেকেই বেজে ওঠে। যদি আপনি কারো সাথে উত্তেজনা অনুভব করেন, তাহলে তা ভালোবাসার লক্ষণ নয়। যদি আপনি কারো সাথে উত্তেজনা অনুভব করেন, তাহলে জেনে রাখুন যে সেখানে কোনও ভালোবাসা নেই। অন্যজন আপনার শত্রু। এই কারণেই সার্ত্রে বলেছেন: অন্যজন নরক। সার্ত্রের জন্য এটি নরক হবে। কিন্তু যদি দুজনের মধ্যে কোনও ভালোবাসা প্রবাহিত না হয়, তাহলে অন্যজন স্বর্গ নাকি নরক, তা নির্ভর করবে দুজনের মধ্যে প্রবাহিত ভালোবাসার উপর।

যখনই আপনি প্রেমে পড়েন, তখন একটা নীরবতা নেমে আসে। ভাষা হারিয়ে যায়, শব্দ অর্থহীন হয়ে যায়। আপনার বলার অনেক কিছু থাকে কিন্তু

আপনি কিছুই বলতে পারেন না। নীরবতার মধ্যেই ভালোবাসা ফুটে ওঠে। আপনি শান্ত হয়ে যান।

ভালোবাসার কোনও ভবিষ্যৎ নেই, অতীত নেই

ভালোবাসার কোনও ভবিষ্যৎ নেই, অতীত নেই। যখন ভালোবাসা মারা যায়, তখন সবকিছুই অতীত। আপনি কেবল মৃত ভালোবাসাকে মনে রাখতে পারেন, জীবিত ভালোবাসাকে মনে রাখা যায় না। এটি জীবন্ত। এটি মনে রাখার কোনও ফাঁক নেই। ভালোবাসা বর্তমানে থাকে, এর কোনও অতীত নেই এবং ভবিষ্যৎ নেই।

যদি আপনি কাউকে ভালোবাসেন, তাহলে আপনার ভান করার প্রয়োজন নেই। তাহলে আপনি যেমন আছেন তেমনি থাকতে পারবেন। আপনি নিজের মুখোশ খুলে শান্তিতে থাকতে পারেন। যখন আপনি প্রেমে পড়েন না, তখন আপনাকে একটি মুখোশ পরতে হবে। প্রতি মুহূর্তে আপনি টেনশনে থাকেন কারণ অন্যজন আছে, আপনাকে ভান করতে হবে, আপনাকে সতর্ক থাকতে হবে। আপনাকে আক্রমণাত্মক হতে হবে অথবা আত্মরক্ষামূলক হতে হবে। এটা একটা লড়াই, সংগ্রাম। আপনি বিশ্রামে থাকতে পারেন না।

প্রেমের আনন্দ সম্পূর্ণরূপে শিথিলতার আনন্দের সাথে সম্পর্কিত। আপনার উত্তেজনা অদৃশ্য হয়ে যায়। আপনি যা আছেন তাই থাকতে পারেন। আপনি একরকম নগ্ন থাকতে পারেন। আপনাকে নিজের সম্পর্কে চিন্তা করতে হবে না, ভান করতে হবে না। আপনি খোলামেলা, নরম হতে পারেন। সেই খোলামেলা অনুভূতিতেই আপনি স্বাচ্ছন্দ্য বোধ করতে করেন।

যখন আপনি নিজের শরীরকে ভালোবাসেন তখন একই জিনিস ঘটে। আপনি স্বাচ্ছন্দ্য বোধ করেন, আপনি এর যত্ন নিতে শুরু করেন। এতে কোনও ভুল নেই। নিজের শরীরকে ভালোবাসার অর্থ, এটি আধ্যাত্মিকতার প্রথম ধাপ।

তাই গতিশীল ধ্যান শুরু হয় শরীর দিয়ে। দ্রুত শ্বাস-প্রশ্বাসের সাথে সাথে মন প্রসারিত হয়, চেতনা প্রসারিত হয়। পুরো শরীর একটি চলমান, জীবন্ত প্রাণীতে পরিণত হয়। এখন লাফ দেওয়া সহজ হবে। মন কোনও বাধা হবে না। আপনি শিশু হয়ে গিয়েছেন - লাফানো, ঝাঁপানো, জীবন্ত। এখন আর কোনও মানসিক বন্ধন নেই।

আপনার শরীর আপনার মনের মতো এতটা আবদ্ধ নয়। আপনার মন সংস্কার দ্বারা আবদ্ধ, কিন্তু শরীর এখনও প্রকৃতির অংশ। সমস্ত ধর্ম এবং ধর্মীয় চিন্তাবিদ, যারা মূলত বুদ্ধিজীবী, তারা শরীরের বিরুদ্ধে কারণ শরীরের সাথে,

ইন্দ্রিয়ের সাথে, সংস্কার হারিয়ে গিয়েছে। এই কারণেই এই সমস্ত মানুষ যৌনতাকে এত ভয় পেয়েছে। কারণ যৌনতার সাথে সংস্কার হারিয়ে গিয়েছে। আপনি একটি বৃহত্তর জৈবিক জগতের অংশ হয়ে ওঠেন।

মন সর্বদা যৌনতার বিরুদ্ধে থাকে

মন সর্বদা যৌনতার বিরুদ্ধে থাকে কারণ স্বাভাবিক জীবনে যৌনতাই একমাত্র বিষয় যা মনের বিরুদ্ধে বিদ্রোহ করে। আপনি সবকিছু নিয়ন্ত্রণ করেছেন, কেবল একটি জিনিস অনিয়ন্ত্রিত রয়ে গিয়েছে, তাই মন যৌনতার বিরুদ্ধে, কারণ এটি শরীর এবং আপনার মধ্যে একমাত্র সেতু। যদি এটি সম্পূর্ণরূপে অস্বীকার করা হয় তবে আপনি সম্পূর্ণ বুদ্ধিমান হয়ে উঠবেন।

যৌনতার ভয়, শরীরের ভয়

যৌনতার ভয় মূলত শরীরের ভয় কারণ যৌনতার সাথে পুরো শরীর সজীব হয়ে ওঠে, শক্তিতে নৃত্য করে, প্রাণে পরিপূর্ণ হয়ে যায়। যৌনতা আপনার উপর কর্তৃত্ব করার সাথে সাথেই পুরো মন পিছনে ঠেলে দেওয়া হয়। শ্বাস-প্রশ্বাস প্রাধান্য পায়। শ্বাস-প্রশ্বাস শক্তিশালী, দৃঢ় হয়ে ওঠে।

এই কারণেই আমি আমার ধ্যান শুরু করি শ্বাস-প্রশ্বাসের মাধ্যমে। শ্বাস-প্রশ্বাসের মাধ্যমে আপনি পুরো শরীরকে অনুভব করেন। এর প্রতিটি কোণ শক্তিতে ভরে ওঠে। এখন আপনি লাফ দিতে পারেন।

যৌনতায় যে লাফ দেওয়া হয় তা খুবই ছোট। ধ্যানে যে লাফ দেওয়া হয় তা অনেকটা দীর্ঘ। যৌনতায় আপনি অন্য একজনের সাথে ঝাঁপিয়ে পড়েন। লাফ দেওয়ার আগে আপনাকে শরীরের সাথে এক হতে হবে এবং সেই লাফে নিজেকে প্রসারিত করতে হবে। অন্যের শরীরের দিকে আপনার চেতনা আপনার শরীরের বাইরে প্রসারিত হয়। ধ্যানের সময় আপনি নিজের শরীর থেকে নির্গত হয়ে মহাবিশ্বের দেহে ঝাঁপিয়ে পড়েন।

কর্ম করতে থাকুন। আপনি শুরু করবেন, কিন্তু এমন একটা মুহূর্ত আসবে যখন আপনি নিয়ন্ত্রণ হারাবেন। শক্তি বৃদ্ধি পাবে। আপনি প্রান্তে এসে পৌঁছেছেন। এখন আপনি লাফ দিতে পারেন। এখন আপনি আবার শিশু হয়ে গিয়েছেন। অন্যরা কী ভাববে, তা আপনি আর পরোয়া করেন না। এখন সমাজ আপনার ভেতরে যা কিছু রেখেছে তা স্থির। আপনি মহাবিশ্বের একটি নৃত্যরত কণায় পরিণত হয়েছেন।

সক্রিয় ধ্যানের দ্বিতীয় পর্যায়ে যখন আপনি সবকিছু ফেলে দিতে শিখে যাবেন, তখনই তৃতীয় পর্যায় সম্ভব। আপনার পরিচয় হারিয়ে যাবে, আপনার

ভাবমূর্তি বদলে যাবে। আপনি নিজের সম্পর্কে যা জানেন তা ভুল বলে মনে হবে। এটা শুধু একটি তকমা। আপনাকে বলা হয়েছে যে, আপনি এই, আপনি সেই এবং আপনি এর সাথে নিজেকে একীভূত করছেন, কিন্তু বলপ্রয়োগের মাধ্যমে, মহাজাগতিক কর্মের মাধ্যমে, সমস্ত পরিচয় ভেঙে যায়। প্রথমবারের মতো আপনি জন্মের সময় যেমন ছিলেন তেমনই আছেন। এই নতুন জন্মের মাধ্যমে আপনি একজন নতুন মানুষ হয়ে উঠবেন।

১৭

এই উদ্বেগের যুগে আশীর্বাদ: সক্রিয় ধ্যান

ওশো রচিত সক্রিয় ধ্যান অদ্‌ভুত, শক্তিশালী, তীব্র ফলদায়ক এবং সম্পূর্ণরূপে বৈজ্ঞানিক এবং সবচেয়ে গুরুত্বপূর্ণও।এই বিষয়টি আন্দাজ করার জন্য বলা যায় যে, পুনে আশ্রমে এটি ১৯৭৪ সাল থেকে নিয়মিতভাবে সকালবেলা অভ্যাস করা হয়, এছাড়া সারা বিশ্ব জুড়ে অবস্থিত ওশো ধ্যান কেন্দ্র এবং ধ্যান শিবিরগুলিতে এই অনুশীলন বাধ্যতামূলক করা হয়েছে। এই ধ্যান অনুশীলন আজকের মানসিক চাপগ্রস্ত এবং অস্থির মানুষের জন্য বিশেষভাবে উপকারী। এটি দমন এবং অবদমিত আকাঙ্ক্ষার কারণে সঞ্চিত চাপ থেকে শরীর ও মনকে মুক্ত করে। এটি শরীর ও মনের জট ভেঙে দেয় এবং সহজেই ধ্যানের দিকে পরিচালিত করে। এই ধ্যান সকালে মলত্যাগের পর খালি পেটে করা উচিত। আপনি আধ ঘন্টা আগে এক কাপ চা বা জল খেতে পারেন।

ধ্যানের সময় পুরো এক ঘন্টা চোখ বন্ধ রাখতে হবে, চোখে ব্যান্ডেজ বেঁধে নিলে ভালো হয়। শরীরে ঢিলেঢালা পোশাক পরুন। মেরুন রঙের পোশাক বা আলখাল্লা পরে ধ্যান করা সুবিধাজনক। সম্ভব হলে ধ্যানের সময় শুধুমাত্র ধ্যান কক্ষেই এই পোশাকগুলি পরুন। স্নান করলে ভালো হয়, অন্যথায় স্নান না করেও করতে পারেন।

ধ্যান পদ্ধতি:

এই ধ্যানের সময় চোখে ব্যান্ডেজ বেঁধে, ঢিলেঢালা পোশাক পরে, শরীর, বিশেষ করে কাঁধ এবং হাত, শিথিল অবস্থায় রাখতে হবে, শরীরের কোনও অংশে যেন টান অনুভূত না হয় এবং দাঁড়িয়ে থাকতে হবে।

এই ধ্যান অনুশীলনে পাঁচটি ধাপ রয়েছে। প্রথম তিনটি ধাপ দশ মিনিটের এবং চতুর্থ এবং পঞ্চম ধাপ পনের মিনিটের।

এই ধ্যান অনুশীলন হল সংকল্পের একটি পরীক্ষা। অতএব, ধ্যানের আগে, মনে মনে পুনরাবৃত্তি করুন, "আমি সংকল্প করছি যে আমি এই ধ্যান অনুশীলনে আমার সমস্ত শক্তি নিয়োজিত করব।" তিনবার।

প্রথম ধাপ: (দশ মিনিট) শরীরকে শিথিল রেখে, শ্বাস ছাড়ুন এবং দ্রুত, গভীর এবং বিশৃঙ্খল শ্বাস নিন (থামবেন না এবং দুটি শ্বাসের মধ্যে কোনও ব্যবধান থাকা উচিত নয়)। শ্বাস ছাড়ার উপর জোর দেওয়া হবে, এটি ক্লান্তি রোধ করবে।

দ্বিতীয় ধাপ: (দশ মিনিট) এক্সফোলিয়েশন করতে হবে। যা কিছু দমন করা হয়, যেমন কান্না, হাসি, চিৎকার, লাফানো, যাই হোক না কেন, অর্থাৎ শরীর এবং মনকে স্বাধীনতা দিন। অন্যদের হস্তক্ষেপ করতে দেবেন না। ঘুষি মারুন এবং বাতাসে লাথি মারুন। অর্থাৎ, সচেতনভাবে পাগল হয়ে যান।

তৃতীয় ধাপ: (১০ মিনিট) উভয় হাত তুলে এক জায়গায় দাঁড়িয়ে, পায়ের আঙুলের উপর ভর দিয়ে লাফিয়ে না গিয়ে নাভির কেন্দ্রে 'হু' মহামন্ত্র জপ করুন। দুটি 'হু'-এর মধ্যে কোনও ফাঁক থাকা উচিত নয়।

চতুর্থ ধাপ: (১৫ মিনিট) যদি আপনি আশ্রমের তৈরি সঙ্গীতের সাথে এটি করেন, তাহলে 'স্টপ' শব্দের সময়, শরীর যে অবস্থানে থাকবে তাকে একই অবস্থানে থাকতে দিন, কোনও পরিবর্তন করবেন না। মনে রাখবেন যে আপনি ইতিমধ্যেই একটি সংকল্প গ্রহণ করেছেন।

পঞ্চম ধাপ: (১৫ মিনিট) চতুর্থ ধাপের শেষে, সঙ্গীতের তালে নাচুন এবং উৎসব উদযাপন করুন এবং চতুর্থ ধাপে যে নীরবতা এবং শান্তি অনুভূত হয়েছে তার জন্য ঈশ্বরকে ধন্যবাদ জানান।

গভীর শ্বাস-প্রশ্বাসের গোপন রহস্য

মানুষের জীবনের সবচেয়ে গুরুত্বপূর্ণ উপাদান হল শ্বাস-প্রশ্বাস। শ্বাস-প্রশ্বাসের মাধ্যমেই আত্মা এবং দেহ একটি সেতুবন্ধনের মাধ্যমে সংযুক্ত থাকে। অতএব, যতক্ষণ শ্বাস-প্রশ্বাস চলতে থাকে, ততক্ষণ আমরা বলতে পারি যে ব্যক্তি জীবিত। যদি শ্বাস-প্রশ্বাস বন্ধ থাকে, তবে ব্যক্তিটি চলে যায়। যদি কোনও ব্যক্তি কোনও কারণে অজ্ঞান হয়ে যায়, কোমায় চলে যায় এবং তখনও শ্বাস-প্রশ্বাস নিতে থাকে, তবে তার ফিরে আসার সম্ভাবনা থাকে। এই কারণেই বলা হয়, যতক্ষণ শ্বাস, ততক্ষণ আশা। গভীর শ্বাস-প্রশ্বাসের আক্রমণ কুণ্ডলিনীর উপর বিরাট প্রভাব ফেলে। কোনও কারণ ছাড়াই প্রাণায়াম আবিষ্কৃত হয়নি। অনেক দীর্ঘ পরীক্ষা-নিরীক্ষা এবং অভিজ্ঞতার পর, জানা গিয়েছে যে শ্বাস-প্রশ্বাসের আক্রমণ দিয়ে অনেক কিছু করা যেতে পারে। শ্বাস-প্রশ্বাস অনেক কিছু করতে পারে এবং এই আক্রমণ যত দ্রুত হবে, তার গতি তত দ্রুত হবে। ঘুমন্ত কুণ্ডলিনীকে সক্রিয় করার জন্য, শ্বাস-প্রশ্বাসকে জাগিয়ে

তোলার জন্য, একটি গভীর আঘাতের প্রয়োজন। সমস্ত শক্তি এবং উর্জা সংগ্রহ করে এটিকে আঘাত করতে হবে।

আত্মা এবং দেহের মিলনস্থল হল কুণ্ডলিনী। সেই স্থানে সেই শক্তি থাকে যাকে কুণ্ডলিনী বলা হয়। সক্রিয় ধ্যানের প্রথম ধাপ হল দশ মিনিট ধরে দ্রুত, গভীর এবং বিশৃঙ্খলভাবে শ্বাস নেওয়া। দুটি শ্বাসের মধ্যে কোনও ব্যবধান থাকা উচিত নয়। শক্তি জাগ্রত করার প্রচেষ্টায় এটি একটি গুরুত্বপূর্ণ পদক্ষেপ। এই পদক্ষেপটি সঠিকভাবে করলে অনেক ফলাফল পাওয়া যাবে।

দ্বিতীয় পর্যায়ে গুরুত্ব

দশ মিনিট পর সঙ্গীতের পরিবর্তন হবে, দ্বিতীয় পর্যায়ে দশ মিনিটের "পুনরুদ্ধার করা"-র পর্যায় শুরু হবে। প্রথম পর্যায়ে যে কুণ্ডলিনী জাগ্রত হয়েছিল তা "পুনরুদ্ধার করতে" সাহায্য করবে। শুরুতে, যখন এত শক্তি জাগ্রত হয় না, তখন আমরা শরীর ও মনকে "পুনরুদ্ধার করতে" সাহায্য করব।"পুনরুদ্ধার করা" মানে শরীর ও মন যা করতে চায়, হাসা, চিৎকার করা, লাফিয়ে ওঠা, রাগ করা, গালিগালাজ করা, যা করতে চায়, তাই করা। শুরুতে আমরা কিছু না কিছু করব, এমনকি যদি কিছুই না ঘটে, তবুও স্থির থাকবেন না, হাত-পা নাড়াতে থাকুন, অন্যদের আপনাকে থামাতে দেবেন না। আপনার কল্পনায় যা আছে সেই সবকিছু করুন। আমরা অবচেতনে যা কিছু চাপা দিয়েছি, কান্না, হাসি, রাগ, গালিগালাজ ইত্যাদি, সেগুলি সব ঢেলে দিন। সম্পূর্ণ সচেতনভাবে পাগল হয়ে যান। শুরুতে আমরা দ্বিধা বোধ করব, আমরা এটি সম্পূর্ণরূপে করতে পারব না, চিন্তা করবেন না, যদি আমরা দলবদ্ধ হয়ে এই কাজ করি তবে এটি সহজ হয়ে দাঁড়াবে। কয়েক দিন ধরে দলবদ্ধ হয়ে করার পরে, আপনি সহজেই এটি একা করতে পারেন। আপনার শরীর ও মনকে পূর্ণ স্বাধীনতা দিতে হবে, দশ মিনিটের জন্য তাকে থামাবেন না।

দ্বিতীয় পর্যায়ে মানসিক জটিলতার বিলোপ

দ্বিতীয় পর্যায়ে আমি আপনাদের শরীর ত্যাগ করতে বলছি। শ্বাস-প্রশ্বাস গভীর থাকবে। আমি আপনাদের শরীর ত্যাগ করতে বলছি কারণ এর অনেক তাৎপর্য রয়েছে, আমি আপনাদের সাথে দুটি বা তিনটি বিষয়ে কথা বলব।

প্রথম কথা হল, আপনি শরীরে হাজারো উত্তেজনা জমা করে রেখেছেন, যার সম্পর্কে আপনি অবগত নন। সভ্যতা আমাদের এতটাই অস্বস্তিকর করে তুলেছে যে, কারো উপর রাগ করলেও আপনাকে হাসতে হয়। শরীর কিছুই বুঝতে পারে না, শরীরের ইচ্ছে হয় তার ঘাড় মোটকে দিতে, মুষ্টিবদ্ধ করতে।

কিন্তু আপনি হাসতে থাকেন, মুষ্টিবদ্ধ করেন না। তাই শরীরের যেসব স্নায়ু আপনার মুষ্টিবদ্ধ করতে প্রস্তুত ছিল, তারা অনেক ঝামেলায় পড়ে, তারা জানেও না কী হচ্ছে? শরীরে একটা অস্থির পরিস্থিতি তৈরি হয়। মুষ্টিবদ্ধ করা উচিত ছিল। এখন যারা রাগের সম্পর্ক খুব গভীরভাবে বোঝেন, তারা বলবেন রাগ দমন করা উচিত, কিন্তু আমি আপনাদের বলব, যদি আপনি রেগে যান, তাহলে মিথ্যা হাসির পরিবর্তে টেবিলের নিচে পাঁচ মিনিটের জন্য জোর করে মুষ্টিবদ্ধ করে ছেড়ে দিন। এর পরে আপনার যে হাসি পাবে তা হবে একেবারেই ভিন্ন ধরণের।

শরীর জানে না যে মানুষ সভ্য হয়ে উঠেছে। শরীরের কার্যকারিতা সম্পূর্ণ যান্ত্রিক কিন্তু মানুষ সবকিছু বন্ধ করে দিয়েছে। সেই বন্ধের কারণে, শরীরে হাজার হাজার উত্তেজনা জমা হয়েছে এবং যখন উত্তেজনা জমা হয়, তখন জটিলতা তৈরি হয়। গ্রন্থি তৈরি হয়। তাই যখন আমি আপনাকে বলি যে শরীরকে সম্পূর্ণরূপে ছেড়ে দিন, তখন আপনার শৈশবকাল থেকে সংগ্রহ করা হাজার হাজার গ্রন্থি, ভেঙে যেতে শুরু করে, গলে যেতে শুরু করে। তাদের গলে যাওয়া অপরিহার্য। অন্যথায় আপনি কখনই দেহহীন হয়ে উঠতে পারবে না। যখন সমস্ত গ্রন্থি থেকে মুক্তি লাভ করবেন, তখন শরীর ফুলের মতো হালকা হয়ে যাবে...

আপনি হয়তো মহাবীরের একটা নাম শুনেছেন। মহাবীরের আর একটা নাম ছিল, নির্গ্রথ। নামটা খুবই চমৎকার। এর অর্থ, জটিলতাহীন। নির্গ্রথ মানে হল এমন একজন যিনি তার সমস্ত জট এবং জটিলতা হারিয়ে ফেলেছেন, যার ভেতরে কোনও জট নেই; যিনি একেবারে সরল, নিষ্পাপ হয়ে গিয়েছেন।

আমাদের শরীরে যে জটের জাল, তা থেকে মুক্ত হতে চাইলেও আমরা তা পারি না। আপনার সভ্যতা, ভদ্রতা, সংস্কার, লজ্জা, কেউ নারী হওয়ার জন্য, কেউ কোনও বিশেষ পদে থাকার জন্য, কেউ কিছু হওয়ার জন্য, আপনি এই গুলির সাথে এমনভাবে নিজেকে জড়িয়ে ফেলেছেন যে আপনি তা ছাড়তে পারবেন না।

আজ একজন মহিলা আমার কাছে এসে বললেন যে, তিনি সবসময় ভয় পান, যে কেউ তাকে স্পর্শ করতে পারে। সেই কারণে আজ তিনি অনেক দূরে গিয়ে বসেছিলেন। কিন্তু কোনও এক ব্যক্তি তার কাছে পৌঁছে যায় এবং তারপর তিনি আবার সমস্যায় পরে যান। তিনি আমাকে জিজ্ঞাসা করতে এসেছিলেন "আমি কি আরও দূরে গিয়ে বসব"।

আমি বললাম, যিনি কাউকে আপনার পিছনে পাঠান তিনি তাকে সেখানেও পাঠাতে পারেন। এটা ভালো যে কেউ সবসময় আসে। কেউ না

কেউ সেখানেও আসবে। আপনি যেখানে বসেন সেখানেই বসুন। কেউ যদি আপনাকে স্পর্শ করে তাহলে কী হবে?

নারীদের অবস্থা এমন যে, ঈশ্বরের সাথে দেখা হলেও তারা তাদের শাড়ি রক্ষা করে চলে যাবে। তিনি তাদের স্পর্শও করবেন না। মহিলাদের পুরো শরীর গ্রন্থিতে পূর্ণ। শৈশব থেকে তাদের এমন প্রশিক্ষণ দেওয়া হয়, যেন শরীর তাদের জন্য একটি রোগ। নারীরা শরীর বহন করে, তারা শরীরে বাস করে না। এটি একটি খোলস যা তারা সর্বদা রক্ষা করে, বহন করে। কিন্তু এতে রক্ষা করার মতো কিছুই নেই। তাই এই ছোট ছোট অনুরোধগুলি আমাদের অনেক কিছু করতে বাধা দেয়...।

এখন যদি কেউ খুব শিক্ষিত হয়, তাহলে তাদের এইরকম মনে হয়... আজ একজন ভদ্রলোক আমাকে বলছিলেন যে এটা কেবল আবেগপ্রবণ মানুষের সাথেই ঘটে, আবেগপ্রবণ মানুষ বুদ্ধিজীবী হয়ে গিয়েছে। যদি তার মা মারা যায়, তাহলে সে কাঁদবে কি কাঁদবে না? সে কারোর প্রেমে পড়বে কি পড়বে না? সে বুদ্ধিজীবী হয়ে গিয়েছে! সে কয়েকটা ক্লাস পড়েছে, তার বিশ্ববিদ্যালয়ের সার্টিফিকেট আছে। তাই এখন যদি সে প্রেম করে, তাহলে সে ভাববে চুমু খাবে কি না, কত জীবাণু স্থানান্তরিত হয়, তার হিসেবে করবে। সে বই পড়বে, কিন্তু তার সাথে হিসাব করবে আবেগপ্রবণ হবে কি না।

বুদ্ধিও একটা রোগের মতো হয়ে গিয়েছে। বুদ্ধি আমাদের সুগন্ধে পরিণত হয়নি। বুদ্ধি একটা রোগে পরিণত হয়েছে, আমাদের মর্যাদায় নয়। কেউ ভাবে যে আমরা বুদ্ধিজীবী, আমরা বুদ্ধিমান; এটা আমাদের সাথে ঘটতে পারে না। যারা একটু আবেগপ্রবণ তাদের সাথেই এটা ঘটছে।

১৮

দুঃখ সম্পর্কে সচেতন থাকুন

এটা নিশ্চিত যে আমরা দুঃখী। আমরা মনে করি আমাদের দুঃখের কারণ অন্য কেউ। যেমন শাশুড়ি পুত্রবধূর কারণে দুঃখী, পুত্রবধূ শাশুড়ির কারণে দুঃখী। মেয়ে মায়ের কারণে দুঃখী, বাবা পুত্রের কারণে দুঃখী। অর্থাৎ, সবাই মনে করে যে আমার দুঃখের কারণ অন্য কেউ। আমরা কখনও দুঃখের কারণের জন্য নিজেদের দিকে আঙুল তুলি না। যদি আমরা নিজেদের ভেতরে তাকাই, তাহলে দেখতে পাব যে আমি অন্য কারো কারণে নয়, বরং আমার নিজের কারণেই দুঃখী। অন্যদের কাছ থেকে আমাদের অনেক প্রত্যাশা ছিল। অন্যরা আমাদের প্রত্যাশা পূরণ করেনি, তাই দুঃখের কারণ অন্য কেউ।

ধ্যান সূত্রে ওশো বলেছেন: "যদি তুমি অসুখী হও, বুঝতে পারো যে দুঃখ আছে, তাহলে কেবল তা বহন করে চলো না, সেই দুঃখ সহ্য করে চলো না। সেই দুঃখের বিরুদ্ধে রুখে দাঁড়াও, সেই দুঃখ থেকে মুক্তি পাওয়ার জন্য ব্যবস্থা গ্রহণ করো। একজন সাধারণ মানুষ দুঃখের মুখোমুখি হওয়ার পর যা করে এবং একজন সাধক যা করে তার মধ্যে খুব কমই পার্থক্য রয়েছে। যখন একজন সাধারণ মানুষের সামনে দুঃখ এসে দাঁড়ায়, তখন সে দুঃখ ভুলে যাওয়ার জন্য ব্যবস্থা গ্রহণ করে। যখন একজন সাধকের সামনে দুঃখ এসে উপস্থিত হয়, তখন সে দুঃখ দূর করার জন্য ব্যবস্থা গ্রহণ করে।

পৃথিবীতে দুই ধরণের মানুষ আছে। একজন তারা যারা তাদের দুঃখ ভুলে যাওয়ার চেষ্টা করে এবং অন্যজন যারা তাদের দুঃখ মুছে ফেলার চেষ্টা করে।

ঈশ্বর যেন আপনাকে প্রথম সারিতে না রেখে দ্বিতীয় সারিতে রাখেন। যারা ভুলে যাওয়ার চেষ্টা করে তারা তাস খেলে, জুয়া খেলে অথবা অন্য কোনও দুষ্টু কর্মে লিপ্ত হয়, যেখানে তারা নিজেদের ভুলে গিয়েছে, যাতে তাদের মনে না থাকে যে তাদের ভিতরে অনেক দুঃখ আছে।"

"ভুলে গেলে দুঃখ দূর হয় না - লুকিয়ে রাখলে কোনও ক্ষত দূর হয় না।" "ক্ষত লুকাবেন না। সেগুলি প্রকাশ করুন এবং আপনার দুঃখের মুখোমুখি হন। ভুলে যাবেন না, উন্মোচন করুন, জানার এবং মুছে ফেলার চেষ্টা করুন।"

ওশোর নির্দেশ অনুসারে, আমরা দুঃখের মুখোমুখি হই না, আমরা মদ্যপান করি, মাদক গ্রহণ করি, দুঃখ এবং নিজেদের ভুলে যাওয়ার জন্য। কিন্তু দুঃখ থেকে মুক্তি পাওয়ার এটি সঠিক উপায় নয়। মনের অবস্থা এবং দুঃখের প্রতি চিন্তাভাবনায় ইতিবাচক পরিবর্তন আনার মূল মন্ত্র হল: দুঃখের ব্যাপারে সজাগ হন। দুঃখের জন্য সজাগ হওয়ার উপায় হল "ধ্যান"। সক্রিয় ধ্যান দ্রুত ফলাফল দেয়। প্রতিদিন সকালে এক ঘণ্টার জন্য সক্রিয় ধ্যান গোষ্ঠীতে আসুন। সূর্য ওঠার সাথে সাথে দুঃখ, ব্যথা, চাপ, রাগ, ঈর্ষা, যন্ত্রণা শিশিরের ফোঁটার মতো অদৃশ্য হয়ে যায়। মানসিক চাপ এবং স্থূলতা থেকে মুক্তি পাওয়ার সাথে সাথেই পুরো দিনটি আনন্দময় হয়ে ওঠে এবং আপনি জীবনের বীজও বপন করতে সক্ষম হন। আমরা আশা করি দুঃখ ভুলে যাওয়ার পরিবর্তে, আপনি দুঃখ সম্পর্কে সচেতন হওয়ার চেষ্টা করবেন, যা দেবীকে জাগানোর চেয়েও গুরুত্বপূর্ণ।

১৯

উদ্বেগ মুক্ত জীবনের সাতটি চাবিকাঠি

- কিছু জিনিস উত্তেজনা তৈরি করে। কিছু জিনিস সামঞ্জস্য আনে।
- আপনি সমগ্রের সাথে সামঞ্জস্যপূর্ণ হতে পারেন, অথবা আপনি সমগ্রের সাথে দ্বন্দ্বে থাকতে পারেন। সম্প্রীতি স্বাভাবিকভাবেই গভীর নীরবতা, আনন্দ এবং প্রফুল্লিত করে তোলে। দ্বন্দ্বের ফলে দুঃখ, শোক, উত্তেজনা, ঝামেলা সহ্য করতে হয়।
- যখন আমি বলি, শুধু থাকো, তখন আমি সবকিছুর জন্য উন্মুক্ত থাকার কথা বলি। আমি বলতে চাইছি যে, কিছু হওয়ার চেষ্টা করবেন না কারণ অন্য কিছু হওয়ার চেষ্টা করার কাজটিই আপনাকে বিভ্রান্ত করবে, আপনি উত্তেজনায় ভুগবেন, আপনি বোঝা হয়ে যাবেন এবং বদ্ধ জীবন কাটাবেন। আপনি তখনই উন্মুক্ত হবেন যখন আপনি যা নিজেকে সেই ভাবেই গ্রহণ করেন। আপনি যা আছেন তা ছাড়া অন্য কিছু হওয়ার চেষ্টা করবেন না।
- বর্তমান মুহূর্ত হল সমস্ত অতীতের সমষ্টি এবং সমস্ত ভবিষ্যতের শুরু। প্রতিটি মুহূর্ত হল অতীত এবং ভবিষ্যতের মিলনস্থল। যদি আপনি কোনও উত্তেজনা ছাড়াই একই সাথে উভয় সম্পর্কে সচেতন হতে পারেন, তাহলে আপনার ভালো লাগবে। আপনি খুবই সচেতন এবং স্বচ্ছন্দ্য বোধ করবেন।
- ধ্যান এমন একটি গুণ যা স্বাভাবিকভাবেই উৎপন্ন হয় যখন আপনি খুশিতে থাকেন, গুরুত্বহীন থাকেন। তাস খেলা, জুয়া খেলা, কাজ করা, যেকোনও কিছু ধ্যান জ্ঞান হতে পারে। শুধু যা যোগ করতে হবে তা হল অ-গুরুত্বপূর্ণতা, খেলাধুলা। তাহলে এটি আপনার মধ্যে কোনও ধরণের উত্তেজনা তৈরি করবে না, কোনও ধরণের ক্লান্তি তৈরি করবে না। আপনি নিশ্চিন্ত থাকবেন।
- নিজের ভেতরে বিশ্রাম নিন, স্বয়ং-কে খুঁজে নিন বিশ্রামের জন্য। নিজেকে উপভোগ করুন, নিজেকে উদযাপন করুন। অন্য কিছু হওয়ার চেষ্টা করে সময় নষ্ট করার পরিবর্তে, কিছুই করবেন না। তাহলে

সব ক্লান্তি চলে যায়। তারপর আর উত্তেজনা থাকে না। উদ্বেগ আসতে পারে না, কারণ আপনি দুঃখের মূল কেটে ফেলেছেন। তখন জীবন গোলাপের মতো সুন্দর এবং তারার মতো উজ্জ্বল হয়ে উঠবে।

- উত্তেজনাকে সিঁড়ি হিসেবে ব্যবহার করা যেতে পারে। এটি একটি সৃজনশীল শক্তি, যা আপনাকে সৃজনশীল শক্তিতে ভরিয়ে তুলতে পারে। প্রথমে এটি গ্রহণ করুন, এর সাথে লড়াই করার দরকার নেই। এটি গ্রহণ করুন, তা পুরোপুরি ঠিক আছে।
- সময় সম্ভবত আমাদের জীবনের সবচেয়ে গভীর উত্তেজনা এবং ঝামেলা। সময় হল মানুষের দ্বন্দ্ব, উদ্বেগ এবং দুঃখের কারণ। সময়ের সাথে বেঁচে থাকার অর্থ হল দুটি মেরুর মধ্যে টানাটানি করা - অতীত এবং ভবিষ্যতের। সময় আমাদের অবচেতন বা আমাদের মানসিক ঘুমের মধ্যে ঠিক একই অনুপাতে বিরাজ করে। তারপর যখন আমরা সম্পূর্ণ সচেতন হয়ে উঠি, তখন সময় শেষ হয়ে যায়। জাগরণের আগুন সময়কে পুড়িয়ে দেয়।